大　雅　叢　刊

產　地　標　示　之　保　護

徐火明　主編

方彬彬　著

三 民 書 局 印 行

國立中央圖書館出版品預行編目資料

產地標示之保護／方彬彬著.--初版.
--臺北市：三民，民84
面；　　　公分.--(大雅叢刊)
參考書目：面
ISBN 957-14-2245-2（精裝）
ISBN 957-14-2246-0（平裝）

1.智慧財產權

588.34　　　　　　　　　　84007683

© 產地標示之保護

著作人　方彬彬
主編者　徐火明
發行人　劉振強
著作財
產權人　三民書局股份有限公司
發行所　三民書局股份有限公司
　　　　地址／臺北市復興北路三八六號
　　　　郵撥／〇〇〇九九九八一五號
印刷所　三民書局股份有限公司
門市部　復北店／臺北市復興北路三八六號
　　　　重南店／臺北市重慶南路一段六十一號
初版　　中華民國八十四年九月
編　號　S 58441
基本定價　陸元肆角
行政院新聞局登記證局版臺業字第〇二〇〇號

產地標示之保護

ISBN 957-14-2246-0（平裝）

總　序

　　專利法之目的，在提升產業技術，促進經濟之繁榮。商標法之目的，在保障商標專用權及消費者之利益，以促進工商企業之正常發展。著作權法之目的，在保障著作人之權益，調和社會公共利益，以促進國家文化之發展。公平交易法之目的，在維護交易秩序與消費者利益，確保競爭之公平與自由，以促進經濟之安定與繁榮。專利權、商標權及著作權，可稱之為智慧財產權，此種權利在先天上即具有獨占性質，而公平交易法則在排除獨占，究竟彼此之間，係互相排斥，抑或相輔相成，其間關係密切，殊值在學理上詳細探究，乃開闢叢書，作為探討之園地，並蒙三民書局股份有限公司董事長劉振強先生鼎力協助及精心規劃，特定名為「公平法與智產法系列」。

　　余曩昔負笈歐陸，幸得機緣，從學於當代智慧財產權法及競爭法名師德國麻克斯蒲朗克外國暨國際專利法競爭法與著作權法研究院院長拜爾教授(Prof. Dr. Friedrich-Karl Beier)，對於彼邦學術研究之興盛與叢書之出版，頗為嚮往。數年後，本叢書終能在自己之領土上生根發芽，首先應感謝何孝元教授、曾陳明汝教授、宵育豐教授、王志剛教授、王仁宏教授、楊崇森教授、廖義男教授、黃茂榮教授、梁宇賢教授、林誠二教授、周添城教授、賴源河教授、林欽賢教授、蘇永欽教授、李文儀教授、蔡英文教授、劉紹樑教授、莊春發教授、何之邁教授、蔡明誠教授及謝銘洋教授等前輩先進之指導鼓勵。本叢書首創初期，作者邱志平法官、李鎂小姐、徐玉玲法官、朱鈺洋律師及李桂英律師等法界後起之秀，勤奮著述，共襄盛舉，謹誌謝忱。

　　本叢書採取開放態度，舉凡公平法與智產法相關論著，而具備相當水準者，均所歡迎，可直接與三民書局編輯部聯絡。本叢書之出版，旨在拋磚引玉，盼能繼續發芽茁壯，以引發研究公平法與智產法之興趣，建立經濟法治之基礎。

徐　火　明

八十二年十月一日

自　序

　　「四壁圖書中有我」，一直是自幼以來的渴望，撰寫本書之過程，由於國內文獻就此部分之論述相當欠缺，蒐集資料更見艱辛，坐擁書城便成為心中熱切的期盼。感謝三民書局出版本書，因為此書之商業性較淡，而學術性較濃，對從事學術研究的人而言，實係莫大的鼓勵。當然，更衷心希望藉本書之論述促使消費者與產業界對產地標示之重視，使其充分發揮應有之經濟功能與法律功能。

　　在我國，產地標示不若商標般受學者之重視，但高價購買的瑞士名錶，實際上卻係他地之仿製品，類此之經驗，相信或多或少曾發生在你我身上，如何才能使消費者於選購商品之際不受詐欺，如何才能使商品生產者之經濟利益不致因狡詐商人之僞標產地而遭受侵害，在在仰賴一套保護產地標示之健全制度，本書旨在對產地標示保護制度提供學理基礎，並比較德、法、英、美、日等先進國家之立法例及實務見解，希能藉他山之石攻吾人之錯，使產地標示之保護得以充分落實。

　　本書得以順利完成，首要感謝曾陳明汝教授在工業財產權法方面之啓蒙，另要感謝徐火明教授與蔡明誠教授之指正，尤其蔡明誠教授在資料之提供與問題意識的釐清方面，有莫大之助益；而家人的愛與包容更是支持我勉力完稿的動力泉源。最後，我尚要感謝陪伴我十七年的狗弟弟——Tony，在我大半的學習生涯中，他一直是我最忠實的朋友，分享我生活中的苦與樂，雖然他離開我已兩年，但我始終相信心靈的交流將不受時空的阻隔，也藉此紀念我們不褪色的情誼。

方彬彬　　一九九五年七月

凡　　例

a.a.O.	am angegebenen Ort
AC	Appeal Cases
CFR	Code of Federal Regulations
EIPR	European Intellectual Property Review
EuGH	Gerichtshof der Europäischen Gemeinschaft
FS	Festschrift
GRUR	Gewerblicher Rechtsschutz und Urheberrecht
MuW	Markenschutz und Wettbewerb
NJW	Neue Juristische Wochenschrift
ÖOGH	Österreichischer Oberster Gerichtshof
PMMBL	Schweizerische Patent- und Muster- und Modellblatt
RPC	Reports of Patent Cases
TMR	Trademark Reporter
USC	United States Code
USPQ	United States Patent Quarterly
WRP	Wettbewerb in Recht und Praxis

目　次

第五章　濫用產地標示之特殊態樣……………… 195

第一節　商品正確產地之認定…………… 195

第二節　產地標示濫用之特殊態樣……………… 207

第六章　產地標示之國際保護…………………… 239

第一章　緒　論

　　近年來，國人旅遊風氣日盛，徜徉於國外名山勝境之際，總不忘採購當地特產以分贈親友，但如何在琳瑯滿目的商品中區辨其是否爲該地所生產？此時即需藉助產地標示，方不致鬧出千里迢迢買回本國貨之笑話。實則，隨著國際貿易市場之活絡，某些產地標示對消費者而言早已耳熟能詳，並以之爲品質之表徵，如：瑞士名錶、德國啤酒、義大利時裝、巴黎化妝品、荷蘭鬱金香、蘇格蘭威士忌等。此類產地標示將使商品享較高之評價，故漸受商品製造者與消費者之重視。而在競爭激烈之商場，狡詐之商人濫用著名之產地標示，藉以吸引消費者之情形亦所在多有，不僅侵害消費者之權益，亦損及當地商品製造者之經濟利益，此種不公平之競爭行爲影響交易秩序甚鉅，應予遏止。因此，產地標示之保護，已漸受各國之重視，惟我國相關之發展則較爲遲緩，迄民國八十年二月四日制定公平交易法以來，學說、實務始稍有述及，但始終缺乏有系統之論述，故本書擬將產地標示之保護爲一較深入之探究與分析，俾使其充分發揮應有之法律功能與經濟功能，以健全交易秩序。

　　欲論述產地標示之保護，首應究明所保護之客體，而何謂商品之產地標示即爲核心問題。所謂產地顧名思義即爲商品之生產地或製造地，亦即商品之地理來源。直接表明商品之生產地、製造地，如；美國製、日本出品、Made in Taiwan，爲產地標示自不待言；但若於商品包裝上有自由女神像、巴黎鐵塔、倫敦塔橋、科隆教堂、埃及金字塔、萬里長城等地標之圖樣，是否亦爲產地標示？反之，於商品標示中出現某地點、地區、國家等之地名,是否必係表彰商品之地理來源?如:北平烤鴨、法國麵包、德州炸雞、瑞士巧克力冰淇淋、羅馬磁磚、摩卡咖啡等標示,是否指系爭商品之生產地或製造地為所標示之地區?可見必先予產地標示之認定有標準可循,始能界定保護客體之範圍。又,是否所有適格產地標示皆有予以保護之必要?若該商品並非當地特產,其品質、特色與該地區無任何之關聯,他地亦可生產品質完全相同之商品時,此類產地標示有無以法律介入規範之必要,亦值探討。

又,狡詐之商人一方面希藉產地標示使其商品獲消費大眾之青睞,另又為脫免法律之制裁,故其濫用之型態千奇百怪,現行之法規範是否足以因應實際之需要,實務應如何善用現行法規予以有效之遏止,亦頗值吾人關注。如:以斗大之字體將著名產地標示置於顯著地位,再將實際之產地以細小字體標示其後,是否合法?領帶業者將其非自義大利進口之領帶標示為 “Mode in Italy” 此類標示是否合法?美國製造之香檳酒,可否稱之為「美國香檳 (Champagne)」?又,礦泉水業者可否將其商品標示為「香檳礦泉水」?而以義大利進口皮革,在臺灣製成之皮鞋,究應標示為「義大利製」或「臺灣製」始為合法?臺商赴大陸或東南亞設廠所製造或加工之產品,可否標示為 “Made in Taiwan”?凡此,均有賴理論與實務之配合,方能填補法律漏洞,有效抑制不正競爭之行為。另產地之地理界線應如何劃定?又,是否不論商品之品質,所有定居當地之製造者皆可使用該產地標示?如:鄰近麻豆之玉井,可否將於當地生產之文旦稱為「麻豆文旦」?蘇格蘭所釀製但儲桶不及三年之威士忌,可否稱為“Scotch Whisky”?此亦為實務所常見之問題,極具討論價值,本書將就前開問題於後一一予以詳述。

綜上,本書於第二章首將產地標示之定義、功能、使用原則與各國之發展背景及國際趨勢為一介紹;第三章則將產地標示保護之客體詳予論述,並將概念上易與適格產地標示混淆之標示由理論上予以界定並比

較，再輔以相關案例以資佐證。第四章則著重產地標示保護之制度及各
國立法例之比較、研究，由眞實使用與自由使用二大原則出發，將各國
相關法律爲一整理、比較，並輔以實務之運作，以明其利弊得失，爲我
國立法暨司法之參考。第五章則將產地標示濫用之特殊態樣詳加探究其
合法性，藉以了解現行法規範之缺失並謀補救之道。第六章則側重產地
標示之國際保護，論述相關之國際條約，以明國際保護之趨勢及其成
效。第七章則綜上所述，以我國未來努力之道作結。

第二章 產地標示之概念

第一節 意義及功能

第一項 意 義

　　產地標示係指商品源自某特定地點、地區或國家等地理區域之直接或間接的標示(注一)。如國人耳熟能詳之 "Made in Taiwan"、「美國製」等字樣卽屬之。但並非所有涉及地理名稱之陳述，皆爲產地標示，蓋於實際情形中，該地名可能在交易市場上已不被視爲具有地理之色彩，故某標示是否屬產地標示，原則上應取決於消費大眾之認知，亦卽須該陳述足以使相關消費羣中非不顯著之部分，認帶有此標示之商品源自所標示之地理區域，始可將之歸爲產地標示。職是之故，何者始爲適格之產地標示，應由個案中具體判定，至於學理上之歸類則留待後詳述之，於此不贅。

　　原則上產地標示係針對商品而言，若所提供者爲服務，雖亦可表彰該服務之地理來源，但嚴格言之，實不宜以「產地」稱之，僅可稱之爲地理來源標示。又，商品與服務之地理來源，意涵亦有所不同，瑞士

注　一　參 Baumbach und Hefermehl, *Wettbewerbsrecht*, 17 Auflage, SS.866-867; von Godin, *Wettbewerbsrecht*, S. 228; Talbot-Thomas, *Unlauterer Wettbewerb*, S. 68; Tilmann, *Dei geographische Herkunftsangabe*, SS.14-16. 至於地標示要件之析述，則見本書第三章。

1992年8日28日之聯邦商標暨來源標示保護法，特就二者分別規定。服務之地理來源原則上係以提供該服務之人的營業所所在地以斷；若提供服務者有數人時，則以實際控制營業政策及管理之人的國籍或住所地爲斷(注二)。而本文論述對象則以商品之產地標示爲原則，先予敍明。

第二項　功　　能

第一款　基本功能

商標之原始功能在於表彰商品之來源或出處 (to indicate source or origin)，除此之外，商標尚具有品質保證與廣告促銷之功能，此已爲多數學者所肯認(注三)。而在商品標示中，除商標外，尚常可見商品產地之標示，其實亦可發揮如商標般之基本功能，茲詳析如下：

注　二　瑞士1992年8月28日制定之商標暨來源標示保護法，於 §48，§49 中就商品及服務之地理來源分別規定，關於服務之地理來源之決定，見 §49 I：

"Die Herkunft einer Dienstleistung bestimmt sich nach:
  a. dem Geschäftssitz derjenigen Person, welche die Dienstleistung erbringt;
  b. der Staatsangehörigkeit der Personon, welche die tatsächliche Kontrolle über die Geschäftspolitik und Geschäftsführung ausüben; oder
  c. dem Wohnstiz der Personen, welche die tatsächliche Kontrolle über die Geschäftspolitik und Geschäftsführung ausüben."

詳參 *GRUR Int. 1993* SS.663-670

注　三　商標功能晚近學者有探單一功能論與多元功能論之區別，前者以德國 Beier 教授倡導最力，認表彰商品來源出處始爲商標之唯一法律功能，至於其他功能僅係商標之經濟功能。參Beier und Krleger, Wirtschaftliche Bedeutung, Functionen und Zweck der Marke. *GRUR Int. 1976 SS.125-158.*

1.表彰商品來源之功能

產地標示即係用以標明商品來自該地理區域，故其可發揮表彰商品來源之功能，並無疑義。但其與商標最大之不同在於，商標係表彰商品之「單一」（Single）來源，而產地標示則表明商品來自該地理區域之任何一企業或個人，故其無法如商標般具有鑑別單一來源之功能，而只具鑑別商品地理來源之功能。但由於交通網路發達，商品之交流迅速，赴他國渡假、工作、讀書者亦所在多有，往往造成消費者偏好特定國家、地區之商品，因而產地標示表彰商品地理來源之功能，恰可爲消費者選購商品之憑藉。

2.品質保證之功能

自工業革命之後，因人口激增、交通發達，隨而促進了貿易之發展，因而貿易已不侷限於某地區，商品之流通迅速，無遠弗屆，國際貿易邃日益增多且重要。此時消費者選購商品已無法如曩昔般出於對製造者之了解與信任，邃轉而著重商品之品質，故只要認明相同之商標，即可購得相同品質之商品。因此，商標成爲商標權人對大眾保證其商品具有相當水準之品質表徵，故而，商標法學者邃認現代商標係代表消費大眾信賴其商品品質具有滿意水準之標誌（注四）。反觀產地標示，其原始功能雖係在表彰商品之地理來源，但若某地因具有特殊之天然條件，如：氣候、土壤……等，甚或當地之人爲技術，而使該地之產品具特殊之品質時，其亦可成爲消費者選購商品之判斷依據，滿足消費者之需求（注五）。例：世人皆知瑞士手錶、法國香水、荷蘭之鬱金香、英國威士忌酒享有盛名，則於選購前述商品時，產地標示可爲鑑別品質之依據。

3.廣告促銷之功能

注　四　參 Schechter, The Rational Basis of Trademark Protection, *40Harv. L.Rev.* p.813.

注　五　參 Troller, *Immaterialgüterrecht, Bd.* I, S.319.

一個優良之商標，因代表特定之品質而爲消費者所期待，則其可發揮廣告促銷之功能，日後，消費者只要認明商標，即可安心選購。產地標示既亦可發揮品質保證之功能，則該產地若爲消費者所重視、期待者，則產地標示之性質將由客觀之地理來源陳述轉爲廣告促銷之手法。首先，消費者以之爲決定是否購買之辨識基準，其後，因滿意該產地商品之品質而以之爲再選購之依據，從而，該產地標示則獲得好名聲，對商品之銷售有莫大助益。

第二款　衍生功能

產地標示既亦可成爲選購商品的辨識方法之一，則消費者可因之節省揀選商品之時間，而該產地之產業亦因受此鼓舞，更力求維持甚或提昇商品之品質。尤其以國家爲產地標示之單位時，更可影響國際貿易之榮枯。因此，各國對進出口商品之產地標示多有某程度之控制，以與外貿政策相配合，茲略述如下：

1.關稅控制之方法

進口國往往依原產國之標示以爲課徵關稅之依據。尤其各國常基於協定，如：自由貿易區，普遍化優惠關稅制度（Generalized System of Preference）、開發中國家間貿易談判議定書（the Protocol of Trade Negotiations among Developing Countries）等，而就進口貨物關稅之課徵，給予某些國家原產之商品優惠稅率或零稅率。例如：歐洲經濟共同體（EEC/EWG）之統一稅法（§312）即對外國進口品之關稅設有差別待遇，因此，於關稅法上有證明原產國之必要。又，我國海關稅則亦分兩欄，第一欄爲一般稅率，適用於一般之國家；第二欄則爲優惠關稅稅率，適用於給予我國產品最惠國待遇（MFN）或協定稅率之國家，而我國基於互惠原則，亦給予彼等國家進口貨物優惠稅率。由上述可知，產地標示可發揮決定如何課徵關稅之功能，但並非全然取決於製造商或貿易商所為之原產國標示，亦即，其對關稅之課徵並不具絕對之拘束力，而有賴制定一套認定原產地之客觀規則。因此GATT§9 即設有原產地規則。

2.對外貿易政策之控制

如一國因其經貿政策而對某國進口貨品設有配額或數量限制時，產地標示，特別是原產國之標示可為判斷何國產品之憑藉。另，若對某國施以經貿制裁，限制某國貨物之進口，如：聯合國之制裁、美國因六四天安門事件而限制中國大陸之進口品，或因某國商品以低於正常價格傾銷至內國，造成國內產業重大損害，欲課徵反傾銷稅時，及因進口貨物於出口國接受政府補貼，而欲課徵平衡稅以為反制時，皆涉及原產地之認定，始可達特定之經貿政策，而確實保障本國產業。

3.可為執行衛生檢疫或其他健康、安全措施之依據

有些產品可能來自疫區，進口時應特別檢疫，甚或禁止其進口，產地標示則可為執行之初步依據。例如：歐洲國家因有口蹄疫病之產生，故我國目前仍禁止來自歐洲國家之牛肉進口；又如某地區為流行病之疫區，則來自該地之產品須特別加強檢疫之措施。

4.可為政府採購之資格認定標準

有時基於某些政策之考量，政府採購時存有地區之限制。例如：我國對中國大陸之產品加以限制；歐市國家對自來水、能源、運輸、電信等項目之採購，則規定歐市原產之價值應占產品之百分之五十以上，否則拒絕投標。就此，產地標示於政府採購時亦可發揮認定資格之功能。

第三款　小　　結

由前述可知，於消費者選購商品時，產地標示實具表彰商品地理來源、品質保證、廣告促銷之功能；而於國際貿易上，原產地之判定亦具有重大之意義，對國家經貿及國家形象實具有深遠之影響。

第三項 保護之必要

在商品競爭、宣傳促銷之手法中，有五種標示方法常被使用(**注六**)，即①生產該產品之公司或企業名；②商標；③產地標示；④驗證標示(Gütezeichen)；⑤品種標示 (Sortenbezeichnung)。此五種標示方法不外涉及製造商之「商譽」及其究具有何等性質，故與商品之品質及價格有密不可分之關係。而消費者在選購商品時，主導其是否購買某一商品之關鍵因素，大抵卽為商品之品質及價格，因此，上述五種標示為影響消費者決定是否購買某一商品之重要資訊，在產業競爭中，其重要性不言可喻。

承前，產地標示既為影響消費者對商品選購的重要資訊之一，而現代經濟型態係由消費者主導(**注七**)，則某些「受歡迎」之產地標示必為生產者所樂用。又，產地標示依前述，其具備表彰商品地理來源、品質保證及廣告、促銷之基本功能，因此，若使用某產地標示可充分發揮此基本功能時，則必為廠商採用。故細究之，廠商樂於標示產地，不外下述四種原因：第一，某商品品質與特殊地理環境之天然或人為條件相關時，如：葡萄酒之葡萄種植地會影響葡萄之品質，則為產地之標示可與該地理位置發生連結(Standortbindung)，亦卽使其發揮表彰地理來源之功能。第二，若某地因其地理環境，而使該地出產之產品具有特殊優良之品質時，為產地標示不僅可發揮表彰地理來源之功能，更可使消費者藉此判別商品之品質，則其可達品質表徵之功能。第三，承前，當產地標示可保證商品品質時，則因其商品品質而使消費者放心選購，假以時日，則形成該地之特產而名聞遐邇，如此，該產地標示可發揮廣告、

注 六 參 Tilmann, a.a.O., S.57.

注 七 陸民仁，經濟學，76年5月增訂新版，頁 23-24。

促銷之功能，自然爲廠商所樂用。第四，因產地標示與商標不同，並非僅由商標權人獨占，原則上只要該地之製造商皆可使用，故愈具招徠顧客效果之產地標示愈易被該地之其他生產者所使用。由上述分析可知，產地標示若與商品品質有愈強之連結，則其在產業競爭之重要性就愈大，因此，防止其爲不實之標示也就益形迫切。

　　產地標示既爲重要之競爭手法之一，自有加以保護之需求，但其受保護之對象爲何，實有進一步究明之必要(**注八**)。首先，就其具表彰地理來源、品質保證、廣告促銷之功能而言，對定居該地之製造商有使用該標示之利益，故防產地標示之濫用，對其有利；此外，若產地標示可促銷商品，間接使貿易商或經銷商同蒙其利。另，消費者藉產地標示以決定某商品是否具有特定品質或純粹想促進該地之產業繁榮，進而購買時，若該標示爲不實，則造成對消費者之詐欺，使其做出錯誤之決定，故消費大眾亦爲保護對象之一。又若不肖廠商藉不實之產地標示以標榜其商品品質，藉以招徠顧客，刺激消費者之購買慾，此舉，不僅使消費者產生混淆，更會影響其他以公正手法促銷之競爭者，且由於其商品實不具特殊之品質，長此以往，亦損及被不實標示地製造者之名聲。可見，產地標示之保護影響當地工商業甚鉅，若該地產業發達，間接甚可使當地勞工階層及其家庭同享經濟之利益，若未對產地標示予以適切之保護以防濫用，渠等之經濟利益亦將蒙受重大損害。設若由公益之角度加以觀察，產地標示實影響整個交易秩序，尤其若涉及原產國之標示時，不當使用更會使國家整體形象受損，影響全國因該地名所獲之經濟利益，有害工商之發展。

　　由上述分析可知，產地標示之濫用，輕則影響當地居民之經濟利益，且藉不實標示以攀附他人名聲以爲促銷手段，實有害良性競爭，亦使消

注　八　近年來，有關產地標示之研討漸受各國重視，參 Geographical indi-
　　　　cations, (研討會記錄), *TMR, Vol.82, 1992,* pp.997-1016.

費者權益受損；重則影響整個交易秩序，甚至對國家經貿、工商發展皆有不利之影響。因此需求法律予以保護，務期使產地標示能充分發揮其正面之功能。但由於其影響層面甚廣，各國法律保護之重點遂有所不同，或強調合法使用者之利益，或著重對消費者之保護，或重交易秩序之維持，不一而足，使各國對產地標示之保護措施展現不同的風貌，此則爲本書論述重點，於後將詳述之。

第二節　保護之發展

第一項　國際兩大趨勢

鑒於產地標示所能發揮之功能，世界各國亦漸意識其有加以保護之必要。不過，因爲各國經濟發展之不同，對產地標示保護之強弱及方法亦隨之而有異。以歷史角度觀之，早期最常以商品之產地稱呼某商品，以與其他種類商品相區別。而後，隨著自由市場經濟體制之發展，因商品種類增多，流通較爲迅速，更需有效區別同類商品，故以資鑑別產品之方法亦隨而增多。尤其，當同類商品源自同一地理區域時，產地標示並不足以區別不同生產者所製之商品，其他甄別商品之方法，如：商號名稱、商標等遂應運而生。據此可知，經濟發展歷史較悠久之國家，如：歐洲國家，及以地區傳統產業聞名之國家，如：前蘇聯（**注九**），因其有許多世界知名之商品，故其較傾向加強產地標示之保護，以維其固有之經濟利益。反之，新興國家，如：美國、加拿大、澳洲等，因經濟發展起步較慢，產地標示並未帶來鉅額之經濟利益，遂未特別強化產地標示

注　九　蘇聯瓦解後，俄羅斯聯邦已於1992年10月17日制定俄羅斯聯邦商標、服務標章及產品來源標示法，其中第三十條至四十二條及第四十六條就商品來源標示有詳細之規定。見工業財產權與標準，中央標準局，82年8月，頁42-50。

之保護，而僅附屬於防免消費大眾受詐欺或誤導之消費者保護之下（注一
〇）。

　　歐洲國家最早之一些有關產地標示之法律雖亦曾提及消費者之保
護，但此目標在許多國家中很快即被保護產地標示之固有經濟價值之努
力所取代，亦即，在一些歐洲國家中對產地標示之保護係著重於其經濟
價值，而非消費者之保護。反之，經濟發展起步較晚之新興國家，尤其
是美國，則以消費者保護爲主。此基本態度之不同，具體展現於各國
之法律及判例中，特別是關於產地標示是否予以嚴格之保護尤見區別實
益。因此，美國產製之商品若含有歐洲國家地名之標示，只要不致造成
消費者對於商品地理來源之混淆，原則上，美國並不加限制。爲此，歐
洲國家特別抗議美國法律並未成功地保護其產地標示，以致其轉爲普通
名詞（注一一），嚴重損及歐洲國家之經濟利益。但，美國對用以決定其法
律保護本質及程度之名詞分類，向來取決於消費大眾之認知，所以，只
要消費者不將商品與地理來源連結，即不致遭受詐欺或誤導，而無加以
制止之必要。此外，若順應歐洲國家之要求而修改其內國法律，亦會遭
逢溯及力之問題，使既得利益受到侵害，一如修法而損及商標專用權人
既存權利般，並不適當。基於上述二個理由，美國對產地標示之保護，
仍然堅持將之附屬於消費者保護之下。

　　爲能更清楚各國經濟發展對產地標示保護之影響，擬將之類型化爲
出口國與進口國以觀察。以出口爲主之國家較重視產地標示之保護，蓋
防免商品產地之僞標，亦即確保其經濟利益，不過，此等國家可能只特別

注一〇　Lee Bendekgey and Caroline H. Mead International Protec-
　　　　tion of Appellations of Origin and Other Geographic
　　　　Indications, *TMR Vol. 82* p.765.

注一一　某標示是否已轉爲普通名詞，抑或仍屬產地標示，各國有不同之判斷標
　　　　準，因而或有截然不同之結果。關於產地標示之判定，詳見本書第三
　　　　章。

側重主要出口商品產地標示之保護，而就此設有許多嚴格之特別規定。
例: 法、義二國特重葡萄酒及乳酪; 西、葡及瑞士、荷蘭亦紛就葡萄酒
及乳酪之產地標示設有一般之保護，但此等國家就其他領域之產品則可
能予以漠視。反之， 以進口爲主之國家， 就產地標示並未存有經濟利
益，故就產地標示之保護採取較爲保留之態度（**注一二**）。 其中較值得注
意者係英美兩國（**注一三**）及其他受英美法系影響之國家，如: 加拿大、
澳洲等，其法律政策向以消費者之保護爲主，雖可能仍間接就商品產地
標示予以規定，但與一般出口國強調特別商品產地標示之保護，以維其
固有之經濟利益，著眼點大不相同，因此就產地標示之相關規定亦有所
差異。

由於經濟發展之時間長短不同， 對產地標示之處遇可大別爲二大趨
勢已如前述。正因出發點不同， 保護之重點亦隨之而異，逐造成國際衝
突。世界智慧財產權組織(The World Intellectual Property Org-
anization, 簡稱 WIPO) 近年來就產地標示所應提供之法律保護性質
及保護程度，亦力圖在各國間謀求共識（**注一四**）， 以期能相當程度調和
國際間對產地標示保護之齟齬。不過， 此非一蹴可幾之事，仍有待各國
配合與相關國際組織之努力(**注一五**)。

注一二　不過，亦有可能因締結雙邊或多邊協定而改變其內國政策者，就此詳見
本書第六章。

注一三　參Brendan Brown, Generic Term or Appellation of Origin?-
Champagne in New Zealand, *EIPR 1992* p.177.

注一四　WIPO 最近努力之方向包括里斯本協定之修正， 提出產地標示保護之
新草約，及開發中國家原產地名稱暨來源地標示之模範法，另研擬巴黎
公約修訂之可能。1988年11月於 Bordeaux, 1989年11月於 Santenay
召開研討會，1990年 5 月28日至 6 月 1 日於日內瓦擧辦產地標示法律保
護相關議題之首次專家研討會。就此詳見本書第六章。

注一五　有關產地標示之國際保護見本書第六章。

第二項 各國發展情況略述

既明目前各國對產地標示保護之二大趨勢，爲求更深入地分析各國立法例與實務之見解，並明相關國際協定中各國所持之態度，自有必要先將各國就產地標示保護之發展與現況略以敍明。

第一款 歐陸國家

可大別爲二大區域，卽南方之國家，如：法、義、西、葡、希臘等；另則爲北方之國家，如：德、北歐等。一般而言，南方國家就特定產地標示之保護較北方國家爲嚴格（注一六），不過，各國之發展並不全然相同。下就歐體國家及非歐體國家擇較具代表性者析述之（注一七）。

1. 法國

法國對產地標示的保護堪爲代表性之國家，由於其香水、醇酒、化妝品享譽全球，爲維持此類商品銷售之經濟利益，不僅內國設有特別法規，嚴密控制商品產地之標示，更致力於加強國際保護之工作。早於1824年7月28日防止製品冒用模仿之法律，已就製造地名稱標示設有刑法之保護，雖尚未就商品品質設有特別之要求，但於1891年促成抑制不實或引人錯誤產地標示之馬德里協定 (Agreement of Madrid for the prevention of false or misleading indications of source

---

注一六　卽南方國家多就「原產地名稱」(appellation of origin) 有嚴密之保護；反之，北方國家則多無設此概念。詳見本章第三節。不過，承認原產地名稱之國家，對其他產地標示之保護較不重視。參 Beier und Knaak, Der Schutz geographischer Herkunftsangaben in der EG, *GRUR Int. 1992* S.417.

注一七　歐體各國情況略述，可參 Marina Kolia, Monopolising Names: EEC Proposals on the Protection of Trade Descriptions of Foodstuffs, *EIPR 1992* pp.233-235.

on goods，下簡稱馬德里來源協定）後，1905年8月1日有關商品販賣詐欺取締之法律中則已明文要求產地標示應符特定之品質，若因不實標示而促使消費者購買，應予以制裁。1908年8月5日之法律並予以補充，預定就產地採取行政之界線以定其範圍（注一八），但實務上則因 "Champagne" 標示之地理界線如何確定，而產生激烈之爭辯，1919年5月6日之法律放棄行政界線，而改由法官定之，卻促使「原產地名稱」（appellation d'origine）概念之形成（注一九），唯有在所標示地製造且符特定品質之產品始可帶有此名稱。而簽署里斯本協定後，又於1966年7月6日之法律§1中採取里斯本協定就原產地名稱所爲之定義，並將其使用要件予以具體規定。至於其他之產地標示，則保護程度未若原產地名稱般嚴密（注二〇）。而起源於法國之原產地名稱之概念，因可使商品產地之標示受嚴格之控制，予以有效之保護，逐漸受各國學說、實務之重視，對各國之立法亦有一定程度之影響，重要性不言可喻，後

注一八　參 Ulmer/Kraβer, *Das Recht unlauteren Wettbewerbs in den Mitgliedstaaten der Europäischen Wirtschaftsgemeinschaft, Bd. IV Frankreich,* S.369.

注一九　參 Timlann,a.a.O., SS.385-391. 另值注意者係法國自1935年7月30日之法律制定後，設立原產地名稱之控制機構（Institut National des Appellations d'Origine 簡稱 INAO），以控制其具體使用之條件。參 Ulmer/Karβer, a.a.O., Bd. IV. S.422. 又，雖 1966 年7月6日之法律就較不重要之原產地名稱之產地仍可依 1919 年之法律由法官界定其界線，但實際上法國重要之產地標示幾乎皆已由法律明文界定之。如：1935年7月30日有關葡萄酒名稱之法律；1955年11月28日有關乳酪之法律等是。因此，法國原產地名稱之品質、產地之地理界線幾全由法律明定之。

注二〇　原產地名稱除要求應具特定之品質外，亦不准其轉爲種類名稱，見1990年7月2日 Nr.90-558 法律 §7-4 Ⅲ。反之，來源地標示則易轉爲種類名稱。參 Ulmer/Kraβer, a.a.O., Bd. Ⅳ, SS.402-403. 詳細之論述見本書第三章。

擬深入析之。

另其1964年12月31日之商標法，亦允許在一定要件下，即非屬受保護之原產地名稱或詐欺性之標示者，可將地理名稱註冊爲商標，由個人獨占使用之，此亦乃極特殊之立法例。又其實務就此之運作，亦頗値吾人探討，擬於後詳述之，故於此不贅。

2.義大利

義大利就產地標示之保護所持之態度與法國較爲近似，其亦接受法國法上「原產地名稱」之概念（注二一）。迄今，義國並未就產地標示設有一統一之法律予以界定並保護之，而僅散見於各法律中。早期主要是針對特定種類商品而制定之行政法規，藉以控制出口品之性質、來源之標示。另就不實或引人錯誤之來源標示則於1930年制定之刑法典中設有制裁之規定（注二二），1942年制定之民法典§2598則涉及不正競爭之防止，第一項乃制止交易秩序上可能生混淆之行爲；第二項係針對商品品質之錯誤表示；第三項則概括規範與公平交易原則有違之行爲。此乃義大利用以制止不正競爭行爲之利器，凡商品產地之標示若不實而生混

注二一　參Beier und Knaak, Der Schutz geographischer Herkunfts-angaben in der EG, *GRUR Int. 1992* S.416; Gianluca La Villa, The Protection of Geographic Denominations in Italy, 收錄於 *Protection of Geographic Denominations of Goods and Services*, p. 37.

注二二　主要係指刑法§517，凡商品之標示使消費者就商品之來源、品質受有詐欺者，處一年以下之徒刑或四十萬里拉以下之罰金。此條文要求消費者須受有詐欺之虞始可。至於刑法§473制裁商標或其他顯著性符號之仿冒（不要求詐欺消費者），是否亦有其適用，義國學者尚有爭論。又1962年4月30日Nr.283之食品法 §13亦處罰不實之廣告，另就特別種類之產品設有特別之規定。參 Sordelli, a.a.O., SS.422-423; 427-428; *Protection of Geographic Denominations of Goods and Services*, pp.49-50.

淆，則以第一項制止之（注二三）。不過，僅以第一項之規定保護產地標示並不周延，因某些產地標示尚可發揮品質暗示之功能，縱就商品產地消費者不致發生混同誤認之情事，但若該商品與消費者就其標示名稱所期待之品質不符，仍屬不正競爭之行爲類型。米蘭法院首於 "Swiss Model" 與 "Sherry" 案中表明前開情形可以§2598Ⅱ予以制止，確立了義國對具傳遞特殊品質概念之產地標示加強保護之原則（注二四）。

雖義國實務以民法 §2598Ⅱ加強保護可傳達商品品質之產地標示，但尚未明白採納「原產地名稱」之概念，直至1950年代因正式加入馬德里來源協定，保護產地標示之決心轉趨積極，與法、奧所簽署之雙邊協定中，皆有「原產地名稱」之概念，1954年4月10日制定有關乳酪產地標示保護之法令中，亦明文（§2）定義「原產地名稱」。不過，就原產地名稱概念之界定仍不盡明確，各相關法令中之定義不盡相同，直至加入里斯本協定後，始採行該協定中之定義。

由前述觀之，義國對產地標示之保護與法國極爲近似（注二五），就

注二三　義國民法 §2598Ⅰ保護之客體爲「合法」使用之商標、名稱或其他有鑑別力之符號。而實務認合法使用爲已足，並不以具排他使用權爲必要。Triëste 上訴法院就原產地名稱 "Tokaj"（指源自匈牙利之葡萄酒）用於義 Friuli 所製之產品上，雖曾有不同之主張，但旋即被上級法院廢棄之（1962年6月27日 Nr. 1659 之判決）。此後即成爲通說，參1973年12月14日 Nr. 3400 之判決（義酒裝在與匈 Barak 相同之瓶中，並標上匈牙利之字樣）。

注二四　如 "model"; "type" 字樣之附加，或可排除混淆，而無法以 §2598Ⅰ制止，但若就商品品質與消費者期待不符，則可以§2598 Ⅱ規範之。

注二五　義舊商標法 (1942.4.21. Nr. 929) 亦與法國近似，依 §20，地名可註册爲商標由個人獨占使用，只要不生不公平之獨占或損害該領域中經濟之發展即可。而依 §18⑤，若含商品產地因而造成消費者混淆之陳述，則不可註册爲商標。不過，義於 1992.12.4. Nr.480. 之新商標法，就地名原則禁其註册爲商標，除非爲幻想性標示始例外許之（但仍可爲團體標章之註册）。參 *EIPR 1993* pp. D-188-189;213-214.

特定之商品，如：葡萄酒、烈酒、乳酪、火腿等設有特別規定，嚴格控制其產地標示及品質間之關係，以期維護此等商品所享之盛名及其所帶來之經濟利益。又，依民法§2061之規定，欲制止§2598之不正競爭行為，原則上僅有商品之製造者始具當事人適格，消費者則無權起訴（注二六）。可見，義大利就產地標示之保護乃著眼於其固有經濟利益之維持，而非以消費者之保護為主。

3.德國

德國鑒於產地標示之經濟價值，故亦以法律保護之，亦即係出於經濟政策發展之結果。早期，因商品產地之標示可與地點連結，因此特重地理來源之產品，如：農產品，其產地標示尤具經濟價值。但現代，交通網路綿密，國際貿易日漸頻繁，跨國企業亦所在多有，顧客於選購商品時，逐較重商標，以求獲品質之保障，產地標示之經濟價值相形之下，逐較不重要。但如前所述，德國之經濟發展較早，某些商品頗負盛名，因此與開發中國家之情況不同，例如葡萄酒占德國出口重要性很高，其產地標示仍具有相當程度之經濟價值，一如商標般，對商品之促銷功不可沒。

但德國對產地標示之保護，如所有其他之競爭法般，一開始並不順利。十七、十八世紀，專制君主及行會對名稱之使用有嚴格之控制，至十九世紀初，行會制度毀滅，繼之逐強調工商自由原則及自由貿易（laissez faire, laissez aller）經濟政策原則，反而因此無法有效克服競爭秩序中之弊病。對產地標示而言，以葡萄酒之標示為例，可自由使用任何標示，帝國法院（Reichsgericht，簡稱 RG）只能遏制詐欺，如：次等之混合葡萄酒卻標示某名貴葡萄酒之產地。十九世紀末，

注二六　§2598 I 之情形，僅系爭標示合法之使用者為適格之當事人；§2598 II 為系爭標示所聲稱品質之商品製造者或販賣者為適格之當事人；§2598 III 則同類商品之製造或販賣者為適格之當事人。

競爭權保護之思想始漸受肯定，首見於 1894 年 5 月12日之商標保護法
(Gesetz zum Schutz der Warenbezeichnungen) 及 1896 年
5 月27日之不正競爭法 (UWG)，此二法爲今日產地標示之保護奠立了
基礎。德國立法者對產地標示之保護，依序大致係採四個階段之措施：

(1) 完備之保護，以免產地標示由某人或某企業獨占。

(2) 爲國民之健康，特在食品法及葡萄酒法中，由國家介入控制
以防詐欺濫用。

(3) 法律上對所有產地標示並無差別待遇，就詐欺爲一般的禁止。

(4) 以私法保護防止產地標示依附之情形。

首先，德立法者爲阻產地標示由個人獨占，遂利用商標之註冊程序
以達目的。1894年之商標法§4，即禁產地標示註冊爲商標，而由商標權人
享有排他使用權。食品法及葡萄酒法中，則設有刑事制裁，以規制不實
之標示。又於 1894 年之商標法 §16 對產地標示之詐欺使用設有刑罰；
1896 年之不正競爭法則列舉出數種不正競爭之類型（注二七），其中§1爲
最重要之法條（與現今 §3 類似），雖未明示產地標示，但一般皆將之列
爲其規範範圍內，以禁止產地之僞標。§4則對詐欺廣告設有刑事制裁。
1993 年商標法修正草案中，更就地理來源標示設有專篇予以加強保護
（注二八）。

觀諸實務，早期RG 有關 "Pilsen Bier" 之判決，廣受學者批評，
自1933年之 "Westfalenkoks" 判決中，RG 始強調競爭秩序中之眞實
義務，開始對產地標示予以較嚴格之保護。及至1975年 6 月 2 日，德國

注二七　包括1.從事營業活動爲不實之廣告；2.對他人之營業，妨害其信用或加
以誹謗；3.對他人之姓名、商號或營業之特別標示仿冒使用；4.不法侵
害他人營業祕密。參廖義男，西德營業競爭法，臺大法學論叢，13卷 1
期，頁91。德於1909年始增入現行 §1UWG 之一般條款，成爲制止不
正競爭行爲之利器。

注二八　商標修正草案第六篇 §153～§166，詳參 *GRUR 1993* S.599ff.

經濟之領導團體的代表及消費者於 Köln 集會，希冀建立一機構以保護產地標示，以維有權使用該標示者與消費者利益及公平競爭。並於1975年11月24日，在 Köln 地方法院登記，正式設立「德國保護產地標示之機構」(Deutsche Institut zum Schutze geographischer Herkunftsangaben；簡稱 DIGH)，期能加強產地標示之保護，以防遭濫用（注二九）。

　　德國文獻亦長期缺乏產地標示之深入探討，僅以商標法或競爭法註釋書(Kommentar)中之一小段略述之。第一次世界大戰結束後不久，Wassermann 致力促使對產地標示嚴格之保護，且力促德國加入馬德里來源協定。直至1929年 Matthiolius 以"Der Rechtsschutz geographischer Herkunftsangaben" 為題，乃第一本有體系探討之專論，其後，產地標示之保護漸受學說及實務所重視，亦累積不少判決，晚近，更有再加強保護之呼聲（注三〇）。

　　綜觀德國對產地標示保護之發展，不難發現有愈受重視之趨勢，早期以防交易受詐欺，維持交易秩序出發，近來，則愈重固有經濟利益之維護。

　　4.瑞士

　　瑞士名錶享譽全球，每年為其帶來鉅額之貿易利益，因此，瑞士向來即對產地標示之保護展現極高之興趣。早在1890年 9 月26日之商標法

注二九　參 Ralf Vieregge und Jochen Bühling, 100 Jahre Grüner Verein ——Seine Bedeutung für die Rechtsentwicklung Teil Ⅱ: 1945 bis heute, 見 *FS. Gewerblicher Rechtsschutz und Urheberrecht in Deutschland*, Bd. Ⅰ 1991, SS.86-88; Pastor, Das deutsche Institut zum Schutz von geographischen Herkunftsangaben (DIGH), *GRUR 1976* SS.23-24.

注三〇　參 Beier, Der Schutz geographischer Herkunftsangaben in Deutschland, *GRUR 1963* S.169ff.

中卽對產地標示之保護設有明文，此乃日內瓦製錶業者對聯邦行政機構施壓所得之成果。此後瑞士卽持續賦予產地標示法律之保護，對農產品如：乳酪、葡萄酒之標示更設有特別之規定以保護之。其中最特殊之處卽係商標法中就產地標示設有明文之定義，堪爲極特殊之立法例。1890年9月26日制定之商標法 §18～§20 雖僅提及來源標示(Herkunftsangabe)，但就§18所設之定義觀之，則較接近法國之「原產地名稱」之概念。§18所稱之來源標示係指城市、地區、鄉鎮或國家之名稱，且賦予該產品名聲者（注三一）。可見瑞士商標法所指稱之產地標示範圍極爲狹隘，必指地理名稱，且消費大眾認其可表彰商品品質始可（注三二）。因此，瑞士學者通說認爲1890年商標法所保護之產地標示實指原產地名稱而言，至於無任何品質暗示之來源地標示 (indication of source) 則不在保護之列（注三三）。直至 1992 年8月28日制定新的商標暨產地標示保護法（Bundesgesetz über den Schutz von Marken und

---

注三一　1890年商標法§18: Als Herkunftsbezeichung wird angesehen der Name einer Stadt, Ortschaft, Gegend oder eines Landes, welcher einem Erzeugnis seinen Ruf gift.

注三二　卽不包括間接產地標示，未表彰商品品質之地理來源陳述亦不包括於內。例："London" 之於香水或化妝品卽不屬之。

注三三　參 F. Dessemontet, Protection of Geographic Denominations under Swiss Law, 收錄於 *Protection of Geographic Denominations of Goods and Services,* p.98; Troller, a.a.O., SS.320-325. 但與法國之原產地名稱並不相同，蓋瑞士商標法中並未將商品所須之品質明確規定，而瑞士學者之用語亦非常混淆，依 Troller 認 "Herkunftsangaben" 應指來源地標示（indication of source)，而 Ursprungsbezeichungen 則指原產地名稱(appellation of origin)，但瑞學者則混用二者，甚反其道而行。參 Troller, a.a.O., SS.322-323; F. Dessemontet, ibid. p.124 注 9. 另一般之產地標示以不正競爭法保護之，參 F. Dessemontet, Der Schutz geographischer Herkunftsbezeichnungen nach Schweizerischem Recht, *GRUR Int. 1979* S.246ff.

Herkunftsangaben, 簡稱 Markenschutzgesetz, MSchG) ，更就產地標示設有專章規定，並擴大產地標示之範圍，係指稱商品或服務地理來源之直接或間接之標示，且可指出商品或服務性質或特色與該來源具關聯者（注三四）。據此可知新商標法所保護之產地標示已不以直接標示出地名者為限，且已不要求係當地極具名聲之產品。

　　另瑞士自1957年11月25日與阿根廷就單一物品之產地標示簽署雙邊協定起，即積極以雙邊協定之模式加強產地標示之國際保護，1967至1977年間陸續與德、西、法、捷、葡等，簽署雙邊協定，以保護瑞士葡萄酒之產地標示。但其商業關係之互惠意味較濃，蓋對上述國家而言，瑞士出口之葡萄酒幾乎是零。不過，由於瑞士手錶、巧克力等產品名聞遐邇，就此類商品之產地標示，瑞士享有鉅額之經貿利益，且其國際政治地位特殊——中立國，縱於戰時，商品之外銷亦較他國占有優勢之地位。綜上所述，與其說瑞士對產地標示之保護乃基於消費者利益之考量，毋寧言其乃出於實際之需要。

　　5.比、荷、盧三國

　　比利時本對產地標示之保護不甚熱衷，但因受法國之壓力，早於1927年4月18日之法律中即對葡萄酒及白蘭地酒之原產地名稱設有特別之保護，不過此法仍被認以消費者保護之觀點出發。至1971年7月14日之新商業法（Handelspraktikengesetz）§13則採里斯本協定對原產地名稱之定義。可見比利時就產地標示保護係因法國之壓力始轉趨積極，為相當特殊之情形。

注三四　瑞士商標法第二篇係規範產地標示（§§47-51）。其中 §47 I 就產地標示設有定義: "Herkunftsangaben sind direkte oder indirekte Hinweise auf die geographische Herkunft von Waren oder Dienstleistungen, einschließlich Hinweisen auf die Beschaffenheit oder auf Eigenschaften, die mit der Herkunft zusammenhängen.參GRUR Int. 1993.SS.663-670.

荷蘭就產地標示之保護，除依 1935 年 12 月 28 日之食品暨藥物法 (Food and Drug law) 就乳酪、葡萄酒所設之特別命令外，主要是奠基於避免消費大眾受誤導為前提，並不就原產地名稱設有特別之保護。而其實務對地名之使用是否就商品產地有引人錯誤之虞的認定亦相當寬容，如: Florida 可為荷製果汁之有效商標(**注三五**)。

又荷、比二國之人民習慣使用外語，因而實務上就內國產品冠有外文商標是否會使消費者誤認產地之判斷上，大多認系爭標示並非不法。雖比、荷、盧三國近來擬採較嚴格之看法，並配合法令之修改，但因涉及既得權之保護，過去之實務見解仍持續發生作用(**注三六**)。

第二款 英 國

英國是一個歷史相當悠久之國家，且其經濟發展之起步亦早，早在歐洲中世紀之行會制度興起之初，商品製造人已普遍使用文字或特殊圖案以標示自己商品，表彰來源，已使現代商標之觀念稍具雛型，且英國為一海權強盛之國家. 因四處遠征，其國際貿易之開展亦較其他國家為早。而就商標保護之實際案例，亦於 1618 年首見於英國法院所受理之 Southern v. How 一案(**注三七**)，且英國之蘇格蘭威士忌 (Whisky) 酒、羊毛更因品質優良享有盛名。按理，英國對產地標示之保護應有強烈之動機，但與其他歐洲國家相較，其腳步稍嫌遲緩。直至1960年代以

注三五 參 L. Wichers Hoeth, ibid. pp.75-88. 荷蘭對不實產地標示之制止，亦如法國般，主要係依民法侵權行為之法則 (§1401)。1992.1.1, 並就此為進一步之修正，以謀有效抑止不正競爭之行為，見 Hennig-Bodewig, Das neue (alte) Recht des unlauteren Wettbewerbs der Niederland, *GRUR 1993* S.126ff.

注三六 Beier und Knaak, a.a.O., *GRUR Int. 1992.* S.418.

注三七 參曾陳明汝，論商標之經濟價值與保護範圍，臺大法學論叢，18卷2期，頁58; 曾陳明汝，美國商標制度之研究──兼論其最新變革，頁5。

降，因鑒於產地標示商業之重要性，實具極高之經濟價值，英國對產地標示保護之加強始日益重視，而獲相當可觀之成果。雖然成文法對產地標示之保護亦有所擴張，但主要仍基於普通法（尤其是 passing-off）之發展。而不論成文法或普通法，皆著重於消費者之保護，即對誤導消費大眾之不實產地標示始予以制止，若無誤導大眾之虞者，原則上不予保護。因此，英國法對產地標示之保護主要仍係附屬於消費者保護之下，既非以保護競爭者為主要目的，亦非以維護產地標示所帶來之固有經濟利益著眼。

第三款　歐　　體

1951年4月18日，法、（西）德、義、比、荷、盧六國外長在巴黎簽訂「建立歐洲煤鋼共同體條約」，於1952年7月25日正式生效；繼之，此六國代表於1957年3月25日在羅馬簽署了「建立歐洲經濟共同體條約」，亦即著名之「羅馬條約」，於1958年1月1日生效。自此，為歐洲共同市場之建立奠下基礎（**注三八**）。歐洲經濟共同體條約（EEC）建立了關稅同盟（§9），希望成員國間之商品能自由流通（§30），有鑒於此，歐洲共同體法院對產地標示之保護因恐有礙歐體會員國間商品之自由流通，故其態度較為消極。而產地標示之保護是否真會阻礙商品自由流通，是否不屬羅馬條約§36之保留，仍有待商榷，就此，學者對歐體法院之立場亦有所質疑。晚近，歐體法院之態度，則有重大轉變，留待後述。

第四款　美　　國

美國乃一建國甫及二百多年之新興國家，產地標示自然未帶給美國

注三八　參章鴻康，歐洲共同體法概論，遠流出版公司，頁1-17。

鉅額之經濟利益。因此，美國法並未對產地標示爲特別形式之保護，而只是以商標法、不正競爭法和禁止不實標示及廣告法之一般原則保護之。上述這些法律皆以保護消費者免受混淆、詐欺爲前提。另聯邦貿易委員會及食品藥品委員會等行政機關就不實廣告亦有相當權限予以制止，但亦係由消費者保護之角度出發，亦卽，產地標示之保護在美國只是附屬於消費者保護下之一環（注三九）。職是之故，凡商品之產地標示不致使消費者混同誤認，甚或受詐欺而選購該商品時，原則上法律卽不介入。卽使面對來自歐洲國家要求加強保護產地標示之壓力下，其亦堅持一貫之立場。因此國際間對產地標示保護之國際條約，如：馬德里來源協定、里斯本協定，其皆非會員國。此固因與其內國法不同，爲維持法律秩序之安定性使然，但其並無強大之經濟利益爲誘因亦係原因之一。

第五款　日　本

日本對產地標示之法律保護於二十世紀以後始逐漸確立。其中最主要之二大基本規範爲「不正競爭防止法」及「不當贈品暨不當表示防止法」(the Law to Prevent Unjustifiable Premiums and Misleading Representations)。前者於1934年制定，仿自德國1896年制定之不正競爭防止法 (UWG)（注四〇）。實則，日本受德國1909年修正

注三九　參 J. Thomas Mc Carthy, United States Law of Geographic Denominations, 收錄於 *Protection of Geographic Denominations of Goods and Services,* pp.149-150; Lee Bendekgey and Caroline H. Mead, International Protection of Appellations of Origin and Other Geographic Indications, *TMR Vol.82* p.765.

注四〇　主要係1909年之修正本，參 Teruo Doi, *The Intellectual Property Law of Janan,* p.179.

不正競爭防止法之刺激，已開始注意不正競爭行為之問題，惟當時工商業界尚未感受其弊害，農商務省於明治44年（1911年）起草不正競爭防止法案。卻因各方強力反對，因而作罷。直至1934年為參加巴黎公約之倫敦會議，必先批准海牙會議要求各國先制定防止不正競爭之法律，始制定出僅有六個簡單條文之不正競爭防止法。1950年依1949年9月9日聯合國遠東委員會之指令，始增加原產地虛偽不實廣告、生產地、製造地、加工地引人錯誤廣告之禁止規定。「不當贈品暨不當表示防止法」，則於1962年制定，主要用以禁止私人壟斷及公平貿易之維持，為「禁止私的獨占及確保公正交易法」（簡稱獨占禁止法）之特別法。依此，對與商品或服務有關之引人錯誤表示，公平貿易委員會有權制止之。

由前述可知日本對產地標示之法律保護乃晚近之事，條文制定之初甚至只是為符合國際條約要求之產物，而非出於經濟利益或消費者保護之考量。時至今日，隨國家經濟之快速發展，不正競爭防止法，乃至產地標示之保護始日益受日本經濟界之重視，但相關條文仍過於簡陋，有待學說及實務填補漏洞（注四一）。

第六款　我　　國

我國因係以農立國，自古重農輕商，清代又採閉關自守之政策，工商發達自較歐美為晚。雖因地大物博、人才濟濟，亦有不少商品馳名中外，但因重農輕商之政策使然，對產地標示之保護向來遭到漠視。雖我國刑法早對商品之原產國為虛偽之標記或其他表示者施以刑事制裁（§255 I），但於實務上則重要性不高，且刑法學者亦不甚重視。於私

注四一　關於學者對不正競爭防止法修正之建議如下：1.增加不正競爭之類型；2.增加一般概括條款；3.擴大原告之範圍。參朱鈺洋，前揭書，頁22-23。而日本亦已於1993年完成不正競爭防止法之修正，不過尚未完全達學者所要求之理想，就此新修正，詳見本書第四章。

法領域中，則更長期受實務之輕忽，學者之論述若非於商標法中以寥寥數語帶過，就是完全付之闕如（注四二）。產地標示之保護在我國法之地位由此可見一斑。但於實際交易中，僞標產地之商品所在多有，爲保護消費大眾之權益，遂於民國82年2月4日制頒公平交易法（次年始生效），對商品原產地之標示加以規制。實則，對外貿易乃我國經濟之命脈，加強產地標示之保護不僅可使其充分發揮功能，有助提昇產地標示所帶來之經濟利益，亦可藉此刺激廠商改善商品品質之意願，形成良性循環，既可使經貿更趨繁榮，更可重塑我國商品在國際商場之形象。

第三節　種　類

就法學方法論而言，欲將所觀察之對象予以類型化時，涉及價值判斷，亦即依目的論而選取不同之分類標準，以便予以差別待遇（注四三），故以下卽就產地標示加以分類，再探討其區別之實益。

第一項　直接與間接產地標示

第一款　直接產地標示

凡直接標示商品源自某特定地理區域者，卽爲直接之產地標示(un-

注四二　公平交易法制定之前，我國商標法之著作鮮少論及於此，少數學者亦僅
　　　　略述之，見曾陳明汝，專利商標法選論，增訂三版，頁 407-408。公平
　　　　交易法制定之後，仍少就產地標示設有專論，僅於公平交易法之論述
　　　　中，以極少之篇幅略述之。見湯明輝，公平交易法，五南出版社，頁
　　　　159-166；呂榮海、謝穎青、張嘉眞，公平交易法解讀，月旦出版社，
　　　　頁 151-153.
注四三　參黃茂榮，法學方法與現代民法，頁 38-42。

mittelbare geographische Herkunftsangabe)(注四四)。簡言之,即該產地標示中含有地名者屬之。如:「瑞士」名錶、「巴黎」香水, 此乃爲人所熟知且常見者。但何謂「地名」? 其範圍如何? 需進一步界定之。實際上, 除了國名、城市名可爲直接之產地標示外, 其他之政區名, 如: 邦 (Land) 或州 (State) 或省、縣市、鄉鎮、區、村里, 甚至街道等均可以之爲產地標示。另表地形之名稱, 如: 山、海、洋、河、湖、峽灣、高原、平原……等用語, 只要其可發揮表彰特定地區之功能, 使消費者將商品與該特定地區相連結者, 亦屬直接之產地標示。即令更大之空間, 只要仍爲地球之一部分, 如: 洲, 亦可包括在內。可見只要是地球上之地理位置, 不論其大小, 皆可以之爲產地而標示, 此即爲直接產地標示。

　　反之, 若以整個地球如: Globe, World 爲商品之地理來源標示, 則並非直接產地標示, 嚴格言之, 其甚至非爲適格之產地標示, 因爲所指示之範圍過廣, 根本無法使消費者藉該標示直接將商品與特定之地理區域產生聯想。此外,地球以外之其他星球名,如: 月球 (Moon)、火星 (Mars)、土星(Saturn)、銀河 (Milkyway)等, 亦非屬產地標示, 更遑論其可被歸類爲直接產地標示。至少在現階段, 科技尚未證實外星人存在之際, 地理名詞應仍限於地球之範圍內始有意義, 畢竟, 理性之消費者, 不致將其他星球認知爲商品之產地。職是之故, 直接產地標示仍以直接將地表上任何地理名詞標示爲商品之產地者爲限。

　　不過, 只要是地球上之地理名詞即可, 並不僅限於官方所正式承認之名, 尚包括現已非官方所承認之舊地名及民間傳統所慣用之名。例如: 義大利之佛羅倫斯, 有稱其爲翡冷翠者。又如德國之葡萄園於葡萄

注四四　參 Baumbach und Hefermehl, *Wettbewerbsrecht*, 17 Auflage, SS.869-870; Tilmann, *Die geographische Herkunftsangabe*, SS,15-16; Ulmer/Beier, a.a.O., Bd Ⅲ SS.472-473.

園地籍名册中登記有地名 (Lagenamen)，欲爲產地標示時，除可使用此官方所承認之地名外，亦可使用民間之通俗地名 (Volksmundlage-namen)，亦卽在居民間，一般將之認知爲種植葡萄地面之通俗且常用之地名(注四五)。德國聯邦法院 (Bundesgerichtshof 簡稱 BGH) 在 "Forster Jesuitengarten" 判決中亦明白確認民間所慣用之通俗地名可以之爲產地標示。其進一步強調，依交易之觀點及慣例，將官方名稱及民間所慣用之通俗名稱皆視爲眞實之產地標示是可想像的。

第二款　間接產地標示

與直接產地標示相對，間接產地標示(mittelbare geographische Herkunftsangabe) 並不直接指示特定國家、城市或其他地點，亦卽於商品之標示中並未出現特定之地名，但依交易之觀點卻聯想至特定地理區域，而與商品發生關聯。此種雖未直接標示商品之地理來源，卻會予消費者產地概念者，卽爲間接產地標示。各國就產地標示之保護大多不偏限於直接之產地標示，亦及於間接之產地標示，尤其其較直接產地標示更常爲濫用之方式，更有保護必要（注四六）。間接產地標示可透過各種不同之形式展現，較常見的係透過外語寫成之標示 (fremdsprac-hige Bezeichnungen) 及其他來源象徵 (Herkunftssymbole) （注四七）之方式，間接傳遞給消費者商品產地之資訊。例如：獅身人面

注四五　參Baumbach und Hefermehl, *Wettbewerbsrecht*, 17 Auflage, SS.869-870; Ulmer/Beier, a.a.O., Bd. Ⅲ S.472.

注四六　參 Beier und Knaak, a.a.O., *GRUR Int, 1992* SS.411、418. 而瑞士舊商標法§18，並不保護間接產地標示，但1992年之新法§47則明文及之。不過，就間接產地標示是否不法之認定，各國則採寬嚴不一之態度。

注四七　參 Baumbach und Hefermehl, *Wettbewerbsrecht*, 17 Auflage SS.870-872; von Godin, a.a.O., S.230; Talbot-Thomas, a.a.O., S.69.

像使人聯想至埃及；風車使人聯想至荷蘭；拿破崙之肖像使人聯想至法國等是。

　　由前述可知，未直接標示出特定之地理區域時，未必不能構成產地標示，其關鍵在於消費者之認知。只要消費者將商品與特定地理來源相連結，則其仍可構成間接之產地標示，且係以一般消費者粗略之觀點出發即可，毋庸以經深思熟慮後之判斷爲準（注四八）。即使消費者所聯想之地理區域並不相同，亦不會因此排除其爲產地標示之特質，亦即只要其仍可發揮表彰地理來源之功能，就可能被歸類爲間接產地標示。例如：某商品未直接標示產地，卻使部分之消費者與Ａ領域發生連繫，產生系爭商品來自Ａ處之印象；但另一部分之消費者卻將該商品之來源指向Ｂ領域，將Ｂ認知爲產地。就此而言，消費者既認有表彰地理來源之功能，則其屬間接之產地標示實毋庸置疑，但究竟其所「標示」之產地爲Ａ或Ｂ，始爲問題之核心，影響標示是否眞實之判斷甚鉅，此部分則容後再詳述之（注四九）。

　　前已提及最常見也是最重要的間接產地標示之兩大類型爲：以外語寫成之標示及其他來源象徵，現進一步詳析如下：

1.以外語寫成之標示

　　於商品之標示中，雖未直接標示出產地，但若以外語爲標示時，亦即以外語描述商品之情形，原則上消費者會由該外語寫成之標示推斷出商品係源自使用該外語之國家。至於是否所有以外語寫成之標示皆會使消費者有此聯想，則視具體之情形而定，不可一概而論。但當交易之對象特別重視外國產品時（例：以舶來品誇耀消費能力）；或消費大眾欲選購來自特定國家之商品時，（例：大眾認某國之產品別具特色或品質

注四八　但以多少比例爲已足，詳見本書第三章。
注四九　此涉及雙重意義產地標示之問題，詳見本書第五章。

優良者。）以外語寫成之標示尤其可發揮產地標示之功能，使消費者認被標示之商品源自該外語使用國。

於實際之交易市場中不難發現此類用外語寫成之標示，且又以某國以該產品之品質聞名世界或產量高者居多。例如：化妝、美容用品常見以法文、英文標示；流行精品常見以法文、英文、義大利文標示；含酒精成分之飲料則常見法文、英文、荷文之標示；香檳則常以法文標示；煙草製品則以英、荷、埃及、土耳其文之標示爲常見；巧克力、可可則常標示荷文或德文（瑞士）；茶則可見印度、錫蘭文之標示。伏特加酒上之俄文；工程（光學）器具上之日文亦屬之。

此類未直接標示出商品之地理來源者，是否單憑以外語寫成之標示卽可構成間接產地標示，完全取決於消費者之觀點。而今日由於交通網路綿密，商品流通迅速，各國之接觸、交流遠較十八、十九世紀頻繁，國際貿易遂成爲許多國家之經濟命脈，因此，在自由貿易之市場中，常可見琳瑯滿目之商品，其中更不乏源自世界各地之商品，而廠商爲進軍國際市場亦常見以銷售地所使用之語言標示其商品，至少亦以國際語言 —— 英文標示，以期迅速打入當地市場（注五〇）。故，於現今之交易型態中，由於外語標示被廣泛利用，似乎難以單憑外語標示卽可決定商品之原產地，因此德國實務卽嚴格要求證明消費者將系爭商品與特定地理區域產生相當程度之聯繫始可（注五一）。而像荷蘭、瑞士因地理位置特殊，國民本就習慣使用多種語言，故亦難僅以外語標示之使用卽推斷出商品之地理來源。總之，以外語寫成之標示可能構成間接之產地標示，但仍應依具體情形以消費者之觀點個案定之。

注五〇　例外仍以原產地所慣用之語言爲商品標示之情形，則多係前述之產地享有盛名之情形。

注五一　參Baumbach und Hefermehl, *Wettbewerbsrecht,* 14 Auflage S.1081; OLG Hamburg 1976.2.5. "Teaquick" Entscheidung *GRUR 1977* SS.161-163.

　　由外語寫成之標示一旦構成間接產地標示即有加以保護之必要。例如: 以德語或聽起來像德語之名使用於非德國製造之商品上，若消費者猜想該商品源自德國，且對其地理來源賦予重要之意義，因而決定購買該商品時，則消費者將受詐欺。因此，以外語寫成標示，縱未直接標示出商品之地理來源，只要消費大眾將其認知為間接產地標示時，則亦產生標示是否眞實，有無造成消費者誤導或受詐欺之情事，而有受保護之必要。就此而論大抵不外乎須先考慮該廠商是否有權以外語標示，而後仍應檢驗該外語寫成之標示是否造成消費者對商品地理來源之混淆。德國實務曾發生幾個與此相關之案例，茲略述於下: "Gabriele Wyeth"案，某一德國公司其有一外國籍之股東，原則上該公司有權以該外國股東之名用於公司名稱或商品標章上，只要不以不公正之方式即可。但當標示於該德國公司所生產之商品上，系爭之外國股東名即有可能使消費者對商品之產地發生混淆。而德國聯邦法院 (BGH) 卻未要求該公司附加陳述以排除詐欺，此與 §3UWG 之保護目的牴觸，亦與同名企業之處理方式相矛盾,故廣受德國學者批評 (注五二)。其後,BGH 在 1963 年 7 月12日之 "Lady Rose" 判決中則已慮及消費者可能因外語標示而就商品之產地有受詐欺之虞，因而採較"Gabriele Wyeth"案嚴格之觀點以確保誠實之商業交易秩序。該案之被告為"Lady Rose Cosmetic GmbH" 卽 Lady Rose 化妝品有限公司 (Gesellschaft mitbeschränkter Haftung)，於 1957 年 2 月 5 日於 München—Lohhof 設立登記為公司，製造專業之化妝品，並於 1957 年 9 月 2 日就 "Lady Rose" 取得商標 (Nr. 706059第 34 類之商品) 將之用於指甲油擦光劑 (Nagellackpolituren) 及去指甲油劑 (Nagellackentfern)。1958

注五二　參 Baumbach und Hefermehl, *Wettbewerbsrecht*, 14 Auflage S.1082; Bußmann, *GRUR 1958* S.188. 另有關 §3 UWG 與同名地之處理，詳見本書第四章、第五章。

年 6 月 26 日又以相同標章爲國際之註册 (Nr. 210852)。該指甲油並非被告所製，而係由美國散裝進口，未再經任何處理卽在德國裝瓶；去指甲油劑則係被告在德國自製，並在其瓶上標示"Nail Polish Remover-Lady Rose-Enriched with Orange Oil" 及 "Lady Rose Inc., Cleveland-Ohio ,USA"。在指甲油之瓶上則標示"Lady Rose-Lady Rose Inc., CIeveland-Ohio, USA" 及 "Lady Rose-Pion & Co. N. Y. —— Los Angeles"。原告主張被告不可在德境內使用 Lady Rose 之商標及公司名稱，因將使消費者以爲有位來自英國之貴族女化妝師參與製造，且同時造成此乃英或美原（正）品 (Originalware) 之不實印象。故要求被告停用 "Lady Rose" 之公司及商標，且將該字樣之標示自所有宣傳單、容器及標籤上除去。於訴訟進行中，被告已將其在德製造之去指甲油劑之包裝上改標爲 "Nagellackentferner-Lady Rose-mit Orangenöl-Lady Rose Cosmetic GmbH, München-Lohhof"。而指甲油瓶上之標示亦不再標爲 "Pion & Co.N.Y.-Los Angeles" 而改標 "Lady Rose Cosmetic GmbH, München-Lohhof"。被告遂抗辯"Lady Rose"依交易觀點係屬一幻想性標章 (Phantasiezeichen) (注五三)，並不因此卽推測有特定女化妝師參與製造而保證該商品之品質，惟因使用外語確可能係一間接產地標示，不過就此依實際情形並未造成詐欺，因爲於去指甲油劑經改標示後，其德文字樣附加於 Lady Rose 前後，已足以生地名淡化之效果（注五四），而指甲油瓶上原標示 Pion & Co. 係因貨品原由該公司所供應，而現已改爲 Lady Rose Inc. 提供，標示旣已隨之更改，故亦不生詐欺。本案之爭點有三:(1) 以 "Lady Rose" 爲商標及公司名稱之一部分用於指甲油或去指甲油劑上是否會使消費者認該商品源自英語系國家。(2) 系爭之 "Lady

---

注五三　有關幻想性標示，詳見本書第三章。

注五四　地名淡化附加之使用，詳見本書第五章。

Rose" 標示是否使消費者認有一名叫 Rose 之化妝師參與商品製造。

(3) 系爭標示是否對產品品質有所保證（注五五）。 於此較有關者乃爭點

(1)， 卽以 "Lady Rose" 爲商標及公司名稱是否屬一間接產地標示。

BGH 認被告最初商品之包裝完全無任何德文字應可能構成間接產地標

示， 聯邦法院 (Landgericht, 簡稱 LG) 認此非關原產地標示實有可

疑， 故以問卷調查消費者之意見， 其一係針對經常購買指甲油及去指甲

油劑之消費者， 卽所謂較狹義之交易羣 (engerer Verkehrskreis)；

另一則針對偶爾始購買此類商品之消費者，卽所謂較廣義之交易羣(we-

iterer Verkehrskreis)。 兩份調查結果皆顯示交易團體中非不顯著之

部分認系爭商品源自英美國家之企業 (注五六)。又， 旣然去指甲油劑乃被

告在德國製造， 當事人間並無爭執， 則被告於其上之標示乃爲不實陳述

卽屬明確， 縱然被告於二審訴訟繫屬中更改標示， 但仍保有 "Lady

Rose Cosmetic GmbH" 之字樣， 並未生地名淡化之效果， 亦卽消費

者仍認其乃源自英美語系國家之企業。 故BGH依§3UWG及 §1004BGB

撤銷 "Lady Rose Cosmetic GmbH" 公司名稱之登記， 因 "Lady

Rose"乃該名稱之主要部分， 且 Cosmetic 仍爲英文而非德文， 有使公

眾誤認其爲外國公司之虞。 同時禁止標示有 "Lady Rose Cosmetic

GmbH" 之化妝品在德境內陳列販賣、 販賣或銷售； 而所有旣存印有

"Lady Rose Cosmetic GmbH" 公司名稱於其上之印刷傳單、 容器及

注五五　於德 §3 UWG 並不要求系爭標示須造成較有利之提供，且未區別來源
　　　　地標示與原產地名稱，因此其是否將使人產生該商品有特別優良品質之
　　　　概念並不重要。就此詳見本書之第四章。

注五六　問卷之問題包括:

　　　　1.是否可由該標示推斷出商品源自何地？分別有 10% (廣義)；12% (
　　　　　狹義) 之受訪者認源自英國或美國。

　　　　2.該商品除德國外尚於何國販賣? 26% (廣義)； 28% (狹義) 之訪受
　　　　　者認於美國。參 GRUR 1963 SS.589-593.

標籤，皆應將該標示除去。但 "Lady Rose" 之商標權利未予以撤銷（注五七），蓋因被告已在二十多國銷售其商品，且業績繼續攀昇中，對歐洲之經濟多所助益，若撤銷其商標權將影響該商標之國際註冊。因此之故，在德境外之產品亦仍可標示該公司名稱銷售之。另，於1964年之 "Suzanne André" 案中，漢堡高等法院認將 "Suzanne André" 之商標用於德國來源之化妝製品上，將使消費者對商品之產地發生混淆，且並未有一名叫 "Suzanne André" 之女化妝師參與該商品之製造，因此核駁其註冊。

由前述可知，雖未直接標示商品之產地，但藉由外語寫成之商標或公司名稱亦可能使消費大眾產生地理來源之印象。此時，若消費者所認知之產地與實際不符，甚可能因此導致商標或公司名稱之撤銷。

2.來源象徵

間接產地標示除前述以外語寫成之標示外，另一大類即為來源象徵（Herkunftssymbole），亦即除外語外以其他象徵（Symbol）間接引起地理之聯想者屬之。可進一步分述如下：

(1) 建築物、標誌（Wahrzeichen）之名稱及圖片（即陸標 Iandmark）或具特色之風景圖片及具地方色彩的服裝（Tracht）。簡言之，即可代表某地之山川文物。例如：科隆大教堂使人聯想至科隆（注五八）；自由女神使人聯想至美國；艾菲爾鐵塔使人聯想至巴黎；金字塔則使人聯想至埃及；萬里長城則使人聯想至中國。又如：風車之風景畫使人聯想至荷蘭（注五九）；無尾熊（Coala）及袋鼠則自然使人與澳洲連結。另，和服使人與日本發生聯想；頭戴頭巾、身穿圍裙、腳踩木

注五七　參德 §11 I (3) WZG.
注五八　參 GRUR 1939 S.919; 1954 S.211.
注五九　參 GRUR 1932 S.810.
注六〇　各國商標法就此多設有相關規定，不得取得商標專用權。

展之女孩，使人聯想至荷蘭；蘇格蘭裙則使人與蘇格蘭連結等均屬適例。

（2）著名人士之姓名及肖像。例如：林肯之於美國；聖雄甘地之於印度；維多利亞女皇之於英國；威爾斯王子之於英國；拿破崙之於法國等是。

（3）國旗之顏色、國徽及某地之徽章（Ortswappen）因皆可使人與某國或某地產生聯想，故其亦為常見之間接產地標示（注六〇）。例：星條旗使人聯想到美國，以紅一白一綠三色用於義大利式香腸（Salami-Würsten）之標籤上，可能使人認其來自義大利或匈牙利，因義及匈之國旗皆是紅一白一綠三色旗，若與實際情形不符則造成詐欺。就此，德實務亦有相關之判決可循——“Ungarische Salami”案：原告為一匈牙利之肉品及農產品出口公司，其亦出口匈牙利之義式香腸（Salami）。而另有一德商亦在德國銷售自製之“Paprikasalami”，於該商品之標籤上有紅一白一綠顏色之使用。原告遂將之列為被告，主張被告使用匈牙利之國旗顏色乃屬詐欺及不正競爭之標示，訴請法院禁止其使用及賠償原告所受之損害。被告則抗辯紅一白一綠顏色之使用並不使消費者認系爭商品源自匈牙利，且在德國此種標示常被使用於香腸之包裝上，尤其是 Salamiwürsten。而且被告於商品之標籤上亦清楚說明了商品之來源，故請求駁回原告之訴。地院判被告敗訴，被告上訴至高院，上訴法院認其顏色之使用為--產地標示，標籤上之其他文字說明仍使消費者認至少係匈牙利或義大利授權德商在其監督下製造，且最突出之文字“CSABAER”仍使人有匈牙利來源之印象，故高院亦駁回其上訴（注六一）。被告再上訴至 BGH，BGH 據消費者問卷調查之結果，有22％～23％認被如此標示之香腸乃德國製品，卻有50％～51％認係外國來

注六一　OLG München 1979.5.3. Urteil, GRUR 1979 SS.861-862.

源，其中有11%～13%認源自匈牙利，有21%～22%認源自義大利，其餘則認來自其他國或無任何具體概念。BGH 認即使部分交易團體認該產品源自匈牙利，部分交易團體認其源自義大利，並不礙其爲一間接產地標示，且就產地標示是否有詐欺消費者之情形，則應將二情形皆列入考慮。雖被告有爲 "Glonntaler Fleischwaren" 及 "Glonn/Obb" 之標示，但紅一白一綠顏色似國旗之排列占主要部分，而其中較醒目之字眼 "CSABAER" 又加強了外國或匈牙利來源之印象，因此 BGH 亦判原告勝訴(注六二)(注六三)。

另應注意若未徵得同意或無權使用國徽、邦徽或國旗及其上之圖樣時可能受刑事制裁（見德§27WZG）。而瑞士對其國旗、國徽特別保護，禁止引起任何混淆之模仿，禁止使用於商業用途之上。依瑞士1931年6月5日之盾徽及其他象徵保護法（the Law on the Protection of Coats of Arms and Other Emblems），凡不法使用官方邦聯及郡（canton）之盾徽（§13）及外國官方徽章（§10），只要該外國互惠或因其使用而誤導瑞士消費者有關商品來源時（§11），將科五千法郎以上之罰金或二個月以下之徒刑。

（4）特殊之容器造型及包裝

若某地之商品長期使用特殊之容器造型或包裝，亦可能使人產生地理聯想而成爲一間接產地標示（注六四）。德實務上 "Bocksbeutelfla-

---

注六二　BGH 1982.4.10. Urteil, GRUR 1981 SS.666-668; Anm. Bürglen, SS.668-670; WRP 1981 S.503; 本案 BGH 認匈牙利之 Salami 已用其國旗顏色有一百年之久，而被告所證明之使用僅有五年；又經證實匈牙利之 Salami 特受消費大眾之重視，反之，德製之 Salami 則未受特別之重視，故認被告之使用該當 §3 UWG 之構成要件。相關判決可參 BGH 1982.6.24. Urteil "Ungarische Salami Ⅱ", GRUR 1982 SS.685-687.

注六三　此類間接產地標示尚可參 "Berliner Bär" 案，GRUR 1952 S.253.

注六四　若已可表彰商品或服務之單一來源時，則應受商品表徵之保護。就此請參張澤平，仿冒與公平交易法，81年3月初版。

sche" 一案即爲適例：原告爲法蘭克（frańklich）地區之葡萄酒釀製商
及經銷商，該區之葡萄酒以一種平淺大肚之酒瓶盛裝而著稱，即所謂的
"Bocksbeutelflasche"。而在巴登邦（Baden）鄰近法蘭克區之四地
——Neuweier, Steinbach, Umweg, Varnhalt——（巴登南部）自
1800 年起亦相繼使用 "Bocksbeutelflasche" 裝其所產製之白葡萄酒
（Riesling-Mauerwein）。被告爲巴登邦中部 Bühl 地之葡萄酒女製
造商，亦以 "Bocksbeutelflasche" 販賣其所製之 "Laufer Alsenhof"
白葡萄酒（Riesling），而標籤上則有 "BADEN" 之字樣。原告認被告
之酒瓶詐欺消費者有關商品之正確地理來源，故訴請法院判命被告停止
使用 "Bocksbeutelflasche"。被告則抗辯 "Bocksbeutelflasche" 已
不再只是法蘭克地區及前述巴登四地之間接產地標示，亦指示其他鄰近
地區之地理來源，自包括 "Laufer-Alsenhof-Riesling"。地院判原告
敗訴，原告上訴亦被高院駁回，但 BGH 依消費者之間卷調查結果，有
47％認此乃來自法蘭克區之內國葡萄酒；而30％認其亦源自 Baden，
因此 "Bocksbeutelflasche" 乃一間接產地標示，但有雙重意義（Doppe-
lbedeutung），一指向法蘭克，另一指向巴登。既有 47％之消費者將
"Bocksbeutelflasche" 認知爲源自法蘭克，若非之則將生詐欺，但因
巴登前述之四地亦使用該特殊造型之酒瓶有相當長之時間，此一歷史因
素亦應顧及。而被告則非屬前述巴登之四地，故其無歷史使用之考量，
雖其於標籤上明示 "BADEN" 字樣，但消費者首先注意者仍爲該特殊
造型之酒瓶，故 BGH 禁其使用 "Bocksbeutelflasche"。另1979年 1 月
26日 BGH 有關 "Canti-Flasche" 之判決亦爲類似之情形，被告乃葡
萄牙一著名之酒商，自 1942 年起即以所謂 "Cantil-Flasche" 銷售其
rosé wine，自1967-1973年間輸出至歐體國家超過三千八百萬瓶，1950
年起在德銷售，至 1972 年止皆未受到任何異議。BGH 認被告所使用之
"Cantil-Flasche" 雖和 "Bocksbeutelflasche" 類似，但其標籤上之

"aus Portugal" 及 "Mateus Rosé" 及 "Sogrape" 之標示，已足使消費者不會將之認係德產製之葡萄酒，且縱使仍存有詐欺之危險，亦因被告已使用數百年之久而被容忍(注六五)。

(5) 外文字母

特殊之外文字母，亦可能使消費者與某語系之國家連結。例: 伏特加酒瓶上之斯拉夫字母(注六六)。

第三款　直接與間接產地標示區別實益之探討

簡言之，直接與間接產地標示之區別在於是否直接標示出商品之地理來源。但因為究否為產地標示係取決於消費者之了解，並不因標示出地名必為產地標示，亦不因未標示出地名而必非產地標示，且一旦依交易觀點將該標示認知為產地標示，其標示是否眞實，有否詐欺消費者，實不因係間接產地標示而產生之詐欺遂較溫合 (注六七)。職是之故，德國學者質疑此種區別並無實益 (注六八)，充其量只是間接產地標示較有可能藉附加之方式而排除詐欺消費者之危險 (注六九)。若然，母寧採取明確 (eindeutig) 及不明確產地標示之概念較具實益。蓋消費者之觀點於決定商品之地理來源時旣係關鍵因素，若其明確將系爭商品與某地理區域連結，一旦與實情不符則造成消費者之詐欺; 反之，則較可能藉由其他標示排除對消費者之詐欺。此種區別，於決定是否可透過其他陳

注六五　相關評論請參 GRUR Int. 1989 S.131.

注六六　此與前述外文寫成之標示不同，前係指以外文描述該商品，著重其文義，但此只依字母或某些單字卽推斷其來源。

注六七　不過各國就間接產地標示之保護 程度並不相同，大抵可歸 納為幾種類型: 1.不予保護; 2.予以保護，但較直接產地標示寬鬆; 3.與直接產地標示受相同程度之保護。詳見本書第五章。

注六八　參 Baumbach und Hefermehl; *Wettbewerbsrecht*, 14 Auflage S.1083.

注六九　詳見本書第五章。

述之附加而達「地名淡化」（entlokalisieren）之效果，於排除詐欺之危險的問題上，不失爲一種適當、可取之分類。不過，於仍予直接、間接產地標示差別待遇之國家，此區別則仍具實益。

　　誠然，產地標示是否明確仍依交易觀點而定，但一般而言，若將地名做爲形容詞使用，則屬明確之產地標示，例: 卽墨的葡萄; Bayrisches Bier; Badischer Wein; Elsässer Nudeln 等是。又特定介詞之使用亦然，如: "aus"，或 "von"; "from" 或 "of"或 "de" 均屬。反之，若地名作爲名詞使用,則未必必爲產地標示,有可能成爲普通名詞或幻想性標示,是否爲明確之產地標示則仍應視具體情形而定（注七〇）。

第二項　來源地標示與原產地名稱

　　此類區別自一次世界大戰後首見於法國，且法國法就此二者設有不同之保護（注七一）。雖各國就此尚未形成共識，但此種分類已漸受各國重視，並爲國際所慣用，因此有加以論述之必要，茲將二者簡述如下:

第一款　來源地標示

　　來源地標示 (indication of source ; indications de provenance) 係指商品地理來源之簡單標示,其可由任何直接或間接之地理來源標示所組成，並未暗示消費者商品品質與所標產地之關係（注七二）。此種產地標示主要見於工業產品,原則上只要符合眞實卽可自由使用之,

---

注七〇　詳見本書第三章。
注七一　參 Ulmer-Kraβer, a.a.O., Nr.509ff; Tilmann, a.a.O., SS.385-391.
注七二　參 Ulmer-Beier, a.a.O., SS.473-477; Beier, geographische Herkunftsangaben und Ursprungsbezeichnungen, *GRUR Int. 1968 S.75.*

亦卽凡居住於該地理區域之生產製造者皆可於其商品上爲此地理來源之標示。依法國法之觀點，來源地標示之保護主要係防消費者對商品地理來源發生混淆，因此，只要消費者不致受詐欺，縱使非來自某地之商品冠有該地名之標示亦屬合法，用於較劣質之商品亦同。依法國1930年3月26日之相關法令卽明確表示，他地所製造之產品而帶有某地之來源標示，只要標明眞實之來源地則仍屬合法，亦卽可透過地名淡化之附加以排除詐欺（**注七三**）。職是之故，來源地標示則可能逐漸轉化爲種類名稱，終至完全喪失表彰商品地理來源之功能，而不再具產地標示之意義。

第二款　原產地名稱

與來源地標示相較,原產地名稱（appellation of origin; appellation d'origine, Ursprungsbezeichnungen）不僅標示出商品特定、明確之地理來源，同時亦指出商品因源自該地理區域而具某種特質（Eigenschaft）。亦卽系爭商品之特殊品質主要或完全係奠基於來源地之土地、水份、氣候、植物等自然條件，或可歸功於當地傳統特殊之製造方式。因此，原產地名稱不僅可表彰系爭商品之地理來源，同時亦保證其具有特殊之性質或品質。但若他地可製造出品質相同之產品，縱此產品爲當地之名產，依法國之觀點，仍僅爲前述之「來源地標示」。此種產地標示主要見於農產品，不過，1919年之法律則由較廣義之角度出發，尚及於工業產品（§1），但現則認工業產品絕不可能存有原產地名稱。鑒於原產地名稱與來源地標示本質之不同，其保護之程度亦有異。

注七三　Beier, geographische Herkunftsangaben und Ursprungsbezeichnungen, *GRUR Int.* 1968 S. 75; R. Plaisant, The Use of Place Names as Trademarks in French Law，收錄於 *Protection of Geographic Denominations of Goods and Services,* p.2; Beier und Knaak, a.a.O., *GRUR Int.* S.418.

於法國法上，原產地名稱較來源地標示享有更嚴格之保護，有關原產地名稱保護之一般原則係基於1919年5月6日之法律，另於葡萄園及農產品方面有爲數衆多的特別規定，這些規定予原產地名稱類似商標權般較嚴密的保護，其不以詐欺危險存在爲前提，凡用於其他來源之商品上，甚或雖係源自所標示之地理來源但不具該特定品質者皆屬不法。因此，原產地名稱之使用無法如來源地標示般藉附加陳述排除來源詐欺而成合法，亦無法因而轉爲種類名稱。

　　至於何種產地標示會被認定屬原產地名稱而享特別優厚之保護，法國係藉由實務長期所累積之判決予以肯認，或依特別法之規定，亦即原產地名稱之判定，原則上是由立法者決定，例外始由判決補充之。依法之通說，認原產地名稱僅限於特定之地理名稱，間接之標示只可能構成來源地標示；而國名或更大地區之名稱，亦不可以之爲原產地名稱受保護。因此每個原產地名稱使用之要件皆被清楚地界定，包括其地理區域之範圍及所應具備之特殊品質（例：1919年5月6日之法律§10）。目前法國在葡萄酒、烈酒、乳酪及其他農產品方面已有超過三百個原產地名稱，欲使用此類標示之產品必源自該特定地區且具一定之品質，即該標示可發揮表彰地理來源及品質保證之功能。故原產地名稱之使用在法國已成爲定居來源地生產者之產業財產權，而不僅止於保護消費者免受詐欺之反射利益(注七四)。

第三款　來源地標示與原產地名稱區別實益之探討

　　前已提及來源地標示與原產地名稱之區別首見於法國，並對原產地名稱設有較強之保護。因此此種分類在法國有其實益，概念上有必要予以釐清。不過，依各國之立法例，仍有不少國家並不對原產地名稱設有

注七四　參 Ulmer-Kraβer, a.a.O., SS.409-410.

特別之保護，例：美、德、我國等均屬（**注七五**）。但若對產地標示之保護，法律上未設有差別待遇的確有其缺失，尤其當該標示被當地居民用於劣質商品以招徠顧客時，將使原製造者因該產地標示可保證商品品質而建立之聲譽深受影響至爲明顯。因此，法國法區分來源地標示與原產地名稱而予以不同程度之保護遂因而漸受各國重視，而原產地名稱之概念更爲1958年里斯本協定所採（**注七六**），可見此種分類已成爲國際趨勢。

　　旣然原產地名稱有加強保護之必要係因若某產地標示可發揮品質保證之功能時，單一概念之保護，亦卽僅著重商品是否確源自所標示之地理區域，對誠實交易秩序之維護未能克竟全功。因此有必要將其所生之弊端予以進一步之分析，藉以究明加強保護原產地名稱之實益。又，德國之現行法雖尚未採法國法之分類，但文獻中亦不乏有支持對具品質保證功能之產地標示予以特別保護之呼聲（**注七七**），而其實務亦漸受學說之影響，對產地標示保護程度之態度有所調整。德國學說及實務就此所爲之努力及發展，值得同爲法律上未予原產地名稱加強保護之我國借鏡，故以下擬先將傳統上只對產地標示爲一體保護而未就原產地名稱設差別待遇之缺失加以闡釋，再將德國學說及實務針對此缺失所爲之調整予以介紹。

1.不區分之缺點（單一概念保護之缺點）

　　首先，就產地標示遭濫用之實際情形加以觀察，不難發現凡可表彰商品地理來源同時又具品質保證功能之產地標示被濫用之可能性較高，

注七五　德國於1993年之商標修正草案 §154 Ⅱ已對表彰特質或品質之產地標示加強保護。

注七六　有關里斯本協定，詳見本書第六章。

注七七　參 Baumbach und Hefermehl, *Wettbewerbsrecht*, 14 Auflage S. 1083; Ulmer-Beier, a.a.O., SS.473-477; Beier, geographische Herkunftsangaben und Ursprungsbezeichnungen, *GRUR Int. 1968* SS.69-71.

故愈有予以保護之必要。瑞士之舊商標法 §18 所保護之產地標示更限於
須就該商品享有特別名聲者，依彼邦學者之見解認其商標法 §18 只保護
具品質暗示之產地標示（注七八）。 但此種看法並未爲多數國家之立法例
所接受，學說亦不表贊同（注七九）。 蓋卽使大眾並未因系爭之產地標示
而聯想到商品之特殊品質，僅地理來源之標示不實亦可能使消費者之購
買決定受影響。例: 消費者僅爲支持某地之生產者而購買其商品之情形
卽屬（注八〇）。德 Berlin 地院卽曾明白表示在非源自 "Berlin" 之肥皂
上標示該地名，系爭之產地標示已足引人錯誤，縱使 Berlin 並未以生
產特別品質之好肥皂而聞名亦同， 該標示本身卽屬不法 (注八一)。此一
原則 BGH 於 1955 年12月13日之 "Rügenwalder Teewurst" 判決
中再次重申（注八二）。 誠然， 只要產地標示被用於非源自該地區之商品
卽有加以保護之必要，但大抵被濫用之產地標示多係具品質暗示者，蓋
因商品之品質與價格爲消費者決定購買之兩大考慮因素，此種產地標示
實具較高之交易價值，故就此單憑一般對產地標示之保護卽略顯不足。
茲將缺失析述如下:

　　(1) 利用附加之陳述表明實際地理來源， 以避 詐欺 消費者之嫌

注七八　參 F. Dessemontet, ibid. pp.103-104; Troller, a.a.O., S.320f.

注七九　德學說上曾有爭論，早期有不少學者主應具品質保證功能者始應予以保
　　　　護。參 Matthiolius, *Der Rechtsschutz geographischer Herkunfts-*
　　　　angaben, S.7; Niebour, Wann sind unrichtige Herkunfts-
　　　　angaben täuschend? *MuW XIX* 21; 較特別者爲 Bußmann,
　　　　其早期亦持類似看法， 但晚近已改變見解 。 見氏著， *Gewerblicher*
　　　　Rechtsschutz und Urheberrecht, 1962, S.41; GRUR 1965 S. 282.

注八〇　德專利局 1959.12.14. "Schwarzwald" 案，認該標章用於成衣上，縱
　　　　不具表彰品質之功能，但仍有詐欺消費者有關商品產地之虞，故核駁該
　　　　商標註冊之申請。參 GRUR 1957 SS.240-242.

注八一　"Dortmunder" Urteil，見 GRUR 1952 S. 254f.

注八二　"Delfts Blauw" Urteil ，見GRUR 1956 SS.270-273.

（注八三）。　著名之產地標示因其具品質保證之功能，可藉其標示招攬顧客，發揮廣告、促銷之功能，故常爲他地之製造商所使用，而其爲逃避詐欺消費者商品地理來源之制裁，同時亦於標示上附加眞正之產地或爲其他之附加，使該地名不再具表彰產地之功能，例："Radeberger Pilsener", "British Sherry", "Dortmunder Typ", "Teewurst nach Rügenwalder Art", "Moutarde de Dijon fabriqué à Paris" 等均屬。此類情形，就商品之產地客觀上而言或許無不實標示之情形，但若允許之，將使著名產地商品製造者之努力成果被不當利用，長此以往，系爭產地標示之廣告、促銷力亦將受影響。

　　(2)轉爲種類名稱之虞,若某地名之標示消費者已不再將之瞭解爲產地標示，而只是表示商品之性質時，則其已轉爲種類名稱(Gattungsbezeichnung)。　亦卽，任何人將該標示使用於商品上，皆不致使消費者就其地理來源發生誤認。深究之，一產地標示並非自動轉爲種類名稱，而是由於未有效抑止非來源地居民濫用之故。前述藉附加陳述表明實際地理來源以排除造成詐欺消費者之可能，卽是使該產地標示轉爲種類名稱之第一步。此時，若未予原產地名稱特別之保護，只要消費者就商品之地理來源未被誤導，定居該地區之製造者卽無法及時有效制止他人之濫用，終將使該產地標示轉爲種類名稱。故，有賴法律給予原產地名稱特別保護，禁止其轉爲種類名稱。

　　(3) 被產地居民濫用於劣質商品上，若未對原產地名稱品質保證之功能加以保護，當被產地居民濫用於劣質商品上時，縱消費者因誤信商品具相當品質始予購買，但旣然對商品之產地並未有任何詐欺情事，卽無法制止之。此不僅對消費者之保護不足，亦使系爭產地標示品質暗示之功能大受影響，附著其上之經濟價值因而隨之減損。故就此，德學

注八三　此卽爲「地名淡化之附加」（entlokalisierenden Zusätzen）詳見本書第五章。

者多力倡應予以補充之品質保護(注八四)。

(4) 過去實務所造成之缺失難以彌補，某些產地標示係因法院之寬容而未能及時避免其遭人濫用，終至轉爲種類名稱。但因其尚未完全喪失產地標示之特質，仍有不少之消費者認其具有表彰商品地理來源之功能。德國判決雖亦認該標示有再回復爲產地標示之可能，但爲顧及法律安定性之要求，實際上設有嚴格之標準，交易大眾之 1/3 甚或 1/2 認其爲產地標示仍不足，需有「絕大多數」(überwiegende Teil) 肯認其來源特徵，始可能再次成爲產地標示 (注八五)。 職是之故，希冀以判決來彌補因過去實務之寬容所造成之不當幾不可能，唯有藉由明確之法律規定加強產地標示之保護，始能促使法院正視過去之不當判決所導致之不良後果，而力謀改善之。

2.德學說就現行法架構下之檢討與調適及對實務所生之影響

德國不正競爭法§3中對產地標示設有保護，一般而言，德國並未如法國般區分來源地標示與原產地名稱而給予法律上之差別待遇。但由於向來對產地標示採單一之概念予以一體保護產生不少流弊已如前述，故文獻中嘗試將產地標示依其是否具品質暗示之功能而劃分爲二大類。在不正競爭法之註釋書中首將其區分爲簡單的（einfach）產地標示與合格的（qualifiziert）產地標示(注八六)，前者係僅單純表彰商品之地理來源；後者則除了表彰商品之地理來源外尚可保證具一定之品質。例：

注八四　Brogsitter, Die Reform der geographischen Weinbezeich-nungsrechts in Deutschland unter Berücksichtigung der vorgeschenen EWG-Regelung, *GRUR 1966* SS. 238-240; Beier, geographische Herkunftsangaben und Ursprungs-bezeichnungen, *GRUR Int. 1968* S. 74.

注八五　詳見本書第三章。

注八六　參 Baumbach und Hefermehl, *Wettbewerbsrecht,* 14 Auflage SS. 1075-1076.

Cognac, Champagner, Pilsener, Bayrish Bier,Schweizer Uhren 及 Solinger Stahl 均屬合格的產地標示。此種區分已漸成爲德國學說之通說（注八七）， 其中單純的產地標示與法國法中之來源地標示類似，而合格的產地標示則與法國法中之原產地名稱相近，不過決定二者區別之關鍵則與法國法大不相同， 法國對原產地名稱之判定原則上係由立法者於許多單行法中清楚界定， 例外則以判決補充之；反之， 德國則依交易觀點以決定其究爲單純的或合格的產地標示， 因此， 只要交易觀點認該產地標示可表示商品之品質或性能時， 毋庸法有明文， 亦不需法院之承認， 即屬合格的產地標示， 故其範圍較法國之原產地名稱廣， 可稱爲廣義的原產地名稱。

鑑於合格的產地標示其經濟價值較高， 單憑一般對產地標示之保護實不足以防其遭濫用， 故德國學者力倡對合格的產地標示加強保護；文獻中援引不正競爭法之一般條款 §1UWG， 建議實務由違反善良風俗之利用及廣告力沖淡之角度適當運用 §1UWG， 而對合格的產地標示加強保護， 以補 §3UWG 之不足。亦即， 若係單純的產地標示以 §3UWG 保護之；若屬合格的產地標示， 當其所具品質保證之功能及宣傳促銷該商品之廣告力因不當之利用而沖淡時， 可由 §3UWG 及 §1UWG 保護之， 或另以特別法加以保護。

德國實務早期仍僅予合格的產地標示一般之保護， 以致著名之產地標示因不肖廠商濫用又未能及時予以制止， 終至轉爲種類名稱（注八八）。經學者大聲疾呼應對合格的產地標示加強保護並提供法律依據後， 實務

注八七　Ulmer-Beier, a.a.O., SS.473-477; Beier, Der Schutz geographischer Herkunftsangaben in Deutschland, *GRUR 1963* S.173; Beier, Täuschende Reklame und Schutz der geographischen Herkunftsangaben, *GRUR Int. 1966* S.204f.

注八八　例 RG 自 1900 年起一系列有關"Pilsener"之判決,即備受學者之批評。

遂逐漸對產地標示嚴以保護（注八九），但仍未明白承認單純的及合格的產地標示之區別。直至1955年12月13日 BGH 在 "Rügenwalder Tee-wurst" 判決中始承認產地標示廣告效果之利用及因而使消費者產生品質暗示者，屬§1UWG 違反善良風俗之行為。BGH於1970年在"Scotch Whisky" 判決中更明示對合格的產地標示特別保護之必要： 貼附有 Scotch Whisky 標籤之烈酒，其雖確在 Scotland 所製，但卻不符來源國之品質標準，亦即其儲桶未及三年之時間。BGH 認若消費者不僅期望貼附該標籤之商品係源自 Scotland， 亦期望其具相當品質時， 則僅滿足該品質標準之產品可帶有此產地標示（注九〇）。 由上述可知， 德實務已漸接受學說之建議，將產地標示區分為單純的及合格的產地標示，且對後者予以較高程度之保護。

來源地標示與原產地名稱保護程度之區別已漸成國際趨勢，各國亦或多或少由立法上或實務上調整向來對產地標示一體保護之態度，德國學說及實務就此所為之調適，頗值同為法律上未予明文區分之我國借鏡。

第四節　使用原則

第一項　自由使用原則

產地標示雖如商標般具有表彰商品來源、出處之功能，但商標可鑑商品之單一來源，產地標示卻無法鑑別商品之單一來源，只是表明該商品源自所標示之地理區域內。 因此， 商標權人就其商標享有排他使用

注八九　RG 在 1932 年之 "Pilsener"判決中及稍後之 "Westfalenkoks" 之判決中始改變曩昔備受批評之觀點。

注九〇　就此，BGH 並不要求德之消費者認知於蘇格蘭至少儲桶三年之威士忌始可標示為 "Scotch"，只要德之消費者期待該產品符來源國之品質標準即為已足。

權,任何人未經其授權而使用相同或類似之商標於同一或同類之商品上,則構成商標權之侵害（注九一）。反之,任何人皆可自由使用產地標示(尤指來源地標示) 於商品上, 只要該商品確源自所標示之地理區域內即可。縱使非定居該地區之人使用系爭之地名以標示其商品, 原則上只要將商品實際之產地標示清楚, 不致使消費者發生混淆誤認之情事, 並非不法（注九二）。 亦即在不違反眞實義務之前提下, 任何人皆可自由使用產地標示, 但有權使用之人並不享有如商標權般之排他使用權, 卽使定居所標示地理區域內之製造商亦無權禁止他人對產地標示之合法使用。

就此而論, 產地標示之使用原則與商品之性質陳述 (Beschaffen-angaben) 類似（注九三）。至於商品之製造人是否有義務於其商品上標示產地, 則視各國法令之規定而有異, 多數國家要求進口商品應清楚而明確地標示商品來源國, 另, 縱就地名取得商標權, 原有權使用該地名爲產地標示者, 其使用權不受影響, 亦卽此時可爲公平使用(fair use)之抗辯（注九四）。

第二項 真實標示原則

產地標示之使用最重要者卽是須眞實標示, 雖原則上任何人皆可自由使用之, 但仍以符合眞實, 不使消費者受詐欺爲前提, 此亦爲各國對產地標示保護之一般原則 。 不僅直接產地標示有其適用, 間接產地標示旣使消費者將商品與某地理區域產生連結, 故亦須該商品確源自消費

注九一　見我國商標法 §§21、61、62。

注九二　但如前述,原產地名稱或合格的產地標示之使用並非如來源地標示般自由。

注九三　參 Beier, geographische Herkunftsangaben und Ursprungs-bezeichnungen, *GRUR Int. 1968* S.70. 有關性質陳述詳見本書第三章。

注九四　各國商標法就此多設有相關規定,詳見本文第四章。

者所期待之來源地。來源地標示或單純的產地標示尤其著重標示真實自不待言；原產地名稱或合格的產地標示亦要求商品之地理來源須合於真實，且除此之外，尚應符合消費者對其品質之期待。亦卽，不僅係源自該地區且符一定品質之商品才可冠有此類標示。因此，真實標示原則可謂是產地標示保護最核心、最基本之準則，亦可謂是最低限度之要求，就此，先進國家累積了不少實務見解可供參考。然而，於判斷產地標示是否符合真實之際，仍有不少問題需藉學理之助予以釐清，一方面可提供實務見解法理上之依據，不致有裁判矛盾之弊；另一方面透過學說體系化之研究，亦可明現行法律架構下之缺失，以裨補闕漏。故以下本書論述之重心卽是產地標示是否真實之判定，及各國立法例對產地標示保護要件之分析，並嘗試援引一些先進國家之判決加以探討，再藉由國際條約之了解以明產地標示保護之國際趨勢。

第三章 產地標示之保護要件

第一節 一般保護要件

各國對產地標示之保護固大多散見於各種不同之法領域中，但歸納言之，其所保護之法益主要可大別為二類，其一為產地標示本身固有經濟價值之確保，另一則係消費者權益之保護，亦可謂是健全經濟秩序之維護。又，雖各國立法例就產地標示之保護要件未必全然相同，但大抵而言，制度之設計皆由確保商品產地真實標示出發，而其前提必先確立受保護標示之客體適格，因此，可將之列為產地標示保護之一般要件。故於一般保護要件之探討上，主要係究明系爭標示是否為適格之產地標示，亦即其可否發揮表彰商品地理來源之功能，而有受保護之必要（注一）。以下即就適格之產地標示及不適格之產地標示詳加論述，非僅有利於概念之釐清，於相關法規之適用上亦有所助益。

第一項 適格之產地標示

簡言之，系爭標示可表彰商品之地理來源者即為適格之產地標示。尚可將其特徵詳析如下：

1.該標示為特定地理區域之指示

注 一 此處只論述一般之產地標示，即指來源地標示 (indication of source)，此為最低保護之限度。至於各國之內國法或相關之國際條約就保護客體設立較高要件者，則於後涉及時，再予論述。

　　於商品之標示上時常可見某些地名之出現，只要其可使交易之對象認該標示係指稱特定地理區域者，卽符此要件。然而不僅限於國名、邦（省、州）、城市、村莊、鄉、鎭、縣等官方所承認之政區名稱始可予人有指示特定地理區域之概念，地形學上之用語，如河、湖、洋、海、山、平原、高原等亦可具有指示特定地理區域之功能。又，卽使爲居民間所習用之地名，甚或是舊名，例：吉隆坡→檳榔嶼，亦仍有可能依交易觀點被認爲係特定地理區域之指示。又如：國人常以星洲稱新加坡，亦知三藩市係指舊金山；朝鮮爲韓國之舊名等是。實則，指示特定地理區域之「標示」並不偏限於文字，舉凡藉由商品特殊之包裝、造型，或某地之著名建築、傳統服飾、著名人士之肖像及風景圖片，甚或僅藉某些特殊文字之使用(注二)，亦可能爲特定地理區域之指示。例：拿破崙像指示法國，風車指示荷蘭等均屬之(注三)。可見，文字、符號或其他象徵 (Symbol) 均可指示特定地理區域。

　　只要該標示可指示特定地理區域卽爲已足，該地區之遠近、範圍之大小則不在考慮之列，卽使所指示之地區超出地表之外，如：火星、土星、月球，仍屬特定地理區域之標示，只是其是否必屬適格之產地標示，仍有賴後述要件予以判定。於判斷某標示是否指示特定地理區域之際，係取決於交易觀點 (Verkehrsauffassung) 對該標示之了解，但並不需嚴格要求消費大眾確知所指示地區之所在，只要認知確有此地理區域卽可。例：一般人皆知夏威夷（Hawaii）乃度假勝地，縱無法正確指明其係位於太平洋上之羣島，亦不礙其爲特定地理區域之指示。反之，縱爲某地名之標示，但交易觀點根本不將其了解爲指稱特定地理區域時，則其自不可能成爲產地標示。某蕞爾小國，世人多半不知有此地

注　二　就此，並不重其文義，而僅其外形觀之，故類似符號、象徵(symbol)。

注　三　此種未直接以文字描述特定地理區域之標示，若依交易觀點將商品與該地區相連結時，則成爲本書第二章所述及之「間接產地標示」。

時，即爲適例。故，該地區是否爲大衆所熟知亦會影響消費大衆對系爭標示可否指示特定地理區域之判斷。依經驗法則以觀，所指稱之地區愈聞名，其被交易大衆認知爲特定地理區域指示之可能性則愈高。反之，若純爲一虛擬之地名，則必無法指示特定地理區域，此際，交易大衆非不「確知」其所處之地理位置，而是根本無法與特定空間爲一連結。例：桃花源、伊甸園等屬之（**注四**）。

　　總之，並非只有直接以文字標示出地名者才係指示特定地理區域，文字以外之符號、象徵亦可使消費者與特定地區發生聯想；反之，亦非所有直接標示出地名者，必可指示特定地理區域。首先，必交易大衆將其認知爲地名始可能與特定地區發生連結。因此，交易大衆之觀點爲決定性之關鍵，系爭標示是否可指示特定地理區域卽完全取決於消費者之認知，且僅此卽已足，至於所指稱之地理區域範圍大小、距離遠近則非判斷之標準。

　　2.交易觀點將系爭商品與該地理區域相連結

　　在確定標示係指示特定地理區域之後，尚須將系爭商品與所指示之地理區域相連結，亦卽將其認知爲商品之地理來源，此標示始爲適格之產地標示，某地理區域之指示是否能發揮鑑別商品地理來源功能，仍以交易觀點爲據，故應依個案具體情形判定之，無法一概而論。不過，大體上可將指示特定地理來源之標示依其明確程度分爲三大類，而爲進一步之探討：

　　（1）以文字直接指示特定地理區域，且有明確之字樣，使大衆認該地區爲商品之地理來源者。例如：地名前後冠有「出產地」、「製造

<hr />

注　四　不過，亦可能於少數情形下，一虛擬之地名可使消費者誤認眞有其地而視其爲產地標示。例：××國製。但此情形甚爲少見，蓋合理之消費者多可爲正確之判斷，而事實上名不見經傳之虛擬地名無法引起消費者之注意，自亦少出現於交易市場中。

地」、"made in", "hergestellt in", "from", "aus", "of", "von" 等相關字眼時，或該地理區域以形容詞之方式使用者，如：巴黎的香水、金門的高粱酒、Badischer Wein; Bayrisch Bier 等均屬此類。

(2) 以文字直接指示特定地理區域，但未直接表明該地理區域爲商品之地理來源者。亦卽系爭標示中，並未出現足以使人將商品與特定地理區域相連結之字眼。當指示特定地區之文字以名詞之形式出現時多屬此類，例如紹興酒、瑞士巧克力冰淇淋。

(3) 非以文字直接指示特定地理區域，而係藉文字外之其他符號及象徵指示特定地理區域者。亦卽間接標示之情形。

上述三類標示雖皆被交易對象認知爲指示特定地理區域，但是否卽爲商品地理來源之標示，仍有待進一步之判定。原則上，當其所爲標示愈明確，成爲系爭商品產地標示之可能性卽愈高。因此，第一類之標示依交易觀點大多會將商品與所指示之地理區域相連結，亦卽認爲系爭商品源自該地理區域。而第二類標示雖亦指示特定地理區域，卻未必會使消費大眾將系爭商品與之連結，而產生商品產地之概念。原則上，若系爭商品上所標示之地區卽以此類商品聞名者，交易觀點愈可能將其了解成商品之來源地，亦卽，當該標示愈能發揮暗示商品品質之功能時，愈會被交易大眾與系爭商品相連結而成爲產地標示。因此，雖指示相同之地理區域，但使用在不同種類之商品上，則可能產生不同之結果。例："Samos" 之標示，若用於葡萄酒上，可能被認係產地標示，但若用於電子器械上，則可能非屬產地標示(注五)。又，某些地點由於其所在位置

注 五 參 BGH 1963.1.30. Urteil "Hollywood Duftschaumbad", GRUR 1963 SS. 482-485; BGH 1970.1.7. Beschluβ "Samos", a.a.O., SS. 311-313; BGH 1957.3.15. Urteil "Havana", GRUR 1957 SS. 430-433.

過於偏遠或由於歷史之因素，交易大眾並不將其與商品相連結，卽該地
點並不成爲系爭商品之來源地。前者如："Grönland"（格陵蘭）用於
冰箱或冰淇淋產品上，交易觀點不大可能認系爭商品係源自該偏遠之大
島(注六)；又如：土星、木星等非地表之特定地理區域之指示，亦不會
被一般理性之大眾認知爲商品之來源地(注七)。後者則如"Olympia"、
"Sparta"等地名用於運動器材時，雖其確爲歷史古城，但現今之消費
大眾則未必認其乃商品來源地之標示。故第二類之標示是否卽屬適格之
產地標示，仍有賴交易觀點於具體個案中逐一判定之。第三類之標示，
則未直接以文字標明特定地理區域，而係藉其他符號或象徵間接與特定
地理區域相連結，至於是否會使交易大眾認系爭商品源自所指示之地，
亦如第二類標示般未盡明確，依交易觀點認其爲產地標示之可能性亦較
第一類標示爲低。同時，此類間接標示特定地理區域之情形，因其未明
確指明特定地點，而僅予大眾商品源自某地之暗示，因此，相關交易大
眾所聯想之產地未必全然相同，此卽可能產生所謂「雙重意義」(Do-
ppelbedeutung)產地標示之問題，因其涉及交易觀點之認定，故留待
後述。

3.交易觀點

由前述可知，不論於判斷某標示是否爲特定地理區域之指示時，抑
或決定所指示之地區是否爲商品之產地之際，皆取決於交易觀點之認定。
換言之，系爭標示是否爲適格之產地標示而可受法律之保護，應依交易

注　六　參 Tilmann, a.a.O., SS. 156-157; Ulmer-Beier, *Das Recht
　　　　*unlauteren Wettbewerbs in den Mitgliedstaaten der Europä-
　　　　ische Wirtschaftsgemeinschaft, Bd.* Ⅲ, *D, eutschland,* SS. 496-497.

注　七　參 Thomas McCarthy, *Trademarks and Unfair Competition
　　　　Vol.1* p. 487; Jerome Gilson, *Trademark Protection and Pra-
　　　　ctice,* p. 2-47.

觀點對該標示之了解而定（注八），故其在產地標示保護要件之判斷上扮演舉足輕重之角色，實有必要對其爲進一步之分析。可分下述三方面探討之：

(1) 交易觀點係指何一交易羣 (Verkehrskreise) 之觀點？

依不正競爭法之一般原則，標示是否詐欺或引人錯誤，係依系爭商品銷售或服務所欲提供之對象是否因該標示受詐欺或因此而有混淆之虞以決定之（注九）。我國公平交易委員會就廣告是否虛僞不實或引人錯誤之判定，亦認應依廣告訴求對象之認知以爲判斷標準（注一〇）。產地標示是否適格之認定自亦依系爭商品所欲銷售對象之了解而定，且原則上係以「最終買者」(Letztabnehmer, ultimate purchaser) 之觀點爲據（注一一）。所謂「最終買者」係純使用系爭商品之消費者 (Verbraucher)而言，亦卽交易過程中之經銷商或批發商皆不包括在內。此乃因標示產地之商品多爲農產品或其他廣義之日常生活用品，希藉產地之標示與特定地理區域連結而達品質暗示之目的，以獲消費者之靑睞，故應以消費者之觀點爲依據。且所謂交易觀點非僅指個別消費者之觀點，而係以相關消費大衆之認知爲據，原則上不僅指所有實際購買系爭商品之消費者，亦包括潛在之消費者 (Potentielle Verbraucher)，卽將可能購買該

注　八　於特殊情形下，尤係所謂「原產地名稱」，立法例上及某些國際條約中並不以交易觀點爲論斷依據，而以法律規定甚或是法院判決爲準。就此可參本書第二章產地名稱之說明，及第六章國際保護之論述。

注　九　參 Baumbach und Hefermehl, *Wettbewerbsrecht,* 14 Auflage, SS. 982-986.

注一〇　(82) 公處字060號處分，見公平交易委員會公報，82年2卷，8期。

注一一　參 Tilmann, a.a.O., S. 148, BGH Urteil "de Paris" a.a.O.; BGH 1964.12.9. Urteril "Kölnisch Wasser", GRUR 1965 SS. 317-321; BGH 1970.5.22. Urteil"Kölsch-Bier", GRUR 1970 SS. 517-521; BGH 1971.3.12. Urteil "Bocksbeutelflasche", GRUR 1971 SS. 313-316.

商品之消費者亦涵蓋在內（注一二）。 至於販售該商品之貿易商及其競爭者之觀點原則上不予考慮，蓋純就數量上觀之，消費大眾所占之比例遠超過相關商品販售者之額數；另一方面，彼等之意見較易受其商業上經濟利益之影響而不夠客觀（注一三）。 相形之下， 消費大眾之觀點調查上雖較爲困難，但可信度卻大幅提昇。

　　交易觀點依前述分析實指消費大眾之觀點，包括實際購買及可能購買系爭商品之所有消費者在內。但對商品標示之了解，並非每個消費者皆具相同之見解，尤其具專業知識之消費者其看法往往與一般消費者大相逕庭， 例: 對藥品成分之標示，具醫藥知識背景之消費者對該標示之了解與一般消費者必不相同。原則上交易觀點並不侷限於具專業知識之消費者的觀點，而係以所有消費大眾之觀點爲判斷依據。尤其在判定某標示是否爲產地標示時更應以消費大眾之認知爲準，蓋商品產地之標示就其經濟功能而言，本即欲藉其吸引一般廣大之消費者。因此，某標示是否指示特定地理區域，且系爭商品是否與該地區相連結，皆依交易觀點 —— 即所有實際及可能購買系爭商品之廣大消費羣的了解而定。

　　(2) 如何確知交易觀點?

　　前旣已究明所謂交易觀點係指消費大眾之觀點，但系爭商品之消費羣在對象及數量上皆難以掌握，欲確知並分析其對該標示採何種觀點實非易事。實務上常用以探究交易觀點之方法爲問卷調查，不過，由問卷

注一二　Eike von Hippel, *Verbraucherschutz,* 3 Auflage 1986, S. 1; BGH 1973. 10.19. Beschluβ "Club-Pilsener", GRUR 1974 SS. 220-223.

注一三　例外係涉及不尋常類型之商品，個別貿易商之意見則極具參考價值，參 P.GM. Pattinson, Market Research Surveys-Money Well Spent? The Use of Survey Evidence in Passing off Proceedings in the UK, *EIPR 1990* p. 99.

調查之結果卻顯示出消費者對系爭商品標示之認知往往僅為一模糊且不明確之概念，且其結果亦易受問題形式之影響（注一四），因此，問卷之設計顯得愈發重要。同時，由於消費大眾人數眾多，並不可能強求大眾皆對特定標示有一致之看法，但也不因此卽意味只有內行之消費者的意見始值參考，畢竟消費者所受之保護不應因其並非專家而降低，故應將消費者對系爭商品標示之各種了解為一整理，再按其所占比例進一步分析之（注一五）。此步驟對「多義性」之商品標示尤其重要，於確定交易觀點為何時，應特別謹慎。

交易觀點對商品標示之認知雖常有岐異，但於產地標示是否適格之判斷上，一旦將該標示認定為表彰系爭商品之地理來源時，則消費大眾所聯想之特定地理區域多屬一致，尤其直接以文字明白標出商品產地者至為明顯，不待多言。但亦有某些標示會導致消費大眾對系爭商品產地認知不一之情形，此卽為「雙重意義」（Doppelbedeutung）之產地標示（注一六）。雙重意義之產地標示大抵可將之分為二類：

注一四　引導式、暗示性之問題設計（例：請問此商品是否為美國所製？）往往與一開放式之問題（例：請問此商品源自何國？）所得之結論不同。而前者誤差較後者為高，於問卷設計上應盡量避免。參 Ohde, Zur demoskopischen Ermittlung der Verkehrsauffassung von geographischen Herkunftsangaben, *GRUR 1989* SS. 88-89; Klette, Probleme der Herkunftsangaben——Gedanken Zur BGH——Entscheidung "Ungarische Salami", *WRP 1981* S. 503ff。

注一五　關於消費者意見調查問卷之設計與分析，Ohde曾就 "Münsterländer Brot" 標示之意義為何，設計了數個問題，並為進一步之分析，參a.a. O., *GRUR 1989* SS. 88-96.

注一六　實際上，對某標示是否為產地標示之判斷，交易觀點亦有不一致之情形，此固亦可謂之「雙重意義」，但非此所謂雙重意義產地標示之情形。就此，請參 Tilmann, a.a.O., SS. 211-212。

A. 因未以文字直接標明商品之產地，消費大眾藉文字外之符號或象徵所聯想之地理區域不相同，因而造成此產地標示具雙重意義。此乃最常見之雙重意義產地標示之情形，亦即常發生於間接之產地標示。例：前已提及之德國BGH有關 "Bocksbeutelflasche" 之判決，即涉及雙重意義之產地標示，首先，BGH 依問卷調查之結果肯認此一平淺大肚特殊造型之葡萄酒瓶為一間接產地標示，但47％之消費者認系爭商品乃源自法蘭克 (fränklich) 地區，而 30％之消費者則認該商品係源自鄰近法蘭克地區之巴登（Baden）四地——即 Neuweier, Steinbach, Umweg, Varnhalt。另如以紅一白一綠三色旗用於商品之標籤上，部分消費者可能聯想至義大利，但亦有部分消費者則聯想至匈牙利。德實務亦曾有類此之案例，即 BGH "Ungarische Salami" 判決。可見此類雙重意義之產地標示實肇因於未明確標示出特定地理區域，以致消費大眾將系爭商品與不同地區為連結。

B. 雖以文字直接標明商品之產地，但因有其他同名之地點，使消費大眾可能聯想至該同名地。同名地有時係位於同一國境內，譬如：全德有八個地點叫 "Bühl"，十個稱 "Kirchheim"，十一個"Kirchberg"，十四個 "Sulzbach"，此種情形在西方國家甚為常見，尤其當該地名具宗教上意義或為紀念某名人而得名時更是不勝枚舉；另在國際間亦有同名地之情形，譬如：南美洲之國家其地名常沿用西班牙之地名，故於同名地之情形，即使已直接標示出地名，消費大眾仍可能將其指向其他同名地，因而產生雙重意義之產地標示。

由前述分析可知，雙重意義之產地標示多發生於間接產地標示之情形，至於直接產地標示，除非有同名地之情形，否則少見。但有一因歷史因素所造成之特例，即分裂國家國名之使用，亦使消費大眾可能指向不同地區。如：單只標示「韓國製」，究指北韓或南韓並不明確；德國自二次世界大戰後亦經歷長達四十多年之分裂，直至1990年始統一，故於其國土分裂之期間，只於商品上標示 "Germany" 或 "Made in Germany"，消費大眾可能認系爭商品源自西德 (BRD)，亦可能有部分消費者認該商品乃東德（DDR）所製；我國現仍處於國土分裂之狀態，故亦可能發生類此之情形，因此德國實務對此問題之處理頗值吾人注意並引為借鏡(注一七)。

雙重意義之產地標示，不論其為直接產地標示抑或間接產地標示，原則上該標示之使用只要符合眞實原則，亦卽系爭商品確源自標示所指向之地區，皆可自由使用之。但旣然交易觀點對產地之認定意見不一，仍有可能造成部分消費者之詐欺，防範於未然之最佳方式卽是為淸楚之附加標示，使絕大多數之消費者對商品產地之認定不再歧異。至於雙重意義產地標示所造成詐欺消費者之特殊情形，則容後再詳述之(注一八)。

(3) 需有多少比例之交易觀點認某標示為適格之產地標示，而該產地標示始受保護？

旣然某標示是否為適格之產地標示而有受法律保護之必要，主要繫於交易觀點而定，但消費大眾之意見又未必一致，因此，欲強求消費大眾形成共識時始為適格產地標示，才可受法律保護並不合理，故應定出相當比例以為判斷之標準。就此，各國立法例皆未於法律中規定，而讓諸實務依具體案例之情形以為判定。實際上此相當之比例不可定得過高，否則幾乎少有標示會被認定為適格之產地標示，則其受法律保護之機率趨近於零；反之，亦不適當將此比例定得過低，否則幾乎所有與特定地區有些微關聯之標示皆成為產地標示，而造成許多不合理之情形。因此，德國實務大抵以交易團體「非不顯著之部分」(ein nicht un-

---

注一七 就此問題，於判定系爭標示是否有虛僞不實或引人錯誤之虞時，頗具論述價值，詳見本書第五章。

注一八 詳見本書第五章。

erheblicher Teil) 爲判斷之標準 (注一九)，但何謂交易團體非不顯著
之部分，仍爲不確定之概念，法院就此仍有審酌之空間。而德國實務對
不正競爭法有關詐欺門檻之認定標準一般爲相關交易團體之10％～15％
(注二十)，只要達此比例，即受 §3UWG 之規制，亦即產地標示是否詐欺
消費者，亦以消費大衆中10％～15％受詐欺即爲已足，此門檻相當低，
意謂著低於平均智力、經驗之消費者亦受保護。又，因適格之產地標示
乃受法律保護之前提要件，故可謂至少須有10％～15％以上之消費者將
系爭商品標示認知爲產地標示始足。且此一標準並非一成不變，法院仍
可視具體情形爲適當之調整。通常對未明確指稱特定地理區域之間接標
示，各國實務多要求較高之比例 (注二一)。不過，各國對公衆見意調查
重視之程度不一，縱令以此爲據，亦有寬嚴不同之判斷標準 (注二二)。

注一九　參 BGH 1956.10.23. Urteil "Steinhäger", GRUR 1957 SS. 128-
　　　　130; BGH 1960.5.31 Urteil "Sektwerbung", GRUR 1960 SS.
　　　　563-565.
注二〇　參 Gerhard Schricker, Protection of Indications of Source,
　　　　Appellations of Origin and Other Geographic Designations
　　　　in the Federal Republic of Germany, *IIC Vol. 14 No.3/1983*,
　　　　p. 312; Baumbach und Hefermehl, a.a.O., SS. 984-985.
注二一　參Beier und Knaak, Der Schutz geographischer Herkunfts-
　　　　angaben in der Europäischen Gemeinschaft, *GRUR Int.*
　　　　1992 SS. 413-415。與其他各國相較，德國則未清楚可見有此趨勢，蓋
　　　　相關案例中，多見本就已達 30—50％ 之比例者，見 BGH 1965.6.9.
　　　　Urteil "Kim" GRUR 1966 SS. 150-152; BGH 1981.4.10. "Un-
　　　　garische Salami", GRUR 1981 SS. 666-668。管見認未明確指明商
　　　　品產地之情形，欲究明消費者觀點是否將其認知爲商品產地之標示，應
　　　　要求較高比例之消費大衆爲此了解較妥。但一旦已確定其爲產地標示，
　　　　而判定有無誤導消費者之虞時，則直接與間接標示不必有差別待遇。
注二二　如：德國實務甚爲倚重消費者意見之問卷調查；英國則僅以之爲參考之
　　　　依據；至於法國則根本不爲意見調查；我國實務則亦鮮少爲此調查。
　　　　Beier und Knaak, a.a.O., GRUR Int. 1992 SS. 416-417.

4.小結

適格的產地標示不僅可指示特定地理區域，亦會使消費者將系爭商品與該特定地區連結，而其標示可否發揮表彰商品地理來源之功能，主要取決於交易觀點，即消費大眾對該標示之了解。職是之故，確知交易觀點對產地標示之保護影響甚鉅（注二三），各國多以市場問卷調查之方式以探究交易觀點，但問卷若設計不當則無法得出正確之數據，就此，英國之法官 Whitford 在 Imperial Group plc and Another v. Philip Morris Limited and Another 判決中建立了數個判斷問卷有效性之標準，諸如：受訪者之選取須足以代表一般消費者；取樣之數量須具統計學上之意義；調查之方式須客觀；不可有引導性或暗示性之問題等。可見欲正確探知交易觀點並非易事，自1980年代後期英國學者及法院即陸續對問卷調查之正確性提出質疑（注二四），縱使該調查乃一有效之問卷，法官亦很少僅憑問卷調查結果做為判決之基礎（注二五）。德國則利用公眾意見調查之職業分析公司以確知交易觀點，此一調查結果具決定性且有極大之影響力，但亦非不受任何限制，法官仍可依具體情形自由心證，權衡交易雙方之利益，獨立評估而不受問卷調查結果之拘束。

交易觀點之確知乃不正競爭法中相當重要之一環，產地標示之保護

注二三　除認定是否為產地標示外，交易觀點之確知，於判定系爭標示是否不實、消費大眾有無受混淆之虞，亦扮演重要之角色。

注二四　參 P.G.M. Pattinson, ibid. EIPR 1990 pp. 99-103; 又如在 Scott Limited v. Nice-Park Products Limited 案中，調查購買嬰兒用品之習慣，法院指原告所提出之市場調查有作做之嫌，蓋現實生活中母親購物時常需同時應付（照顧）數個幼童，而該調查並未產生相同之情境，參 1988 FSR 125.

注二五　英美法制中強調交互詢問制，故排除傳聞證據，而單憑書面問卷調查判決，恐難避傳聞證據之嫌。因此，英國實務上一方面認此乃傳聞法則之例外情形，另一方面則多要求研究員出庭說明所得數據之正確。

亦取決於交易觀點之認定，而現所採行之問卷調查以明交易觀點之方式確有無法完全正確顯現所有消費者看法之憾，蓋縱其問卷設計再爲精良，仍不能全然模擬消費者選購商品之實況，而不同之時空、心情等外在及內在環境之因素皆或多或少影響消費者之判斷力。又，爲探知交易觀點勢必得耗費勞力、費用及時間進行意見調查，於訴訟中支出過多時間及費用，不僅有違訴訟經濟等程序上正義之追求，因而造成當事人程序上之不利益，　亦間接使其他有賴法院保護其權利之人遭致延誤（注二六）。不過，縱以問卷調查消費者對商品標示之了解並非探究交易觀點最完美之方法，但於現階段卻是唯一較可行之道，而法官於參考該調查結果以認定事實時尤應審慎，依實際情形權衡兩造當事人利益，方能落實法律保護產地標示之規範目的。

第二項　不適格之產地標示

適格產地標示之要件已臚列於前，只要欠缺其一，該標示即非屬產地標示，從而即不在產地標示法律保護之列。某些標示非指向特定地理區域至爲顯明，故非屬產地標示自不待多言；但有些標示純就形式觀之似可指示特定地理區域，而交易觀點則不做如是觀；甚或某些標示，消費大眾雖認其可指示特定地理區域，卻不將系爭商品與該地區爲連結。凡此類標示皆非屬適格之產地標示，但往往易與產地標示發生混淆，瑞士舊商標法§20、新商標法§47Ⅱ就此設有明文排除，但未臻明確，故有將之類型化以進一步論述之必要。又，由於產地標示之界定在形形色色之個案中尤爲不易，因此實務上之相關案例極具參考價植。以下即參酌德國學說而將此種易生混淆之非產地標示分類析述之，再輔以德、美等

注二六　訴訟經濟之追求亦爲民事訴訟法所應追求之理想，且因訴訟具「集團性」，訴訟不經濟將影響成千上萬欲使用法院者及時獲救濟之機會。參邱聯恭，司法現代化與程序法，頁112以下。

國之判決佐證於後，期能將產地標示之輪廓更清楚地顯現。

第一款　種類名稱

於不適格之產地標示中，此乃實務上最常發生，亦屬特別難以判定之類型。廣義之種類名稱（Gattungsbezeichnung）（**注二七**）包括所有依交易觀點係用以指示商品種類或商品性質之標示，縱其形式上似指示特定地理區域，但消費大眾並不認可藉此類標示以鑑別商品之地理來源，故其非屬適格之產地標示，而僅是標示商品種類或性質之種類名稱。廣義之種類名稱又可細分爲下述三類：

1.商品名（Warennamen）

此類標示最初乃具地理意義，但現今已無人再賦予其指示特定地理區域之特質，亦卽依現今之交易觀點，消費大眾根本不會因該標示而聯想至某地理區域，而僅係指稱特定之商品，成爲商品之名稱，例如：高麗菜，「高麗」本亦爲一具有地理意義之標示，係韓國之舊名，但現今之消費者並不認爲高麗菜係源自韓國之蔬菜，其僅爲蔬菜之名稱，消費大眾於選購高麗菜時根本不會聯想到韓國。反之，就「高麗參」則一般消費者仍會認其指向韓國。另如：「古龍水」，本指產於德國 Köln 之男用香水，但現今我國一般消費者根本不會因其名而聯想到德國 Köln，此亦爲商品名之適例。德文中亦有不少類此之例，如：Apfelsine，係指甜橙，並無消費者會將之視爲 "von Apfel aus China" ── 源自中國之蘋果（因爲 sina 原指中國）；"Fayence" 係指稱上釉之陶器，而其原始之義係義大利北部之 Faenca 城；"Korinthen（葡萄乾），一般消費者亦不知其名係源自 Korinth（科林斯 ── 古希臘名城邦）。

由上述所舉之例可知系爭名稱最初亦爲具地理意義之標示，但因時

注二七　此卽類似英美法等國家所稱之 generic term，我國學者則將之謂爲普通名稱。

間之經過使其轉爲一般人用以指稱特定商品之詞彙，而完全喪失其地理意義。因現今消費大衆並不認商品名可指示特定地理區域，故其非屬產地標示，自不受相關法律之保護。本因特定地理區域而得名，但卻因時間經過逐漸磨損其地理意義而終至完全喪失，轉成指稱特定商品之名稱，實際上其演變過程與各國語言之使用及發展息息相關，因此在判定某標示究屬產地標示抑或爲商品名稱時，仍應以交易觀點爲判斷依據。

2.「僞裝」之產地標示 (Pseudo-Herkunftsangaben)

所謂「僞裝」之產地標示係指該標示外觀上含有地理區域之指示，且其仍明顯可辨，但實際上系爭商品與該地區並無任何關聯，消費大衆亦不認該標示係指示特定地理區域。亦卽系爭商品之所以帶有此標示並非肇因其地理來源，而係出於其他因素，特別是該商品因某人而得名之情形尤爲常見。德國文獻中常舉之例爲: "Wiener Würstchen"，其並非指該小香腸來自 Wien（維也納），而是因一名叫 "Wiener" 之屠夫得名; "Kasseler Rippenspeer"（醃豬排），亦非指該商品係源自 Kassel 城，而是因一名爲 Kasseler 之廚師而得名；"Frankfurter Würstchen" 亦爲類似之例，非指其源自德國大城 Frankfurt（法蘭克福），而係因一叫 Frankfurter 之肉商而得名。因此,「僞裝」之產地標示亦可歸類爲商品之種類名稱，蓋其乃指稱商品之種類，而非表彰系爭商品之地理來源。

某標示被歸類爲「僞裝」之產地標示並非因該標示之本質使然，仍係以消費大衆對該標示之了解爲區別之關鍵。尤其所謂「僞裝」之產地標示，其外觀上含有可指示特定地理區域之用語至爲明顯，之所以不能發揮鑑別商品地理來源功能卽因交易觀點並不將之視爲商品產地標示之故。因此，前所舉之 "Frankfurter Würstchen"，縱其係因名叫 Schlächter Frankfurter 之肉商而得名，但因消費者於選購該商品時並非聯想到 Schlächter Frankfurter，而認其乃源自 Frankfurt 城之小香腸，則該標示卽非所謂「僞裝」之產地標示，而係表彰商品地理來源之適格產地標示（注二八）。總之，只要交易觀點不認系爭商品之命名非基於地理原因，而是因其他之因素（如：人名）而得名者，則該標示卽非屬「僞裝」之產地標示，因而其所指示之地區可能被交易觀點視爲系爭商品之產地，此時則需考慮該產地標示是否符眞實原則，有受法律保護之必要。

3.由產地標示轉換而成之種類名稱(In Gattungsbezeichnungen umgewandelte Herkunftsangaben)，卽狹義之種類名稱

此類標示雖仍保有清晰可辨之地理名稱，但交易觀點並不將之視爲系爭商品之產地，僅係以其指稱特定之商品種類者屬之。前述之商品名及「僞裝」之產地標示雖亦指稱特定種類之商品，但彼二者與此類標示仍略有不同，故稱後者爲狹義之種類名稱，而將商品名及「僞裝」之產地標示列入廣義之種類名稱的範圍。茲將二者比較如下：首先，商品名之地理意義已完全喪失，亦卽消費者由字面上根本不會聯想到任何地區；反之，狹義之種類名稱其語言上之地理性質仍純正，且爲交易大眾所易見，只是消費者並未將系爭商品與所指示之地區相連結，僅係日常生活中指稱某類商品之用語。例：哈蜜瓜應爲狹義之種類名稱，因「哈蜜」仍清楚指出新疆省之哈蜜縣，字面上之地理意義尚未全然喪失，故尚非屬商品名。又如：法國麵包，雖其文義中可辨其指示法國，但交易觀點並不將之視爲該麵包之產地，而是用以指稱一種長條形之麵包，故其亦應爲此所述之狹義種類名稱。其實，理論上而言，商品名固可與狹義之種類名稱爲概念上之區別，但實際上二者則未必可爲截然之劃分，主要仍取決於消費者之認知而定，若該名稱之使用時間愈久遠，字面上地理意義磨損程度愈高者，則愈可能被認定爲商品名，反之，則仍爲狹

注二八　參 KG 1929.9.28. Urteil "Frankfurter Würstchen".

義之種類名稱。不過，雖商品名與狹義之種類名稱區別不易，但二者皆非產地標示則屬無疑。其次，「僞裝」之產地標示亦係指稱特定種類之商品，但與狹義之種類名稱並不相同，此二類標示純由形式觀之皆含有地理名稱，但前者，交易觀點並不認該標示指示特定地理區域，而可能係指因某特定之個人而得名之商品，亦卽其形式上所具之地理意義僅係僞裝；而後者，該標示之原始意義確係指示特定地區，只是現今之消費者並不將之視爲系爭商品之地理來源，僅成爲特定種類商品之名稱。

由前述可知，就廣義而言，無論是商品名、「僞裝」之產地標示及狹義之種類名稱皆係指稱特定種類商品之用語，因此可將三者皆歸屬於種類名稱（Gattungsbezeichnung）之範疇。而其中狹義之種類名稱因其就外觀觀之，該標示中所含具地理意義之成分仍明顯可辨，故尤有必要探知其究爲產地標示或僅屬種類名稱，最重要亦最基本之判斷標準卽爲消費大眾是否將系爭商品與所標示之地區相連結，因此仍應就個案依具體情形爲妥適之判定。故相同標示在不同國家，其交易觀點可能有相異之見解；卽使在同一國家將相同之標示以不同語言展現亦可能得相反之認定。就此，各國之相關案例可供參考。例：奧地利之"Ungarische Salami"判決，奧國最高法院（ÖOGH）認該標示僅爲種類名稱，指稱特定種類之香腸，故該商品不必確源自匈牙利，但若於其包裝或標籤上出現有紅－白－綠三色所組成之蝴蝶結時，則有可能使消費者認該香腸源自匈牙利（注二九）。德國就此亦有相關案例，於 "Ungarische Salami" 一案中，被告乃產銷義式香腸（Salami）之德商，因其商品標籤上有紅－白－綠三色之使用，遂被出口義式香腸（Salami）之匈牙利公司以詐欺消費者商品產地爲由列爲被告，訴請法院禁止使用此標示且請求損害賠償。BGH 依問卷調查之結果判定系爭商品確使多數消費者誤認

注二九　參 ÖBL (Österreichische Blätter für gewerblichen Rechtsschutz) 1972 S. 12.

其源自外國，故判原告勝訴。亦卽，在此相關判決中，BGH 與奧國法院不同，並未認 "Ungarische Salami" 乃種類名稱。另，BGH 於 "Englisch Lavendel" （薰衣草）一案中，認 "Englisch Lavendel" 係種類名稱，但與其相對應之英文標示 "English Lavender" 則被認爲係產地標示，故若以之用於德國所製之肥皂上，則屬不合法之標示（注三〇）。又，美國最高法院認："VICHY water" 係指鹼性含二氧化碳之水，並非指其係源自法國Vichy 之泉水。亦卽其已非屬產地標示，而成爲種類名稱，故毋庸源自法國之 Vichy，就此，消費者並無受詐欺之虞（注三一）。

第二款　性質陳述

產地標示之重要功能，係藉以鑑別系爭商品之地理來源，而某些產地標示除可表彰商品之來源地外，因長期使用該產地標示之故，消費者亦認其同時具有陳述商品品質之功能，尤其是前述之原產地名稱更具品質暗示之作用。因此，消費大衆藉由產地標示卽可具體聯想到商品之性質，久而久之當其表彰商品地理來源之功能漸減，而指示商品性質之要素漸增，最後則成爲一「純粹之性質陳述」（reine Beschaffenheits-angabe），亦卽其產地標示之功能已全然喪失，故又有稱此類標示爲「由地點來源脫離之性質陳述」（"von der örtlichen Herkunft losgelöste Beschaffenheitsangabe"）（注三二）。

本性質陳述，就狹義而言係指存於商品中事實上及法律上之特性

注三〇　BGH 1959.1.23. Urteil "Englisch Lavendel", GRUR 1959 SS. 365-366.

注三一　French Republic v. Saratoga Vichy Spring Co. (1903) 191 US 427, 48L Ed 247, 24 S Ct 145.

注三二　參Tilmann, a.a.O., S. 158; BGH 1972.2.18. Beschluβ "sanRe-mo", GRUR 1973 S. 361.

（Eigenschaft）; 而廣義觀之，則指依交易觀點對商品所有重要之評價（Würdigung）。故，商品之成分、原料、製造方式爲一般常見之性質陳述。而產地標示雖亦可能暗示商品之品質，但一般言之，其仍非僅爲商品之性質陳述，因此，性質陳述與產地標示之區別，理論上而言並不困難，但特殊之情形則是由產地標示轉爲性質陳述者，其外觀上尚保有指示特定地理區域之成分，而交易觀點卻認其僅係表彰商品之性質而非標示商品之產地。一產地標示並非自動轉爲純性質陳述，其意義之轉換（Bedeutungswandel）不外出於二種原因: 一則係因原產地之居民未能及時阻止他地製造商之濫用，使該產地標示逐漸喪失標示商品地理來源之功能（注三三）; 另一則係由於法院採較寬容之態度，使原產地居民無法有效抑制他人之濫用，終至成爲一純性質陳述。不過，原則上產地標示是否已轉爲純性質陳述仍應依交易觀點決之，而非以其字面上或文法上之意義定之，尤其在該產地標示享有特別之名聲時更應斟酌個案之具體情形審愼判定。德國學者一般主張只要交易大眾中非不顯著之部分（ein nicht unerheblicher Teil）或任何值得注意之部分（ein irgendwie beachtlicher Teil）仍認該標示爲產地標示時，則其尚未轉爲純性質陳述（注三四），德實務在 "Kölsch-Bier" 一案中，就 "Kölsch" 一詞是否仍爲產地標示之討論中，即爲此表示（注三五），至於何時發生意義轉換及其要件爲何，則留待後述詳析之（注三六）。

注三三　參 Matthiolius, *Der Rechtsschutz geographischer Herkunfts-angaben*, S. 14。其指出若定居該著名來源地之製造商及時對每一濫用開始進行法律上或法律外之訴追，則轉換不可能發生。

注三四　參 Tilmann, a.a. O., S. 489; Buβmann, a.a.O., *GRUR* 1965 SS. 281-287.

注三五　參 BGH 1970.5.22. Urteil "Kölsch-Bier" *GRUR* 1970 SS. 517-521.

注三六　詳見本節第三項。

一般而言，欲由產地標示轉換爲純性質陳述大多須經相當之時間，且大抵可將其轉換之過程分爲二階段。第一階段，該產地標示因具特定品質，故他人利用其所享之名聲以爲己商品之性質陳述，另再標示出該商品之眞正產地（注三七），於此一階段若未及時加以制止，則進入第二階段，卽該地點之標示僅被用以指示商品所具之品質，而一般消費者並不將其視爲產地之標示，此時，則該標示已轉爲純性質陳述而不再具表彰商品地理來源之功能。由前述可知，所有之產地標示都有可能發展成純性質陳述，因此，對產地標示一旦遭濫用應及時採取適當措施（如：起訴）以遏止之。實際上可見已由產地標示轉爲性質陳述之例，如：「紹興酒」，原是指浙江省紹興縣所產製之名酒，但現今之消費者已不認「紹興」乃酒之產地標示，而僅是表示系爭商品之性質 —— 以糯米及小麥釀製而成之優質黃酒。又，在德國，依交易觀點認 "Steinhäger" 已成爲杜松子酒（Wacholderbranntwein）之性質陳述，故非位於 Steinhagen (westfälish 之農村) 之製造商亦可使用 "Steinhäger" 標示其所產製之杜松子酒。他如："Teltower Rübchen" 及 "Englishen Pflaster" 亦爲已喪失指示商品地理來源而成爲性質陳述之適例。由於產地標示轉爲純性質陳述大抵係因有權使用該標示之人未及時遏止他人之濫用，經過相當時間終至喪失其表彰商品地理來源之功能，故某些產地標示是否已轉換成性質陳述並非全無爭論，如： "Eau de Cologne" 已成爲香水之性質陳述，但與之相對應之 "Kölnisch Wasser" 究否喪失地理意義則仍有疑義，有待進一步探知交易觀點始明（注三八）。尤其，同一標示在不同國家中，因其交易觀點未必相同，而實務對產地標示意義轉換之判定又寬嚴不一，因此可能產生截然不同之結果，最著名之標

注三七　此乃構成「地名淡化之附加」，詳見本書第五章。

注三八　BGH 1964.12.9. Urteil "Kölnisch Wasser", GRUR 1965 SS. 317-321.

示係 "Champagne"、"Cognac" 及 "Sherry"，或有將其視爲性質陳述或種類名稱者，亦有仍認其爲產地標示者，相關案例之分析則留待後述(注三九)。

不僅直接產地標示可能發展爲純性質陳述，間接產地標示亦可能喪失表彰商品地理來源之意義而轉爲性質陳述。例：以外語寫成之標示亦可能成爲一適格之產地標示，認該商品之產地爲該外語使用國已如前述，但若一般之消費大眾將其了解爲系爭商品乃於該外國企業監督下，依其指示及使用外國原料或配方而在內國製造之商品，則該標示已非產地標示而成爲性質陳述。總之，判斷產地標示是否轉爲性質陳述之關鍵因素爲交易觀點，就此，直接或間接之產地標示並無不同，只是涉及間接或不明確之產地標示時，更應謹愼探知交易觀點，兼顧相關陳述中所有之標示以判定之。

實則，此所謂之「由地點來源脫離之性質陳述」與前述之種類名稱並非互斥之二概念，蓋其皆非標示商品之產地，尤其與狹義之種類名稱之間本質上並無不同，皆係由產地標示逐漸喪失其地理意義轉換而成。故，德國實務上常將性質陳述與種類名稱二者混用，但其法律卻將二者清楚區別之（見其 §26 Ⅱ WZG，特將 Warenname 及 Beschaffen-heitsangaben 分列之），因廣義之種類名稱包括不含商品性質陳述之純粹商品名。爲求概念之清晰，本文仍將種類名稱與性質陳述加以區別，廣義之種類名稱未必能彰顯商品之性質，而狹義之種類名稱與性質陳述雖皆由產地標示中脫離而成，但可就其發展之先後以判別之，卽產

注三九 參英國 Bollinger v. Costa Brava Wine Co. Ltd (Champagne Case); Vine Products Co Ltd v. Mackenzie ε Co. Ltd(Sherry Case)，見 John Drysdale and Michael Silverleaf, *Passing Off Law and Practice, 1968*, pp. 14-15. 各國有關"Champange"之判決，詳見本書第四章。

地標示喪失其地理意義大抵先轉爲純性質陳述，因時間之經過最後則發展成狹義之種類名稱，消費者只認其乃指稱某類商品，若其連外觀上之地理意義皆不可辨時，則已成爲商品名(**注四〇**)。

第三款　幻想性標示

所謂幻想性標示（Phantasiebezeichnung）係指依交易觀點並不將系爭陳述或標示了解爲系爭商品之產地，至於該陳述或標示是否可指稱特定地區則在所不問，且其非但不表彰商品之產地，亦未指明商品之性質，而僅是一隨意性、幻想性之商品標示（**注四一**）。亦卽幻想性標示非屬適格之產地標示，蓋其未必可指示特定地理區域，縱可指示特定地理區域，消費大衆亦根本不會將該區域與系爭商品爲連結，因此該具地理意義之標示並不能發揮鑑別商品來源之功能。就此則與前述狹義種類名稱及由產地標示退化而成之純性質陳述類似，該標示外觀上雖具地理意義，且消費者可能更進一步認該標示指示特定之地理區域，但卻不將之視爲商品之產地。不過，其並非表明商品之種類或性質，就此則又有所不同。故，幻想性標示與產地標示之區別無法藉由客觀標準以判定，主要仍取決於消費大衆之了解。

一幻想性標示可能消費者根本不會將之與特定地理空間發生聯想，卽全係出於幻想。但亦可能具實際內容而指向特定地區，只是依交易觀點非以其爲系爭商品之產地標示，故欲將某標示歸於幻想性標示之列時，關鍵在於消費者是否將商品與特定地點間相連結，亦卽是否將之視爲商品產地之指示。製造商選此具地理意義之標示，或欲藉其以吸引顧客注意（例："Südsee"用於襪子；月球、烏托邦、桃花源、撒哈拉等之於

注四〇　因其判定主要仍繫於消費大衆對該標示之了解而定，因此，其區別之界限並非很明確，仍有待於個案中依具體情形判定之。

注四一　參 Troller, *Immaterialgüterrecht Bd. I*, SS. 332-335.

腳踏車）或欲以其暗示商品之性質（例：格陵蘭島之於冰品），只要消費者不認該標示乃表彰商品之地理來源，且又可指示特定之企業，則原則上尚可以之爲商標(**注四二**)，縱未成爲有效之商標(**注四三**)，仍可能做爲商品之表徵而受保護(**注四四**)。

承前所述可知區別產地標示與幻想性標示深具實益，蓋法律上對二者之保護並不相同，不過若欲純就標示形式上觀之以爲判定實屬不易，仍必須探知消費者之觀點。不過，若交易觀點認定有所歧異時，究應如何判定，各國見解不一，依德國實務及學者之見解（**注四五**），只要消費大眾中非不值得注意之比例認該標示係表彰商品之產地時，則其仍被視爲適格之產地標示而受相關法律之保護。亦卽絕大多數之消費者皆不認其爲商品產地標示，而純係幻想性時，始屬幻想性標示。反之，英、法、義、荷、比等國判定上較爲寬容，只要有相當比例之消費者認其爲幻想性標示卽可，尤其法國實務更爲寬鬆，只要不是原產地名稱或混淆性之標示，且所標示地非以系爭商品享有特別名聲者，原則上將被評價爲幻想性標示（**注四六**）。故某標示究爲商品產地之指示，抑或純粹爲幻想性之陳述無法一概而論，仍應於個案中依具體情形定之。各國實務上

注四二　若爲產地標示，原則上不可以之爲商標，各國立法例及實務就此略有差異，詳見本書第四章。

注四三　大多國家之立法例就商標採註冊主義，故單純使用之事實，尚無法享商標法之保護，但美國則原則以使用主義出發，參曾陳明汝，工業財產權法專論，頁 241-260；馮震宇、王仁宏，中美商標法律要件之研究，頁 12-15。

注四四　有關商品表徵之保護，參張澤平，仿冒與公平交易法。

注四五　參 Beier, Unterscheidungskraft und Freihaltebedürfnis, *GRUR Int. 1992* SS. 243-250. 實務見解則參 BGH 1963. 1.14. Beschluβ "Nola", *GRUR* 1963 SS. 469-470; BGH 1970.1.7. Beschluβ "Samos", *GRUR* 1970 SS. 331-314; BGH 1983.6.30 Urteil "Capri-Sonne", GRUR Int. 1984 S. 107.

注四六　參 Beier und Knaak, a.a.O., GRUR Int. 1992 SS.411-424.

常見之幻想性標示之例有: 北極 (North Pole) 之於香蕉; Salem 之於香煙; 大西洋 (Atlantic) 之於雜誌; 北極 (Arctic) 之於冰淇淋; 太平洋 (Pacific) 之於麵包; 格陵蘭 (Grönland) 之於冰箱; 伊索比亞(Ethiopian)之於女用襪……等。又如以非地表之地點爲標示, 例: Milky way, Moon, Saturn等, 亦爲幻想性標示。蓋此類標示不會被視爲商品之產地至爲明顯, 因爲合理之消費者依其常識卽可判斷系爭商品不可能源自所標示之地點。

雖幻想性標示之認定繫於交易觀點, 無從在其與產地標示間爲客觀截然之劃分, 但仍可由具體案例中歸納出一些原則, 茲將其析述如下:

(1) 標示中所指示之地名, 若於消費大眾間並不聞名, 卽使眞有其地, 交易觀點仍可能將之評價爲幻想性之標示。德國實務中有許多類此之案例, 如: "SanRemo" 案中 (注四七), 一定居義大利 Caerano San Marco 而非住 San Remo (義大利西北之海港) 之商人, 以 "SanRemo" 之標章用於男裝上欲申請商標註冊, 德國專利局 (DPA) 認該標示之內容與事實顯然不符, 有欺騙公眾之虞, 故駁回該申請 (§4Ⅱ④WZG)。BGH於 1972 年 2 月18日之裁定中則進一步探究其理由, 首先需先確認該標示是否爲產地標示, 若肯定之始有欺騙公眾之虞; 反之, 若消費者並不將其視爲商品來源地之標示, 亦卽該標示被評價爲幻想性時, 則其可註冊爲商標。而 San Remo 對一般消費者而言乃一非常陌生之地名, 以致多半無法辨識出其地理意義, 因此很可能被視爲一幻想性標示, 有待進一步確知交易觀點而定 (注四八)。又如在

注四七　參 BGH 1972.2.18. Beschluβ "sanRemo", a.a.O..

注四八　依問卷調查之結果分析, 有將近 10% 之消費者將之視爲商品之產地標示, 又縱將可容許性之誤差 1 %計入, 至少仍有 6 %—7 %之消費者將之視爲產地標示, 而 BPatG 及 BGH 認此已足受保護, 故仍不准其申請註冊商標。

"Plym-Gin" 一案中(注四九)，被告自 1965 年 7 月起製造乾杜松子酒
(Dry Gin)，而其乃依一在 Plymouth（英格蘭西南之港）之英國公
司──Coates & Co. Ltd 之配方及於其監督下所產製，在此之前該英
國公司係以 "Plymouth" 之標示將其產品輸往德國（直至 1962 年），
起初被告於其所產製之杜松子酒仍保有該英國公司名及 "Plymouth
Dry Gin" 之字樣，其後則使用 "Plym-Gin" 之標示。原告認被告之
標示將詐欺消費者有關商品之產地，使人誤信其源自英國之Plymouth，
遂訴請法院制止被告使用系爭標示。BGH 認 "Plym" 用於乾杜松子
酒上，德國之消費者並不將之瞭解爲產地標示而是幻想性之名稱，因爲
英國之 Plym 河根本不有名，且 "Plym" 亦不被視爲係"Plymouth"
城之縮寫，又 "Plym" 聽起來已非典型之英語發言，同時被告於系爭
商品之標籤上尚附具有"Deutsches Erzeugnis"及"Distilleria Stock
Import GmbH Unterföhring bei München" 之標示，故消費大眾
不致將其視爲外國之產品，因此駁回原告之訴。由上述二例不難發現，
標示中所指示之地名愈爲大眾所熟知，則其被視爲系爭商品產地之可能
性亦愈高。

　　(2) 若系爭商品標示爲所指示地區之特產，則較可能被大眾視爲
產地標示，反之，則可能只被認係一幻想性標示。例：前已述及之
"Samos" 案例，BGH 亦曾表示 "Samos" 乃位於希臘大約有六萬居
民居住之島，主要以種植葡萄聞名，故當 "Samos" 用於葡萄酒上，其
應爲產地標示無疑(注五〇)，但若用於電子器械上，則有可能被消費者
視爲幻想性之標示。又如："Bristol"（英國西南之城）標示若用於烈
酒，可能被大眾了解爲乃源自英國西南有四十二萬居民港埠之產地標示，
但若用於他類商品，（如：板煙絲 Rauchtabak）則消費者未必將系

注四九　BGH 1970.10.9. Urteil "Plym-Gin", GRUR 1971 SS.255-259.
注五〇　"Samos" 乃德－希所訂雙邊條約中受保護之標示。

爭商品與該地相連結，可能只將之視爲幻想性標示。

（3）若地名係以形容詞之方式出現，則多半被評價爲產地標示；若以名詞之形式展現， 則應考慮被公眾視爲幻想性標示之可能 。 例：Hollywooder Duftschaumbad 被認係產地標示， 但 Hollywood Duftschaumbad 則有可能被消費大眾評價爲幻想性標示（注五一）。 此係因前者該地名做爲系爭商品之產地較爲明確，而後者雖亦可引起特定地區之聯想，但消費者未必將其視爲系爭商品之地理來源， 故有可能成爲幻想性標示。

承前所述可知某標示究係表彰商品之地理來源，抑或全爲幻想性之標示，除國際條約或法律別有規定外，原則上取決於個案中交易觀點之認定。就此， 各國實務有寬嚴不一之標準，德國較他國不易認某外觀上具地理意義之標示爲幻想性標示， 相形之下， 對產地眞實標示之保護較周延。不過於判定某標示性質之際，非以標示之本質爲斷， 應以消費者之觀點出發，則各國大抵一致。

第四款　個別來源標示

原則上產地標示可由定居該地區之製造者自由使用之已如前述，故原則上並無任一製造商 對之享有如商標權般 之專有使 用權及排他 使用權 。 而於此需特別與產地 標示區別者 乃是所謂之 「 個別來源標示 」 (individuelle Herkunftsangaben)，此類標示可能形式上含有地理意義之成份， 但依交易觀點其僅指向特定之企業或個人， 就此而言，其與商標之功能類似， 可發揮表彰商品 「 單一 」 來源之功能， 而與產地標示有異， 因此有必要在概念上將其與產地標示予以釐清。 個別來源標示又可類型化爲二類，卽企業之來源標示與與人連結之來源標示

注五一　BGH 1963.1.30. Urteil "Hollywood Duftschaumbad", GRUR 1963 SS. 482-485.

(注五二)，下則分述之：

1.企業之來源標示 (Betriebliche Herkunftsangaben)

一般之個別來源標示卽指此類表彰系爭商品源自某特定企業之情形。姓名、公司名、商號、商標或表徵 (Ausstattung) 皆可發揮鑑別商品單一來源之功能，其可享民法中姓名權之保護或因取得商標權而可獨占使用之。大抵而言，欲區別企業來源標示與產地標示並不困難，因爲通常用以表彰商品源自特定企業之標示並不含有地理意義之成分，但某些標示形式上似指示特定地理區域，然而，消費大眾卻將該標示與特定之企業連結，縱居住於系爭標示所指向地區內之製造商亦不得任意使用該標示，否將造成消費者對商品來源混淆之虞。此卽爲由產地標示轉爲指示特定企業之企業來源標示，亦有稱爲地理形式之個別來源標示(注五三)，其與產地標示形同而實異，有進一步探究之必要(注五四)。

具地理形式之企業來源標示與產地標示皆可表彰商品之出處，但前者係表明單一之企業來源（注五五)，後者則係標示商品之產地。唯二者

注五二　嚴格言之，與人連結之來源標示並非指向某一單一之個人或企業，就此其偏向產地標示，而與商標有間。

注五三　參 Ulmer-Beier, a.a.O., S. 498.

注五四　企業來源標示與前述之幻想性標示，形式上可能皆具地理意義，但二者於概念上仍應予以區別。前者依交易觀點指向特定企業，但幻想性標示則未必已具此功能。又地理形式之來源標示，所指向之特定企業往往位於所標示之地區內，此點則與幻想性標示有間，參 Troller, a.a.O., S. 330 及同頁注 372。聯邦法院曾認 "Sihl"，非幻想性標示，蓋有企業於"Sihl"河岸旁。參 BGE 1977 Ⅱ 325f。不過，管見認具地理形式之企業來源標示，最初交易觀點所連結之特定企業，固多在所標示地區內，但亦可能該特定企業遷離原址，而交易觀點仍與該特定企業連結，此時仍可稱之爲「企業來源標示」。亦卽並不以該特定企業在所標示地點內爲必要。

注五五　嚴格言之，企業來源可表明單一或多個製造該商品之企業，但該多數企業間仍需具經濟上之關聯，卽經濟上可視爲一體。參 Baumbach und Hefermehl, a.a.O., 14 Auflage, S. 116.

形式上皆含有地理之色彩，究爲指示特定地區或特定企業，主要仍應取
決於交易觀點。至於一形式上具地理意義之來源標示何以會被消費大眾
了解爲表彰企業來源之標示，則不外係因該特定企業所生產之商品，市
場占有率甚高，且密集宣傳之結果，因而使一般消費者只將系爭標示與
該特定企業連結使然。故，原始之產地標示可因此成爲具地理形式之企
業來源標示，例："Petkuser Roggen"在德國係企業來源標示，而非產
地標示（注五六）。 摩卡咖啡在我國亦非屬產地之標示，而係企業來源之
表明。英美法系中則稱該地理名詞已發展出次要意義(secondary me-
aning)，具有可表彰單一商品來源之顯著性（注五七）。據此可知具地理
形式之企業來源標示，縱定居於標示地點之其他製造者亦不得任意使用
之，以免使消費者受混淆。又因系爭標示具顯著性，該特定企業可以之
爲商標，經實際使用或註冊而取得排他使用權。職是之故，於判定系爭
標示究爲表彰商品產地或企業來源之際應特別謹慎，以免差之毫厘而失
之千里。

於採商標註冊主義之國家，企業來源標示若不註冊爲商標，則無法
主張商標權被侵害之保護。但實際上具顯著性之事實上商標亦值保護，
理論上應屬不正競爭法之範圍。我國公平交易法 §20 I ①則設有相關規
定，德國則設於商標法 §25 中。因此，具地理形式之企業來源標示縱未
註冊爲商標，該企業亦有權排除他人之濫用（注五八）。 至於他人將系爭
標示用於商品上，可能同時構成商品來源標示之引人錯誤及侵害特定企

注五六 RG "Petkuser Roggen" 判決，參 GRUR 1932 S. 457; Beier,
Zur Frage der Weiterführung geographischer Herkunfts-
bezeichnungen ost vertriebener Firmen, *GRUR 1956* SS. 365-
376.

注五七 參曾陳明汝，美國商標制度之研究——兼論其最新變革，1992年修訂新
版，頁41-47；馮震宇，中美商標法律要件之研究，頁35-43。

注五八 參德 §25 WZG; 我國公平交易法§20 I ①, §30。

業事實上之商標。不過，德國學者仍將 §3UWG 與 §25WZG 之構成予以區別，前者尚須涉及營業狀況（die geschäftlichen Verhältnisse），且使消費者因該企業來源標示而認商品有特殊之質地或因而產生信賴，但並未就該標示享有獨占權，只防止引人錯誤之使用；反之，後者就該標示則有排他之使用權。我國則分屬公平交易法 §21 不實廣告及 §20 I ①眾所周知標示及表徵之保護。現較有疑問者係消費大眾對系爭標示之了解難求其一致，究應有多少比例之消費者將之評價為企業來源標示始為已足？又，於企業來源虛偽不實標示之防止與欲主張排他使用權對企業來源標示判定所需之比例有無不同？就前一問題，德國實務採與 §25WZG 之判定一致的見解，只要消費大眾中非不顯著之部分認該標示乃指稱特定企業，則可為企業來源標示而受 §3UWG 之保護。至於主張排他使用權是否需較高比例，BGH於1957年 9 月17日之 "Rosenheimer Gummimäntel" 判決中表示，只要消費大眾非不顯著之部分將該標示評價為原告企業之來源標示，並因而認該雨衣有特別之品質，他製造者使用系爭標示則為 §3UWG 就企業來源之引人錯誤標示，縱定居於 Rosenheim 之製造者亦不可再使用此標示（注五九）。德國學者對此判決迭有批評，蓋其並未考慮其餘定居 Rosenheim 之雨衣製造業者標明產地之利益（注六〇）。BGH於1973年 7 月 13日之 "Stonsdofter" 判決中則改變見解，本案原告主張就"Stonsdorfer"標示享有 §25WZG 之表徵權（Ausstattungsrecht），可排他使用之，蓋經常或偶爾購買系爭商品（卡爾特之燒甜酒 Kräuterlikör）之消費者中有74％認系爭

注五九　參 BGH 1957.9.17. Urteil "Rosenheimer Gummimäntel", GRUR 1958 SS. 39-41.

注六〇　參 Droste Anm. GRUR 1958 S. 41; Tilmann, a.a.O., S. 190; Ulmer-Beier, a.a.O., SS. 498-499; Baumbach und Hefermehl, a.a.O., 14 Auflage, S. 1120.

標示乃指稱原告之企業。"Stonsdorfer" 乃德國之地名，不過百年來其已喪失地理意義而成爲卡爾特燒甜酒之性質陳述，至於原告欲主張排他使用權應有多少比例之消費者將之視爲企業來源標示，BGH 則重申應視系爭標示用以指示商品特性之必要性程度而定，必要性愈高則比例須愈高。現 "Stonsdorfer" 雖有74％之消費者認其爲企業來源標示，但鑒於該標示已成爲特殊製造及風味卡爾特燒甜酒之性質陳述有很長一段時間，且難以其他字眼替代，因此須交易觀點幾乎一致（nahezu einhellige Durchsetzung im Verkehr）認其表彰商品源自特定企業時，該企業始可享有個別之排他權，74％ 尚不足正當化原告之主張（注六一）。我國實務、學者就此問題尚未見相關之論述，管見認爲公平交易法 §21 旨在避免消費者受誤導，維護健全交易秩序，因此只要有非不顯著部分之消費大衆認系爭標示爲企業來源之指示即爲已足，至於若欲就該標示主張排他使用權，則應要求較高比例始可。不過，尚應特別注意該具地理形式之標示縱被消費大衆評價爲企業來源標示，而可享排他使用權，但當地之競爭者以非商標之方式在廣告或商品上指明地理來源之權利並未被剝奪，只要不致使消費者對商品出處產生混淆即可。英美法系國家稱此爲「公平使用」（fair use）之抗辯，大陸法系國家則多於商標法中設有明文（注六二）。

注六一　BGH 1973.7.13. Urteil "Stonsdorfer", GRUR 1974, SS. 337-339。此看法 Heydt 認原則上應予肯定，但卻認於個案中，該判決忽略討論原告就 "Echter Stonsdorfer" 及 "Echt Stonsdorfer Gaumen und Magen Zuliebe" 已爲商標註册之事實對本案之影響，參 GRUR 1974 SS. 339-340. 相關論述尚可參 Möhrig, Die Umwandlung einer Beschaffenheitsangabe zum betrieblichen Herkunftshinweis und §3 UWG, *GRUR 1974* SS. 565-568.

注六二　關於公平使用之抗辯，參曾陳明汝，前揭書，頁 34-35, J. Thomas McCarthy, ibid pp. 499-503。大陸法系國家如：德 §16WZG; 我國商標法 §23可供參考，另可參 Ulmer-Beier, a.a.O., S. 499; BGH 1956.6.29. "Regensburger Karmelitengeist", GRUR 1956 S. 558ff; 前述 "Stonsdorfer" 判決。

2.與人連結之來源標示（die personengebundene Herkunfts-
　angaben）

　　與人連結之來源標示為地理形式個別來源標示之下位概念，其係由
案例中發展而得，一般不正競爭法之概論中因限於篇幅皆未言及於此，
而對所謂「與人連結之來源標示」之概念明確定義者，則首見於1984年
德國學者 Eduard Reimer 之大作 ── "Die personengebundene
Herkunftsbezeichnung" 中（注六三）。Reimer 認此種帶有形容詞之
地點描述既不如: "Berliner Ballen" 般被了解為商品之種類名稱，亦
未如 "Schweizer Schokolade" 般被認知為商品之製造地，而是指示
不再或不再完全在所標示地生產系爭商品之多數製造者。因此該標示並
不保證系爭商品源自所標示之地點，而係確保其源自一羣共同自該地移
居之製造者。

　　與人連結之來源標示並非本質上卽非在表彰商品之地理來源，相反
地，其一開始必須係被評價為產地標示，但因其與特定之多數製造者有
非常緊密之連結，久而久之，其亦可表彰此特定之多數製造者。以致該
標示仍可由非在所標示地製造該商品之原製造者繼續使用，此多發生於
需由人為加工之產品上。原則上，某商品之製造商一旦遷離原產地卽無
權再於其在新地生產之商品上標示舊產地，否則將造成消費者之混淆，
例: BGH 於 "Lübecker Marzipan" 案中卽曾明示，在 Lübeck 生
產杏仁果糖之人若於漢堡(Hamburg)重新開業卽喪失使用 "Lübecker
Marzipan" 產地標示之權（注六四）。相較於前舉之製造商出於自由意志
之遷徙，例外的情形係製造者被迫遷至他地或其在原址之企業被徵收而

注六三　Reimer, Die personengebundene Herkunftsbezeichnung,
　　　　GRUR 1948 S. 242ff.

注六四　BGH 1980.6.6. "Lübecker Marzipan", GRUR 1981 S. 71 und
　　　　WRP 1981 S. 18.

於他地重建其企業，於此種非自由意志之遷移，製造者應可保有繼續標示原產地之權，此際，則構成了與人連結之來源標示。可見，一產地標示會轉而被評價爲與人連結之來源標示係極爲例外之情形，影響標示是否正確之判斷甚鉅，因此於判定之際應特別謹愼。德國學者Abbo Junker 將與人連結之來源標示形成原因歸納爲三類（注六五），本文擬依其分類加以探究並輔以實例，藉此以明其特殊性質。

(1) 產地地名之變更

此情形乃系爭商品之製造者並未遷徙，而因戰爭之故使各國疆域有所變動，致使原產地標示於空間上已無法涵蓋製造者之所在地。於第一次世界大戰後出現許多類此之情形，其中以 "Russisches Juchten" 案最引人矚目，此案之當事人在俄境內設有一皮革工廠生產皮革，其一向以 "Russisches Juchten" 標示其商品，但於俄國十月革命後，該工廠所在地已不屬於俄境，而劃歸於波羅的海之國，德帝國法院（RG）則判定當事人仍有權將其商品標示爲 "Russisches Juchten"，直至消費大眾已熟知疆界之變更爲止（注六六）。BGH 原則上亦接受 RG 所在 "Russisches Juchten" 案中所表示之見解（注六七），蓋於此情形，系爭皮革之製造商仍留在原址並未遷廠，故其應可於一定期間內繼續使用原標示。實則，依本文觀點，此種情形嚴格言之與其將之歸類爲與人連結之來源標示，毋寧認此只是表示產地標示所表彰之地理區域涵蓋之範圍並非全依官方行政區域之界定，而係以交易觀點爲據。

(2) 製造者遷移其產地

注六五 Abbo Junker, Die personengebundene Herkunftsangabe, *WRP 1987* SS. 523-530.

注六六 RG 1930.1.7. MuW 1930 S. 179ff.

注六七 BGH 1955.12.13. Urteil "Rügenwalder Teewurst" GRUR 1956 SS. 270-273.

　　此種情形並非因國土疆域之變更，而係商品之製造者搬離其原定居之地，前已述及，原則上一旦該製造商遷離某地，即喪失再以該地名標示其商品之權利，但於特別例外之情形，該標示與特定製造商緊密連結成爲與人連結之來源標示，則其於遷離原址後仍可繼續使用系爭標示。最著名之案例爲美國最高法院1911年之Baglin v. Cusenier Company一案（注六八），在德國則被稱爲 "Chartreuse-Fall"，本案乃修道士（Mönche）在法國之La Grande Chartreuse（於Isére省）依其祕方產製著名之卡爾特燒甜酒（Kräuterlikör）已有數百年之久（除法國大革命之短時間外），但依法國1901年7月1日之法律，該營業地——das Ordenshaus La Grande Chartreuse 被徵收，故其教士團因而解散。其後，修道士則帶其製酒祕方前往西班牙並在 Tarragona 設廠，由法國進口必要之藥草而製出卡爾特燒甜酒而將之輸往美國。美國最高法院認其仍可以"La Grande Chartreuse"標示在 Tarragona 所產製之燒甜酒而輸往美國。不過，此判決並非可視爲與人連結來源標示之判例，因爲依美國最高法院之見解並非將之視爲原始之產地標示，而是認 "Chartreuse" 已不再被認係地理名詞，而係指由修道士所製之燒甜酒，可在美國做爲商標使用。但德國學者則將之視爲與人連結之來源標示（注六九），或將之評價爲企業之來源標示（注七〇）。依本文之看法，不論此案是否涉及與人連結之來源標示，至少德、美兩國皆不認該標示爲產地標示，故於此應特別注意者係此形式上具地理意義之標示被評價爲非表彰商品之實際地理來源乃極爲例外之情形——即涉及企業被徵收且又依相同配方產製系爭商品，製造者始可於遷移之後仍以原地名標示之。

注六八　Baglin v. Cusenier Co., U.S. Surpreme Court 1911.5.29.
注六九　參 Ulmer/Beier, a.a.O., S. 499.
注七〇　參 Abbo Junker, a.a.O., WRP 1987 S. 527.

(3) 產地地名變更且製造者遷移產地

此係兼具上述二種情形，系爭商品之製造業者不僅自原產地遷出，而其原始之產地亦因疆域之變動而易名。此於二次世界大戰方結束之際有層出不窮之事例，因戰後對疆域之重新劃定，使當地居民被迫移居他地，此與製造者自動移居之情形大相逕庭，故而其法律關係有予以差別待遇之必要。德國戰後有許多原在東德之企業遷徙至西德重新生產製造，而想繼續使用其原有之產地標示，因而使德國實務及學者特別重視此類「與人連結產地標示」之問題，學說上對此概念之探討主要亦針對此特殊情形而生（注七一）。其中最著名之案例為 "Rügenwalder Tee-wurst"案，茲將其略述於後；Rügenwalde為一位於波羅的海（Ostsee）邊，約有七千～八千居民之小城，該地一向以肉品工業而聞名，其中以 "Rügenwalder Teewurst" 尤為著稱，該標示意謂著此香腸乃源自 Rügenwalde 肉品工業之上等品，而廣受德國消費者之歡迎。但自1945年第二次世界大戰結束後，Rügenwalde 被劃入波蘭境內，並改名為 "Derlow"，而從前 Rügenwalde 地之十大肉品企業之業者大多數則移居西德，其中部分製造者已在西德重建其企業並開始產製肉品，並如曩昔般仍以 "Rügenwalder Teewurst" 標示其所生產之香腸而銷售之。同時，在易名之後的 "Derlow" 地，亦仍有香腸之產製，不過並不有名。另有一世代居住在 Westfalen 之肉品工廠，其生產品質備受肯

注七一　參 Reimer, a.a.O., GRUR 1948 S. 242ff; Ehlers, Herkunftsbe-zeichnungen der deutschen Ostvertriebenen, *GRUR 1950* S. 109ff; Tetzner, Zwangsaussiedlung und Herkunftsbezeichnung, *NJW 1950* S. 374ff; Beier, Zur Frage der Weiter-führung geographischer Herkunftsbezeichnungen ost vertriebener Firmen, *GRUR 1956* S. 365ff; Bohrer, Zur Problem der Herkunftsangabe, *NJW 1956* S. 821ff; 較新之文獻則參 Abbo Junker, a.a.O., WRP 1987 SS. 523-530.

定之香腸亦有很長一段時間，起初其係以 "Teewurst nach Rügen-
walder Art" 之形式標示其所生產之香腸，自1951年起則轉而宣稱其商
品爲 "Echte Rügenwalder Teewurst"，不久更刪除 "echte"（純
正的）之字樣，自1952年起則將其產製之香腸以 "Rügenwalder Tee-
wurst" 標示出售。1952年年中，前述之原定居 Rügenwalde 而遷居
至西德之十大肉品工業業者起訴，將此定居 Westfalen 卻以 "Rügen-
walder Teewurst" 標示其所生產之香腸而出售的製造商列爲被告，
訴請法院禁止被告使用系爭標示，並禁止帶有該標示之商品進入市場銷
售。兩造當事人爭執之焦點在於 "Rügenwalder Teewurst" 之法律性
質，原告主張 "Teewurst" 固是以特定技術產製之精美香腸的種類名
稱，但 "Rügenwalder Teewurst" 則一直被視爲係產地標示，迄今
尤然，其標示出該產品乃因世居當地之製造者基於世代相傳之傳統經驗
及獨特技術所製成，有別於其他產地香腸之風味。反之，被告則聲稱
"Rügenwalder Teewurst" 雖一度確被評價爲產地標示，但因戰後之
發展，現於 Rügenwalde 已無依該方式所製之香腸被生產，故消費者
並不再期待帶有如是標示之商品源自 Rügenwalde，而只被了解爲係
一性質陳述，因此只要可生產符 Rügenwalder Teewurst 製造方式
之高品質香腸的製造者皆可自由利用系爭標示。BGH 於1955年12月13
日之判決中指出："Rügenwalder Teewurst" 在二次世界大戰前一直
被消費者了解爲產地標示並無疑問，且其更進一步指出一含有地名之來
源標示亦可以指示商品源自特定企業羣，此卽學說上所謂「雙重意義之
來源標示」（Doppelbedeutung einer Herkunftsangabe），該標示
一方面指示出商品之製造地，另一方面亦同時指示出製造者羣，而只要
該製造者羣定居所標示地點且只有單一之製造商遷入或遷出該地時，則
其潛在之與人連結之要素則不重要。反之，若多數或全體之製造者皆遷
離所標示之地點，則其地點指示之要素則退居於後。有鑒於 Rügen-

walde 居民之遷居西德乃迫於戰後國土分裂之特殊情形，故由前述觀點出發，該標示之地理意義已不重要，與人連結之部分則成爲核心，即其已成爲與人連結之來源標示。又，對該被告之濫用旣已及時起訴制止，故並未轉爲性質陳述或種類名稱。因此，BGH 認其仍可以原標示用於在新居住地所製之商品上，但他地之製造者，如被告，則不可以 "Rügenwalder Teewurst" 標示其所生產之香腸。德國學者 Bohrer 對此判決並不表贊同（注七二），其認 Rügenwalder Teewurst 判決背棄了對產地標示必要的地點限制之基本原則，且藉此判決將助長產地標示非預期地被緩和爲純種類名稱，亦即 BGH 擬由此判決之結果補償無端因大戰而遭受損失之德國東部企業，但卻忽視現行法之基本原則而沖淡對產地標示之保護。因此其認現遷徙西德之企業僅有權以 "Teewurst nach Rügenwalder Art" 標示其所生產之香腸，而同時在廣告中指明其舊店址。但 Beier 則支持 BGH 之判決，並駁斥 Bohrer 對該判決之批評，其認德國現行法對商品、廣告最重要之規範爲 §3UWG，此條文著重於禁止因不實標示而詐欺消費者。又，標示是否正確並非嚴格判斷其眞實內容是否相符，而是取決於交易觀點，現交易觀點認 "Rügenwalder Teewurst" 不僅標示出商品之產地，亦可指示特定之製造者羣依其經驗及配方所製之味美香腸（注七三），依本案之情形，原定居 Rügenwalde 之製造者因戰爭之故，全體皆被迫遷離其故鄉，此歷史上之悲劇爲交易大眾所熟知，且於波蘭境內之Derlow（即原Rügenwalde）當地並不製造此種品質之香腸，因此這些由 Rügenwalde 遷居至西德

注七二 參 Bohrer a.a.O..

注七三 若有他人遷入，Beier 認其亦可使用系爭標示，只要製造相同品質之產品即可。見 Beier, Zur Frage der Weiterführung geographischer Herkunftsbezeichnung ost vertriebener Firmen, *GRUR 1956* SS. 365-376.

重建其企業之人可繼續使用 Rügenwalder Teewurst 標示其所生產
之香腸，並不會詐欺消費者，故此判決於德國現行法下仍屬適當。

經 "Rügenwalder Teewurst" 之判決與學者之闡釋，現今「與人
連結來源標示」之概念已廣爲德國實務及學說所接受（注七四）， 但此仍
限於極爲例外之情形，一般人有權繼續使用此種標示應限於其係被迫離
開其原始產地之情形（注七五）， 且應立卽於新地著手繼續生產系爭商品
始可，當然， 最重要的仍係不可使消費者受詐欺， 至於此類標示之適
用是否造成消費者對商品出處之混淆而有加以禁止之必要，則留待後述
（注七六）。

3.小結

所謂「與人連結之來源標示」與前述「具地理形式之企業來源標
示」概念相當近似，實則廣義而言，後者亦爲與人連結之標示（注七七）。

注七四 Tilmann, a.a.O., SS. 189-190; Ulmer-Beier, a.a.O., SS. 499-
500; 前揭注七一。

注七五 本文認純天然產品品質與生長地之土壤、氣候有密切關係，亦卽與地之
連結較爲緊密， 性質上不大可能成爲「與人連結之產地標示」。至於
德學者多認須以迫遷爲限，乃因此始較可能造成多數製造者大規模之遷
徙，並易爲大衆所周知。本文認於定義之際似不必以迫遷之情形爲限，
但應將純天然產品排除在外較妥。不過，德學者多未著墨於此。

注七六 詳見本書第五章。

注七七 Beier 1956 年發表之前揭文中， 將與人連結來源標示定義爲指示商品
係被特別手工技巧或技術熟練之個人羣，基於代代相傳之傳統製造而成
之標示，亦卽連結多數內行之居民。如 "Gablonzer Glas" 及 "Sch-
muckwaren" 等是。且依其所認 "Rügenwalder Teewurst" 案並
非此類情形，蓋交易觀點係將之了解爲一具地理內容之來源標示，指向
多數特定定居該地之企業，而其中任一企業皆可將之使用於以相同方式
製造之商品上。另所謂具地理形式企業來源標示，則指交易觀點指向某
特定製造企業，如 "Deutzer Motoren"。氏認此三者皆屬廣義之與人
連結的來源標示。參 GRUR 1956 SS. 365-376. 但其後於 Ulmer-
Beier, a.a.O. 中， 則僅區別與人連結之來源標示與企業來源標示，而
將 "Rügenwalder Teewurst" 歸入前者， 其後德學者亦多採之，
故本文從之。

不過，為求概念之清晰，二者仍應加以區別，且於法律上具區別實益。具地理形式之個別來源標示，依交易觀點其係指明該地之「某一」特定企業，因此可以之為商標註冊；而與人連結之來源標示通常係指明定居該地之所有製造系爭商品之人，當其並未遷離該地時，系爭標示之法律性質與產地標示並無二致，原則上並不可以之註冊為商標，亦即此時如前所述其所具有與人連結之意義並不重要，但當多數或全體之製造者皆遷離其故鄉時，與人連結之意義則隨而顯明，此時所關心之問題係其是否仍可繼續使用原標示而不致造成消費者對商品產地之誤認。因此，當因特殊情形而至他地定居之製造者有權在其於新址所生產之商品上繼續沿用原「產地標示」時，該標示始宜稱之為與人連結之來源標示。

第三項　意義轉換

依前所述已將適格之產地標示 與不適格產 地標示 由概念上予以 釐清，但某一標示之性質為何乃取決於交易觀點，且並非固定不變，往往可能由適格之產地標示轉而為不適格之產地標示，亦可能逆向發展，學說上將此種情形稱之為意義轉換 (Bedeutungswandel) (注七八)。 而由交易觀點出發，某一標示是否其性質已轉換則有賴依個案之具體情形判定之，無法一概而論，但是否有特別之要件，尤其據以認定之交易觀點須占消費大眾之多大比例仍有待進一步探究。 由於商品名、種類名稱、性質陳述本質上皆由產地標示轉換發展而成，而此三者又僅係程度

注七八　於此應區別二概念，即 Bedeutungswandel 意義轉換，及 Sach-
wandel 情事變更。前者係指該標示在消費大眾中所引起之概念不同；
後者乃出於來源標示實際情形有所轉變，如：地名之變更或製造者之遷
徙者。二者並非同一，可能有情事變更，但其意義仍保持不變，就此
則往往生詐欺消費者之情形。而前述與人連結之來源標示，則往往係因
情事變更而導致意義轉換，始使最初之產地標示成為與人連結之來源標
示。參 Abbo Junker, a.a.O., S. 528.

上之差異，故以下將意義轉換之論述重點置於產地標示與種類名稱或性質陳述間之轉換，至於其他情形則前文或已略述之，或亦可參考此處之論述，故於茲不贅。

1. 由產地標示轉為種類名稱或性質陳述

因對某標示性質之認定依交易觀點而定，故產地標示可能因時間經過而轉為純性質陳述甚或是種類名稱已如前述，而其轉換之原因則不外係有權使用該產地標示之人未及時制止系爭標示之被濫用，或因法院判決對標示濫用之寬容所致。德國現行法亦已明文承認產地標示可轉換為商品名或性質陳述（注七九），其商標法§26Ⅱ即規定包含地理名稱之標示若已失其原有意義，或只用為商品名稱或只用以說明商品性質者，非屬同條第一項所謂之產地不實標示（注八〇）。瑞士 1992 年之聯邦商標暨來源標示保護法 §47Ⅱ 亦有類似之規定（注八一）。不過，相關條文尚未明確定出產地標示意義轉換之要件，仍有必要由學說及實務為進一步之補充。至如我國未有法律明文依據之國家，學說及實務之見解更值注意，以下則由此二方面析述之。

鑒於產地標示具相當之經濟價值且亦為消費者選購商品之憑藉，德

注七九　我國則無類此之規定。

注八〇　§26Ⅱ WZG 乃於1936年修正後所增訂，其刪除與§5Ⅰ UWG 類似之原 §16Ⅱ WZG，而明文承認產地標示之意義轉換，且立法者更強調此條項之增訂乃欲加強防止產地標示之濫用而變質為種類名稱。且其用 "ausschlieβlich" 一字，則只要對標示之性質在消費大眾間仍有懷疑及訟爭，就不可能係一消費者專認之種類名稱或性質陳述。惜此條項未受德實務之重視。

注八一　參瑞士新商標法§47Ⅱ: Geographische Namen und Zeichen, die von den maβgebenden Verkehrskreisen nicht als Hinweis auf eine bestimmte Herkunft der Waren oder Dienstleitung Verstanden werden, gelten nicht als Herkunftsangabe im Sinne von Abs. 1.

學者咸認對產地標示有加強保護之必要，因此主張產地標示轉爲純性質陳述或種類名稱應有特別嚴格之要件（注八二）。蓋若持太寬容之見解將使產地標示極易發展爲性質陳述或種類名稱而無法受相關法律之保護，而使該地之製造者在系爭產地標示上努力所建立之名聲被不當利用。且又基於1936年增訂之§26 II WZG，立法者賦予其防產地標示因濫用而轉爲性質陳述或種類名稱之規範目的，故學說通說認對已轉爲純性質陳述或種類名稱之抗辯必須非常謹愼地判定，唯有交易觀點認產地標示之表彰地理來源性質已完全或幾乎喪失時始生意義之轉換，只要消費大衆中任何值注意之部分仍將系爭標示視爲產地標示，則其仍應受相關法律之保護。

　　德國實務對產地標示轉爲純性質陳述或種類名稱要件之判斷上大多與學說持一致之見解，前帝國法院（RG）於1915年曾就此表示基本之原則：「只要一旦被視爲產地標示，就確定其非可自由地懷疑其僅係性質陳述」（注八三）。其更於 1920 年發表被隨後許多相關判決所遵循之“Gervais”判決中進一步表明若「相關交易大衆中非不顯著之部分仍賦予該字眼原始之意義」，則其不可能被認爲已轉爲性質陳述（注八四）。RG 在1933年之 “Nordhäuser” 判決中則表示僅消費大衆中完全不值得注意之部分（ein ganz unbeträchtlicher Teil）認系爭標示爲產地標示時，始例外發生意義之轉換（注八五）。由這些判決不難發現 RG 對產地標示意義轉換之問題採較嚴格之觀點，而 BGH 亦採納此種看

注八二　參 Ulmer-Beier, S. 489, Bußmann, a.a.O., S. 283; Beier, *Der Schutz geographischer Herkunftsangaben in Deutschland,* S. 180; von Godin, *Wettbewerbsrecht*, SS. 230-231.

注八三　RG 1915.9.28. Urteil "Braunschweiger Wurst", GRUR 1916 S. 91.

注八四　參 RG 1920.10.29. Urteil "Gerrais", GRUR 1921 S. 125ff.

注八五　參 RG 1933.11.7. Urteil "Nordhäuser", GRUR 1934 SS. 62-66.

法，其於 1955 年 "Rügenwalder Teewurst" 判決中首度明示之
（注八六）。 但多大比例才是實務中所謂「完全不值得注意之部分」?
BGH 在 1959 年之 "Englisch-Lavendel" 判決中認既有16％之消費
者將帶有 "Englisch-Lavendel" 標示的肥皂視爲源自英國， 已足否定
系爭標示轉換爲種類名稱。 BGH 在較近之判決中仍持類似之態度，
1980 年之 "Lübecker Marzipan" 案中， 依問卷調查結果， 至少有
13.7％之消費者重視 "Lübecker Marzipan"乃源自 Lübeck（注八七），
則 BGH 認其並非可絕對被評價爲不顯著之部分。最近幾年在幾個有關
"Dresdner Stollen" 之案例中（注八八）， 德國法院在判斷 "Dresdner
Stollen" 是否爲產地標示或已轉爲性質陳述而可爲位於 München 或

注八六　參BGH 1955.12.13. Urteil "Rügenwalder Teewurst"， GRUR
　　　　1956 S. 270ff， 其亦表明只有消費大眾中完全不值得注意之部分仍視
　　　　該標示爲地理來源指示時， 始可肯定其已轉成性質陳述。

注八七　問卷之問題10爲: Lagen Sie persönlichen Wert darauf, daß
　　　　es sich bei "Lübecker Marzipan" auch wirklich immer um
　　　　Marzipan handelt, das in Lübeck hergestellt ist, oder ist
　　　　Ihnen das gleichgültig? 13.7％. 回答重視; 25.7％認無關緊要; 餘
　　　　60.6％則認並不必須在 Lübeck 製造。嚴格言之應有約 40％認該標示爲
　　　　產地標示， 13.7％ 重視系爭標示係意謂具競爭上之重要性。不過學者評
　　　　上述問卷設計不當，事實上應有較 13.7％高比例之消費者認該杏仁糖在
　　　　Lübeck 製造是重要的。參 Tilmann, Kennzeichenrechtlicher
　　　　Schutz geographischer Herkunftsangaben, *FS. Gewerblischer*
　　　　Rechtsschutz und Urheberrecht in Deutschland, 1991, SS. 1029-
　　　　1030.

注八八　相關判決請參: OLG München, 1984.5.3. Urteil "Dresdner Sto-
　　　　llern", GRUR 1984 SS. 885-887; LG Hambung 1986.8.6.
　　　　"Dresdner Stollen Ⅱ", WRP 1986 S. 629ff; OLG Koblenz,
　　　　1987.12.1 "Dresdner Stollen Ⅲ", WRP 1988 SS. 186-187; OLG
　　　　München, "Dresdner Stollen Ⅳ", WRP 1988, S. 486ff; BGH
　　　　1988.12.1. "Dresdner Stollen", GRUR 1989 SS. 440-443; BGH
　　　　1990.2.1. "Dresdner Stollen", GRUR 1990 SS. 461-463.

西德其他地區之糕餅業者用 以標示其所生 產之耶誕蛋糕時， 因基於交
易觀點之探知， 只有不到10％之消費者仍認系爭標示乃表彰商品源自
Dresden（注八九）， 故認因 Dresdnen 糕餅業者數十年來未及時制止
他地居民濫用該標示， 使 "Dresdner Stollen" 轉爲性質陳述已三十年
之久（注九○）。 可見德國實務界對產地標示轉爲種類名稱或純性質陳述
之判斷上大抵皆採嚴格之觀點， 只有交易觀點幾乎一致不再視其爲產地
標示時（10％以下）， 始生意義之轉換。 瑞士之實務與學說亦如德國般
採嚴格之觀點， 其認產地標示欲轉爲種類名稱相當難獲承認， 必須幾乎
全部之關係人皆將之視爲種類名稱始可， 只要仍有部分消費者仍以之爲
產地標示， 則尚不發生意義之轉換（注九一）。 聯邦法院更在 "Holiday
Pils" 案中強調系爭地名須被用以描述商品品質已有數十年之久， 且所

注八九　Dresden 位於東德， 在本案中原告一直於 Dresden 製造耶誕蛋糕，
　　　　戰後亦未遷移西德， 被告乃一位於 München 之糕餅業者， 其用
　　　　"Dresdener Stollen" 標示已有約50年之久， 故與前述之 "Rügen-
　　　　walder Teewurst" 案不同。

注九○　採此見解者有 LG Hamburg; OLG Koblenz 及 BGH 1988.12.1. 及
　　　　1990.2.1. 之判決。1984.5.3. 之判決， 則因其依 GFM 公司有疑問之問
　　　　卷調查，（因問卷設計不良）， 而認因至少有13.5％之消費者將該標示了
　　　　解爲指示商品源自 Dresden， 故其未轉爲性質陳述。此判決備受學者
　　　　批評， 見 Müleer und Graff, Brauchenspezifischer Wettbe-
　　　　werbsschutz geographischer Herkunftsbezeichnungen-Die
　　　　aktuelle Problemlage bei Brot- und Backwaren, *GRUR 1988*
　　　　SS. 659-667; Tilmann, Aktuelle Probleme des Schutzes
　　　　geographischer Herkunftsangaben-zur "Dresdener Christ-
　　　　stollen" im Wettbewerbsrecht, *GRUR 1986* SS. 593-595;
　　　　Frisinger, *ZLR 1988* S. 175ff.

注九一　參 Troller, a.a.O., S. 336; F. Dessemontet, Protection of
　　　　Geographic Denominations under Swiss Law, ibid., pp.
　　　　109-110; BGer, PMMBL 1975 Ⅱ S. 82.

有相關大眾皆爲如此了解，該標示始成爲種類名稱（注九二）。其學者並
進一步討論純天然產品之產地標示可否轉爲種類名稱，理論上雖可能，
但因其品質與土地之關係密切，故有學者認實質上並不多見（注九三）。
管見認爲瑞士之所以對產地標示轉爲種類名稱持較爲保留之態度，似與
瑞士法對產地標示之定義傾向法國法上之原產地名稱有關。相較於德國、
瑞士實務、學說嚴格之要求，英美法系國家，如：美（注九四）及歐陸其
他國家，如：法（注九五）、義（注九六），比荷盧（注九七）等國之法院則傾
向較易承認產地標示轉換爲純性質陳述或種類名稱。一則係因這些國家
之判決向來卽採較寬容之態度，另一方面則係因其缺乏確實可靠之方法
以探知交易觀點之故。例：法國雖禁原產地名稱轉爲種類名稱，如：
1919年5月6日之法律 §10 I 禁葡萄製品之產地標示轉爲種類名稱，但
就一般之來源地標示意義轉換之判定則甚爲寬容。實務甚認許多著名之
來源地標示，當其用於特質與當地自然環境關係不密切或不再有關之產
品上時，不僅非爲原產地名稱，甚亦不屬地理來源之表彰，僅爲種類名
稱。如："Nougat de Montélimar"，"Moutarde de Dijon" 及
"Linge basque" 皆屬。亦卽只要產品之特質與產地無關，任何地點皆
可製造出相同性質之商品時，則易被判定爲種類名稱。至於公眾之意見

注九二　BGer, PMMBL 1974 I 11ff; GRUR Int. 1975 S. 26。"Pils" 至
　　　　少在德、法、義、比、荷、丹、瑞典、挪威已成爲普通名詞，但在瑞士
　　　　仍爲產地標示，可見瑞士對產地標示轉爲種類名稱之判定較爲嚴格。參
　　　　F. Dessemontet, ibid., p. 129注96。

注九三　參 Troller, a.a.O., S. 337.

注九四　參 Beier, Geographische Herkunftsangaben und Ursprungs-
　　　　bezeichnungen, *GRUR Int. 1968* S. 73.

注九五　參 Ulmer-Kraβer, a.a.O. Bd. IV, Frankreich, S. 381.

注九六　參 Ulmer-Schricker, a.a.O., Bd. V, Italien, SS. 247-248.

注九七　參 Ulmer-Schricker, a.a.O., Bd. II/1, Belgien, SS. 468-470;
　　　　Ulmer-Baeumer, a.a.O., Bd. II/2, S. Niederlande, S. 278ff.

則不受實務重視，主要依第三者使用之時間、範圍等事實關係而定。比利時之實務見解亦與法國類似，往往未詳述其理由卽認系爭標示已成爲可自由使用之種類名稱。如："Yorkshire Finish", "Dortmunder"在該國皆已成爲種類名稱（注九八）。而荷蘭海牙法院 (Hoge Raad) 於1964年著名之"Delfts Blauw"判決中，認"Delfts Blauw" 及 "Delfts Aardewerk" 標示，被在 Gouda 製陶之被告用於其所製造之陶器上並不違法。雖交易觀點一部分認系爭標示爲產地標示，另一部分認其爲種類名稱，但只要非絕大多數之消費者一致視其爲產地標示，則被告之使用仍應被允許（注九九）。

縱使各國對標示性質之界定多取決於交易觀點，但各國消費者之看法未必一致，且各國實務對產地標示是否轉爲種類名稱或純性質陳述又持寬嚴不一之態度，而大多數國家又只傾向加強保護己國之產地標示，因此同一標示在不同國家間可能有截然不同之定性。茲以"Champagne"爲例：該標示在德國已久被消費大衆評價爲香檳酒之種類名稱（注一〇〇）；美國之法令及實務皆認該標示可用於美國所產之香檳酒上，因其已成爲

注九八　參 Beier und Knaak, a.a.O., S. 417; Ulmer-Kraβer, a.a.O., Bd. ⅠⅤ, Frankreich, S. 163. Ulmer-Schricker, a.a.O., Bd. Ⅱ/1, Belgien, SS. 468-470. 最近比利時實務有採較嚴格判斷之趨勢，參 Hennig-Bodewig, *Recht der Werbung in Europa, Bd.2. Belgien*, Rdn. 124-126. 轉引自 Beier und Knaak, a.a.O.,注67。

注九九　參 1964.5.15 荷蘭海牙法院判決 "Delfts Blauw", "Delfts Aardewerk", GRUR Int. 1965. 214f; L. Wichers Hoeth, Protection of Geographic Denominations in the Netherlands, ibid. pp. 79, 81。不過，最高法院要求被告應採取必要措施以確保此具雙重意義標示所產生混淆之危險，不致因此而增加。

注一〇〇　不過此標示目前在德國已因德─法之雙邊條約而又回復爲產地標示。

普通名稱（generic term）（注一〇一）；　我國實務於八十年判字七九四
號判決亦曾指出。「『香檳』原係指產於法國東北部之一種略帶酸味之
葡萄酒，目前消費者已賦與一特定含義，爲表彰特定產品之普通名稱。」
（注一〇二）；法國對 "Champagne" 則特別加強保護以維其固有之經濟
利益，不僅承認其爲產地標示，更認其爲酒類之「原產地名稱」；至於
英國，法院在 Bollinger v Costa Brava Wine Co. Ltd 一案中認
Champagne 只可用於來自法國 Champagne 區之葡萄所製之酒上，
若西班牙製之香檳酒則須標示 "Spanish Champagne"（注一〇三）。近
年來，英國實務上著名之 "Elderflower Champagne" 案例中，法院
仍傾向認 Champagne 尚未轉爲普通名詞，仍爲法國 Champagne 區
之指示（注一〇四）。紐西蘭之法院就 "Australian Champagne" 之標
示，曾由四個角度觀察 Champagne 在紐西蘭究爲產地標示或已轉爲

注一〇一　參 The regulations of the Federal Alcohol administra-
　　　　　tion, 此法案將 Champagne 視爲 "semi-generic", 見 J.
　　　　　Thomas McCarthy, ibid, p. 504注 7，實務見解參Otard Inc.
　　　　　v. Italian Swiss Colony (1944)。

注一〇二　行政法院80.5.16., 80判字 794 號判決。見行政法院裁判書彙編80年度
　　　　　第 2 冊，頁1667-1671。

注一〇三　參 1960 RPC 16 及 1961 RPC 116。此基本態度爲英國法院隨後判
　　　　　決所採。如: "Sherry" case 法院認Sherry係指源自西班牙Xeres
　　　　　de la Frontera 地之酒，在英所製之 Sherry 酒須冠上 "British
　　　　　Sherry" 始可。(vine Products Co. Ltd v. Mackenzie ε Co.
　　　　　Ltd. 1969 RPC 1) 另 "Scotch Whisky" case 亦同, (John
　　　　　Walker ε sons Ltd v. Henry Ost ε Co. 1970 RPC 489). 德
　　　　　學者就此判決有所批評,參von Martwig Graf von Westerholt,
　　　　　Fortbildung des englischen Wettbewerbsrechts-Zur Aus-
　　　　　legung des"Spanish Champagen"-Urteils, *FS. Gewerblicher
　　　　　Rechtsschutz und Urheberrecht in Deutschland,*

注一〇四　英國高院 1922.4.15; 1993.1.29 所爲 "Elderflower Champagne"
　　　　　case 後將詳述之, 參本書第五章。

普通名詞，卽字典及語言學專家之定義；市場調查；葡萄酒之專家及學者之意見；餐廳葡萄酒之目錄及報紙廣告，最後，法院認該字眼在一般並非以飲酒爲生活重心之紐西蘭人民心目中，應仍具特殊之意義，尚未轉爲普通名詞，仍應爲產地標示(**注一〇五**)。對產地標示何時轉爲種類名稱或純性質陳述，各國實務所要求之要件寬嚴不一，若由加強保護產地標示之觀點出發，本文認德國學說及實務之見解頗值我國參考，不過德國因有具公信力之意見調查機構爲其後援，我國若欲採行德國之見解以定系爭標示是否轉爲種類名稱，亦應實際從事消費者意見調查，並爲客觀分析始可。又縱各國對意義轉換要件所持之態度不一，但大抵皆以消費者對系爭標示之了解爲判斷依據，且應以個案現時之交易觀點爲據。既對系爭標示之定性取決於消費者之認知，則原則上每個產地標示皆有可能轉爲純性質陳述或種類名稱，但例外則因法律之特別規定(**注一〇六**)，甚或是國際條約(**注一〇七**)而使其難以發生意義轉換或根本排除。

2.由純性質陳述或種類名稱再轉爲產地標示

一如前述產地標示可能轉爲純性質陳述或種類名稱般，一度成爲純性質陳述或種類名稱者亦可再發展成適格之產地標示，而受相關法律之保護。其再回復爲產地標示之原因可大別爲二類；習慣（卽交易觀點之

注一〇五 Comité Interprofessionel du Vinde Champagne v. Wine-worths Group Ltd, NZLR 1991, pp. 432-435; Brendan Brown, Generic Term or Appellation of Origin?── Champagne in New Zealand. *EIPR 1992* pp. 176-180.

注一〇六 例德 1930 年之 §6 Wein G.。法對原產地名稱常以特別法明文排除其轉爲種類名稱，如：1990.7.2. Nr. 90-558 原產地名稱保護之法律§7-4Ⅲ。另瑞士LMV中 §336 (Wein); §360 (Champanger) §362 (Asti)，§363 (Wermut Torino), §393 (Cognac), §394 (Armagnar) 禁轉爲種類名稱。荷蘭葡萄酒法亦禁 Cognac 轉爲種類名稱（實係再將之回復爲產地標示）。

注一〇七 里斯本協定、馬德里來源協定皆有類此規定，詳見本書第六章。

改變）及法規（含國際條約）。

　　(1) 習慣 ── 交易觀點之改變

　　由於標示之性質以消費者之了解爲據，而交易觀點可能因時間經過而有所轉變，因此，一度由產地標示降爲純性質陳述或種類名稱者可因交易觀點之改變而回復其原始意義。但消費大衆間須有多大比例再度賦予系爭標示表彰商品地理來源之意義始承認其已再度成爲一適格之產地標示，仍有待進一步探究。就此，各國較乏特別之論述，但德國實務界已由個案中發展出一基本原則頗値吾人注意，亦卽對系爭標示回復其原始意義再度成爲產地標示採最嚴格之要求，僅消費者中「非不顯著」之部分將之視爲產地標示尙不足以肯定系爭標示已回復其原始之地理意義，縱已有相當比例之消費者認系爭標示乃表彰商品之地理來源仍不足支持其回復爲產地標示，反之，依法院之觀點，要求需有消費大衆中之絕大部分（überwiegende Teil）再度將該標示視爲表彰商品產地始可。RG 在 “Steinhäger” 及 “Nordhäuser” 判決中卽已表示此種見解，BGH 亦仍遵循之，在許多有名之判決中亦一再重申其嚴格要求之基本原則（**注一〇八**）。鑒於德國實務對種類名稱或純性質陳述再回復爲產地標示採極爲嚴格之要求，因此判決中雖承認回轉爲產地標示之可能，但於實際個案中則基於事實之理由而幾無回轉之例。以著名之 “Kölnisch Wasser”案爲例，一定居柏林之人以“Ecarté-Kölnish-Wasser” 標示其所製造之香水而銷售之，一羣在科隆(Köln)生產 Kölnisch Wasser 之製造商認非在科隆所製之香水不可標示爲 Kölnisch Wasser，遂將柏林之製造商列爲被告，訴請法院制止被告使用系爭標示。本案之關鍵卽

注一〇八　BGH 於許多有名之判決中表達此一基本原則。如：1956. 10. 23.
　　　　　 “Steinhäger”, GRUR 1957 SS. 128-131; 1964.12.9. “Kölnisch
　　　　　 Wasser”, a.a.O., 1988.12.1. “Dresdnen Stollen Ⅰ”, a.a.O.,
　　　　　 1990.21. “Dresdner Stollen Ⅱ”, a.a.O.

在於 Kölnisch Wasser 究係性質陳述或產地標示，若屬前者，只要被告所製香水具一定之品質，縱非於科隆所製亦不致詐欺消費者；但若系爭標示爲產地標示，定居柏林之被告則無權使用之。LG 依問卷調查之結果認 "Kölnisch Wasser" 已成爲種類名稱，且又未證明絕大多數之消費者現又已將之視爲產地標示，因而判原告敗訴，高等法院認毋庸直接探知消費者對 "Kölnisch Wasser" 有何了解，因與其同義之 "Eaude Cologne" 乃種類名稱並無爭論，故仍維持原判決。BGH 仍重申須絕大多數之消費者重新賦予系爭標示表彰商品地理來源意義時，始可肯定 "Kölnisch Wasser" 已回復爲產地標示，縱 50％仍不足以承認之，因此 BGH 認無必要爲問卷調查仍維持原判結果（注一〇九）。於此案例中，可看出 BGH 之所以對再回復爲產地標示之判定嚴其要件，乃基於法律安定性及維護競爭者利益之考量，其明白表示消費者中非不顯著之部分又賦予該標示地理意義並不足以排除非定居所標示地區者之使用，否則使用系爭標示之商品將無法或很難再銷售。卽使是由間接產地標示轉爲種類名稱，欲回復其原始意義，BGH 亦持相同之要求（注一一〇）。

　　德國實務界所採如此嚴格之觀點遭受學者質疑（注一一一），管見亦認該標準（絕大多數之消費者）限制過嚴，尤其在因法院對產地標示之濫用過份寬容而導致其轉換爲純性質陳述或種類名稱之情形，將囿於此嚴格限制而無法透過判決予以救濟顯有不當。於判定種類名稱是否回復原始地理意義之際，固應審慎爲之以維法律安定性及長期使用該「種類名

注一〇九　對法院未實際調查交易觀點，學者提出質疑。Buβmann, a.a.O., S. 286.

注一一〇　參BGH 1985.12.18. Urteil "Stangenglas II", GRUR 1986 SS. 469~470.

注一一一　同注一〇九。

稱」者既得之經濟利益，就此德國實務見解頗值肯定，但若已有許多消費者（1/3 或 1/2）將該標示視爲產地之表明，系爭商品卻非源自所標示地，則其將受詐欺，但在嚴格要件之判斷下，這些消費者之權益將遭漠視。因此本文認爲應於個案中爲利益衡量，考慮系爭標示成爲種類名稱使用之時間長短及數量，同時兼顧消費者之利益使其免就商品之產地受詐欺(注一一二)，而非只爲維持法律安定性而設過高之標準，卻犧牲多數消費者之利益(注一一三)。

(2) 因法律規定或國際協定而回復爲產地標示

標示之性質爲何原則上依交易觀點定之，但例外情形則因法律規定或國際協定使一度轉爲純性質陳述或種類名稱之標示，無論消費者之了解爲何，再度回復爲產地標示。以德國爲例，其1909年 4 月 7 日之葡萄酒法（Weingesetz）§6 卽規定有關葡萄酒之產地標示不可再做爲種類名稱使用。換言之，已轉爲種類名稱者則應回復其原始之地理意義，而尙未生意義轉換之產地標示，日後亦不可以之爲種類名稱而使用。德國之所以對葡萄酒之標示有此特別規定，一方面係因葡萄酒之特色、品質往往與產地之天然環境（土地、陽光、氣候）有密不可分之關係，另一方面則因基於葡萄酒商之強大經濟壓力所設。

除前述內國法之規定可使一度成爲純性質陳述或種類名稱之標示回復其原始之地理意義外，國際之雙邊或多邊條約亦可達相同效果，茲以"Champagne" 及 "Cognac" 標示爲例：Champagne 及 Cognac 皆

注一一二　若系爭標示地之製造者將該標示使用於商品上，縱部分消費者將其視爲種類名稱，就商品產地亦不受詐欺，蓋其根本不在乎商品源自何地。

注一一三　BGH 於 Kölnisch Wasser 案中，曾表示若大衆對產地標示尙有品質期待時，則應爲利益權衡，以免消費者對商品品質之期待係因特別強之標準而落空，參 GRUR 1965 S. 319。但其似僅限於所謂「合格的產地標示」始可減輕要件。

爲法國之地名,但在德國卻已長期被消費大眾視爲係香檳酒（Schaum-wein）及白蘭地酒（Branntwein）的種類名稱。 法國爲維護其產地標示之固有經濟價值逐力謀與德達成協議,希冀該二標示不可做爲種類名稱使用,但遭德香檳酒及白蘭地酒製造商之強力反對而遲遲未獲結果,直至1919年之凡爾賽和約（der Versailler Friedensvertrags）§275中, 法國之目的始達。 自此之後, "Champagne" 及 "Cognac" 在德國亦回復爲產地標示,德國之香檳酒及白蘭地酒製造商只可使用 "Sekt"及 "Weinbrand"(注一一四)。

3.再地名化附加（relokalisierenden Zusätzen）之使用

一已轉爲種類名稱之產地標示欲再回復 其原始 之地理 意義並非易事, 尤其爲顧及法律安定性之故, 實務可能爲更嚴格之要求已如前述。但定居所標示地區之製造者爲與他地生產之商品區別, 其可在原標示前後附加某些特殊文字, 而使其又明確指稱商品之產地, 此即爲學說上所稱之「再地名化附加」(relokalisierenden Zusätze）。某些特別文字之使用會使消費者再度將系爭標示賦予其原始地理意義, 如:「純正」、「正宗」、「原」、"Echt"、"Original"、"Ur"、"Alt" 等, 亦即此類文字之附加使用, 可使已轉爲種類名稱之標示再地名化而表彰出商品之產地。當然, 是否可使系爭標示生再地名化之效果仍取決於交易觀點。

德國實務承認此種再地名化附加之使用已有很長一段時 期, 早 在

注一一四 Wasserman 認 §275 爲產地標示法律統一之一步, 參氏著, *Die Behandlung des unlauteren Wettbewerbs im Friedensvertrag.* S. 117; Moser von Filseck 則認由此可知「人們高估製造者因此禁止（禁其爲種類名稱）所受經濟上之困難。因無人可主張在 Weinbrand 及 Sekt 標示下, 其品質即會變差。相反的, 此反而可有效促進德國驗證標章。見氏著, Der Schutz geographische Herkunftsangaben als internationale Aufgabe, *MA 1955* S. 191ff.

1907年,RG卽已肯定在交易中喪失其地理意義而轉爲純性質陳述或種類名稱之地點標示,可透過附加之表示而使其再成爲產地標示(注一一五)。BGH 亦仍維持 RG 之見解,承認再地名化附加使用之效果(注一一六)。因此, "Echter Steinhäger" 標示依交易觀點係指源自 Steinhang 之飲料; "Echter" 或 "Original Nordhäuser Kautabak" 則指其源自 Nordhausen; 而只有科隆之製造者始可將其生產之香水稱爲 "Das echte Eau de Cologne"、"Alt kölnisch Wasses"或 "Urkölsch"、"Echt kölnisch Wasser"。事實上可發揮再地名化效果之附加不限文字,凡可使消費者有產地聯想之非文字敍述亦有可能使已轉爲種類名稱之標示回復原始之地理意義。例: 在 "Kölnisch Wasser" 之標籤上另附有科隆大教堂 (kölner Dom) 之圖片,可再發揮產地標示之功能,若該產品非在 Köln 所製, 則有詐欺消費者之虞。

此種使一度淪爲種類名稱之產地標示再回復其原始意義之附加陳述, 主要仍取決於消費大眾之了解。而德國實務就此認爲只要消費者中「非不顯著之部分」(nicht unerheblicher Teil)將連同該附加之標示視爲表彰商品之地理來源卽爲已足。反之, 若無此類附加, 欲使純性質陳述或種類名稱再回復其原始地理意義, 德國實務係要求絕大多數之消費者又將該標示視爲產地標示始生意義轉換已如前述。可知, 有無此類再地名化附名,於德國頗具法律上之區別實益, 同時, 藉此亦可使定居標示地之製造者在其「產地標示」上所享之經濟價值, 不致因實務對產地標示意義回復採相當嚴格之要求而完全喪失。

注一一五　RG 1907.1.29. Urteil "Havana", 參 MuW VIII S. 12ff.
注一一六　BGH 1956.10.23. "Steinhäger", a.a.O., 1965.5.3. "echtskai", GRUR 1963 S. 537ff; 1964.12.9. "Kölnisch Wasser", a.a.O..
注一一七　LG Köln 1953.12.9., GRUR 1954. S. 210f.

第四項 小 結

由於某標示是否爲適格之產地標示，原則上應依交易觀點而定，故必須依個案之具體情形始能確定標示之性質，而交易觀點之探知尤爲重要，因此，具公信力之意見調查機構的建立及科學化之數據分析實爲加強保護產地標示的要務，當然亦有待學說與判決於理論與實務間之相互配合始能克竟全功。而我國向來漠視產地標示保護之重要性，遑論正確探知消費者觀點，唯近年來消費者保護意識日益高漲，我國又係極度依賴經貿利益之國家，實有必要加強產地標示之保護。外國學說，實務多以交易觀點判定是否爲產地標示之標準，並由學理上對類似之觀念予以釐清，深值我國師法。爲求概念之明確，茲將前述易與適格產地標示混淆之類型列表比較於後：

	指稱特定地區		產品與該地區相連結
	文義觀點	交易觀點	交易觀點
商品名	×	×	×
「僞裝」之產地標示	V	×	×
狹義種類名稱	V	V	×
性質陳述	V	V	×
幻想性標示	未必	未必	×
企業來源標示 (具地理形式)	V	V	連結特定企業
與人連結之來源標示	V	V	連結多數製造者

第二節　特別保護要件

　　產地標示相關之法律保護，除須符前述之一般保護要件，卽確屬一
適格之產地標示外，各國立法例採行之保護措施未必一致，保護之要件
亦有異，爲與前述一般保護要件加以區別，稱此其他之要件爲特別保護
要件，而對此類特別保護要件之探討則擬另以專章分析各國相關之法規
時再詳加論述，於此暫略之。

第四章　各國有關產地標示保護之相關法規

各國對產地標示之保護程度間或有別，不過，產地標示之使用大抵可歸納出二原則，卽眞實標示與自由使用，因此本書亦擬由此方向將各國立法例（英、美、歐陸、日）予以分析比較，明其優劣以爲我國之參考，至於國際保護之部分則留待後述，於茲不贅。以下主要將各國對產地標示之保護分二部分探討：①虛僞不實產地標示之禁止；②可否將產地標示註冊爲商標而獨占使用。

第一節　虛僞不實產地標示之禁止

產地標示具經濟價值，除可表彰商品之產地外，特定商品著名之產地標示尚能發揮品質暗示之功能以達促銷商品之目的。因此，若系爭商品所標示之產地與實際之地理來源不符，不僅將使消費者受詐欺，影響其是否購買系爭商品之決定；同時亦使販賣同類商品之競爭者，尤其是被不實標示地之製造商其經濟利益因而受損。職是之故，各國立法例大多明文制止不實之產地標示，或見於一般民法或刑法之規定中，或置於不正競爭法中，甚或涉及爲數衆多之行政法規，所負之法律責任亦不盡相同，以下則予以類型化分述之。

第一項　民事責任

　　對產地標示最重要、最核心之法律保護卽是禁止不實之標示。許多國家皆將之列爲不實廣告的類型之一，而將之視爲不正競爭之行爲加以規制，就民事責任而言，設有不正競爭法之國家，如：德、義、瑞士、日、我國，多於不正競爭法中列有相關規定；而未對不正競爭設有特別法加以規範之國家，則多以法律之一般原則，尤其係以侵權行爲規制不正競爭之行爲，如：法、英、荷等（**注一**）。故各國對不實產地標示制止之民事法律依據不盡相同，但大多可見諸不正競爭法或一般民法之相關規定中，各國立法例則詳見後述。

第一款　英　國

　　英國就產地標示之保護一如其他領域般，可見諸普通法、成文法及共同體法（community　law），就此只論述前二者，共同體法則留待國際保護中析述之。近年來，英國漸重視產地標示商業之重要性，故在成文法及普通法上均對之加強保護，特重虛僞標示之防止以維護消費者權益，實務上亦出現不少成功制止產地標示不實濫用的訴訟。就虛僞標示產地之民事責任部分，主要仍以普通法爲據（**注二**），且其發展對英

注　一：設有專法以規制不正競爭之國家，並非全然排除其民法中侵權行爲之相關規定的適用，仍可爲補充之規定，卽特別法優於普通法，就此詳見後述。

注　二：不過，實務上於判定產地標示是否虛僞不實，仍應注意有無特別法之規定。例："Devon"用於牛奶，除須產於 Devon 地外，尚須含至少 4％之脂肪始可，參Robin Jacob, The Protection of Geographical Indications of Origin in the United Kingdom，收錄於 Herman Cohen Jehoram, *Protection of Geographic Denominations of Goods and Services*, p.142, pp.147-148。

美法系之國家影響甚深，故有必要深入分析之。

1.法律依據暨構成要件分析

英國就不正競爭之規制向來並未設有所謂的不正競爭法（Law of unfair competition）（注三），但實務上則由普通法之侵權行為中發展出制止不正競爭之法則（注四），其中最主要的即屬 passing off（矇混），由於 passing off 被不斷發展、擴張之結果，實際上幾乎所有產地標示之濫用皆可涵蓋於內。基本上 passing off 之侵權係指虛偽表示商品或服務為他人之商品或服務，或表示與其有關聯，至於表示之態樣可有多種，係一開放而非閉鎖之類型。於分析 passing off 侵權構成要件前，擬先略述其沿革，期能有較深入之了解。古代即有詐欺（deceit）之侵權，其原始形式為A欺騙B，B因此而受損害，故消費者若就商品之來源受有詐欺（fraud）則有訴因。其首次之擴張是允許未受詐欺，卻因而受有損害者可起訴救濟，尤其是競爭之貿易者若可證明其顧客被被告詐欺而流失時可起訴（注五）。直至1842年於Perry v.

注　三：雖就某些不正競爭之行為，可獲普通法上之救濟，如：passing off，但仍有許多法律並未予以救濟管道，故於英國尚不能謂有所謂的不正競爭法。參John Drysdab & Michael Silverleaf, *Passing off Law and Practice*, p.3; 范建得，論公平交易法對矇混行為及商標濫權之管制——商品標識使用人之得與失，公平交易法季刊創刊號，81年10月，頁78。

注　四：學界就此偶有反對聲浪，如：Gerald Dworkin, "Unfair Competition: Is the Common Law Developing a New Tort?", 參 *EIPR,1979*, p.241。

注　五　參1838年 Millington v. Fox案，參John Drysdab & Michael Silverleaf, ibid p.9。1863 年 Chancery 法院明白承認被告雖無詐欺（fraud）意圖，但原告仍獲制止令，參 Edelsten v. Edelsten (1863) 1 De GT 8 Sm 185 at 199。直到 1873 年，Fraud 不再為 Passing off 的要素之一，而成為通說，參 Singer Manufactory Co v. Wilson (1877) 3APP Cas 376 at 391。但原告欲訴求損害賠償，仍須被告明知，參 Slazenger v. Spalding (1910) 1 Ch 257。

Truefitt 案中始首度出現 "passing off" 之用語, 而奠立了現代 passing off 法之基礎（注六）。1887 年起, 實務始全面採用 passing off 之用語。十九世紀末及二十世紀初之一連串案例爲 passing off 建立了典型之類別, 直至今日其範圍仍在不斷擴張充實中。passing off 之中心思想以 Lord Halsbury LC 於 Reddaway v. Banham 案中之說明最廣爲流傳: 任何人無權將自己之商品表示爲他人之商品。 早期, 英國法院尚認 passing off 之訴乃在保護原告就其商標或商號上所享之財產權, 故爲獲救濟, 原告須證明就系爭商標或商號有獨占使用權（注七）, 晚近則明示 passing off 所保護者爲「商譽」(goodwill), 因此, 因該虛僞表示而商業受損者可依 passing off 訴求救濟, 而非由受詐欺之人起訴。又, 產地標示亦以 passing off 保護直至 1950年代末期始受重視, 因其時有商人販賣所謂 "Spanish Champagne", 而使香檳製造業者傳統之廣大市場遭受猛烈攻擊（注八）, 首先欲援用刑

注 六 見 (1842) 6 Beav 66, 於此案中 Lord Langdale MR 對 Passing off 爲一原則性之陳述, 而後廣爲所採, 玆錄於下:
A man is not to sell his own goods under the pretence that they are the goods of another man; he cannot be permitted to practise such a deception, nor to use the means which contribute to that end. He cannot therefore be allowed to use names, marks, letters, or other indicia, by which he may induce purchasers to believe that the goods which he is selling are the manufacture of another person. 當然, 此一陳述較諸現今法院所採之 passing off 範圍狹隘, 但仍不失爲現今所承認之衆多朦混類型的基礎。

注 七 參 John Drysdab & Michael Silverleaf, ibid p.8及Reddaway v. Banham (1896) AC 199 at 209, 13 RPC 218 at 228; Burberry v. JC cording ε Ltd (1809) 26 RPC 693 at 701。蓋如此始能證明財產權因此受有損害。

注 八 在此之前 Champagne 於英國係指源自法國Champagne之葡萄酒, 且係以雙重發酵法製成者, 即其屬產地標示。但若未及時遏止類似 Spanish Champagne 之使用, 則可能使其轉成普通名詞。

法以制止未能成功，但同時嘗試循passing off 救濟卻有所斬獲（注九），
Dankwerts J法官於此案中強調每一個 Champagne 工廠 (house)
皆就 Champagne 存有商譽，因此每一個工廠皆可起訴以保護其所享
有之商譽，卽基於共享之商譽亦可藉 passing off 侵權保護之，因而確
立了偽標產地亦可以 passing off 救濟之基礎。又 Spanish Cham-
pagne 對內行者固不造成矇騙，但對一般之消費大眾而言卽可能誤以
為被告之產品為 Champagne 之一種。由於 Champagne case 成功地
以 passing off 法則保護業者之商譽，其後 Sherry（注一〇）及Scotch
Whisky（注一一）之業者亦羣起傚尤，而紛紛獲得救濟（注一二）。不僅直
接產地標示可以 passing off 獲保護，間接產地標示若能符合要件亦可
訴請法院保護之，但若已轉成普通名詞則不在保護之列（注一三）。至於

注　九　Bollinger v. Costa Brava Wine Co. Ltd (1960) RPC 16,
　　　　(1961) RPC 116.

注一〇　Sherry case: 因有愈來愈多業者以Sherry指加葡萄白蘭地酒（fort-
　　　　ified wine）之普通描述之使用，如: British Sherry, Southe
　　　　African Sherry 等，而促使 Sherry 之製造者起訴以求保護，判決
　　　　指出在 "Sherry" 字眼中有由西班牙進口 Sherry 之進口商所共享之
　　　　商譽，應受保護。參 Vine Products Ltd. v. Mackenzie (1969)
　　　　RPC 1。

注一一　Scotch Whisky case: 此案值得注意者乃法官指明出口商亦受保護，
　　　　出口係眞品 Scotch Whisky，但在厄瓜多爾（Ecuador）被攙入當
　　　　地烈酒，仍標示為genuine Scotch Whisky而出售。參John Walker
　　　　& Sons Ltd. v. Henry Ost ε Co. (1970) RPC 489。

注一二　對產地標示之濫用若未及時起訴制止，可能無法獲得保護，已如前述，
　　　　美國實務就此亦不例外。參Balmer v. Bollinger (1978) RPC 79。
　　　　被告販賣以梨（pear）所製雙重發酵之飲料而帶有軟木塞皇冠之小瓶
　　　　蓋，以 Babycham 為商標，且描述其產品為"genuine champagne
　　　　perry"，上訴法院以二比一推翻原判決認其不構成 passing off，因為
　　　　雖其有意模仿champagne，但已二十年，無法證明實際造成矇騙（混）。

注一三　英國法院就降為普通名詞並未發展出精確之標準，且一旦轉為普通名詞，
　　　　除非依法律，否則幾不可能恢復其原始性質。

若僅是比較地使用某產地標示: 如 "similar to …", 或爲適當之附加陳述, 因並未欺騙消費者系爭商品爲眞品, 故原則上並不造成矇混。不過, 英國法院就此仍依具體個案以斷, 因爲一如 Macnaghton 法官所言: "thirsty folk want beer, not explanation".

Diplock 法官於Advocaat case 中（注一四）確立了 passing off 訴訟之五要件, 即①虛僞表示; ②商人在商業行爲中所爲; ③該虛僞陳述對其所提供之商品或服務可預見之顧客或最終之消費者所爲; ④將可預見造成他人營業或商譽之侵害; ⑤該他人之 營業或商譽因此受有損害。而英國學者一般則將之簡化爲三要件; ①原告享有聲譽 （reputation）; ②被告之虛僞陳述; ③原告受有損害或有受損害之虞（注一五）, 茲將此三要件略述如下:

(1) 原告享有聲譽

原告提起 passing off 訴訟首要證明者卽其商品或服務享有聲譽, 蓋如此始會因被告之行爲而使消費者聯想至原告致受混淆。而所謂聲譽, 簡言之, 卽指知名度而言。若商品在外國製造或由外國進口, 則原告就系爭商品是否享有聲譽仍以內 （英） 國爲判斷。又, 因英國法院承認可基於共享之聲譽而起訴, 卽表示共享之信譽亦在 passing off

---

注一四　參 Warnink v. Towned 案, (1979) AC 731; 五要件如下: (1)a misrepresentation, (2) made by a trader in the course of trade, (3)to prospective customers of his or ultimate consumers of goods or services supplied by him, (4)which is calculated to injure the business or goodwill of another trader (in the sense that this is a reasonably foreseeable consequence) and(5)which causes actual damage to a business or goodwill of the trader by whom the action is brought or (in a quiatimed action) will probably do so, 見John Drysdale & Michael Silverleaf, ibid, pp.15-16。

注一五　參 John Drysdale & Michael Silverleaf, ibid p.19。

訴訟保護之列，故產地標示之濫用亦可循此救濟。

　　(2) 被告虛僞陳述致消費者受混淆或有混淆之虞

　　於此須認定被告之虛僞陳述是否造成消費者混淆之虞，而消費者係指原告的顧客或商品之最終消費者，同時具體個案中消費者之消費型態亦屬判別其是否因被告虛僞陳述而有受混淆可能的重要關鍵。譬如：某些商品消費者習慣在自助商店中購買，而其在架上選取商品時並不會特別注意該商品有何異狀，因此，只要外觀近似即可能構成混淆；另如摩托車、電器等商品，消費者於選購時則會較爲謹愼，因此較難受混淆，甚至更極端之情形爲所有可能之消費者皆係直接與原告交易時，則消費者根本不會將源自他處之商品認係原告之商品。故消費者是否有受混淆之虞應具體判定之，而判斷標準則以「平均謹愼且具正常之視力及合理之理解力之人」爲據(注一六)。又消費者受混淆須因被告虛僞陳述所致，即二者間應具因果關係，不過並不要求所有的消費者皆因被告虛僞陳述而受混淆，只要可能購買此類商品者之重要部分 (Substantial proportion) 事實上將因此而受混淆即爲已足 (注一七)。又應特別注意者，乃 passing off 法並未如註冊之商標般設有 "honest concurrent user" 之原則，因此只要被告所爲造成混淆或矇騙，則不可再繼續使用相關陳述。

　　(3) 原告受有損害或有受損害之虞

　　在 passing off 訴訟中，原告欲訴求法院予以救濟尚應證明因被告侵害其商譽而受有損害或有受損害之虞。若原告與被告販賣同類商品，

注一六　"the person to be considered is the average prudent person with proper eyesight and reasonable apprehension"，此乃於 Hansells (NZ) Ltd v. Baillie案中，由Haslam J所提出標準，見 (1967) NZLR 744 at 783。

注一七　Per Lord Maugham in Saville Perfumery Ltd v. June Perfect Ltd (1941) 58 RPC 147 at 175, HC。

亦卽具有競爭關係時往往易證明原告因被告之矇混而受有損害或有受損害之虞; 反之, 若原告與被告所販賣之商品並非同種類時, 則通常可能被認爲原告並無受損害之虞(注一八)。就此, 法院發展出幾種判斷標準, a: 相同活動範圍說 (the test of common field of activity) (注一九), 卽原、被告之營業爲相同活動範圍時, 原告商譽始有受侵害而遭受損害之可能, 此說失諸過嚴而廣受批評(注二〇)。b: 重疊活動說 (the test of overlapping activities), 此與前說類似, 但稍放寬, 只要原被告之活動重疊或將來可能重疊卽可, 不過此一標準僅少數案例探之, 並未成爲通說(注二一)。c: 聯想說 (the test of association or connection), 此說認被告之虛僞陳述若會被消費者聯想或連結至原告, 則原告商譽受侵害。因此說較爲合理故爲多數案例所探, 不過, 仍有少數情形法院並未依聯想說爲判斷, 而直接認定原告之商譽是否受損或有受損害之虞(注二二)。

2.請求權主體

passing off 訴訟旣爲保護商譽而設, 則消費者並非適格之當事人, 原則上應以商品表彰商譽之所有人或共有人爲原告始適格。

注一八 因此, 英學者 Kerly 主張原被告間須具有競爭關係, 見 Kerly, *On Trade Marks 8th edition by R. G. Lloyd*, London 1960, p.340。但亦有異說, 認不以存有競爭關係爲要件, 見Norman Marsh, Unlauterer Wettbewerb und englisches Recht, *GRUR Int. 1964*, 493ff, S.498。

注一九 此乃 Wynne-Parry J 在 Mc Culloch v. Lewis A May Ltd 案中所提出, 見 (1947) 1 All ER 845, 65 RPC 58。

注二〇 參 Henderson v. Radio Corp. Pty 案中, Mauning J 之批評, (1969) RPC 218。

注二一 參 Eastman Photographic Materials Co Ltd v. John Griffiths Cycle Corp. Ltd, (1898) 15 RPC 105。

注二二 Unitex Ltd v. Union Texturing Co, (1973) RPC 119; String fellow v. Mc Foods (GB) Ltd, (1984) RPC 501。

3.救濟方法

A. 制止令 (injunction)

制止令乃法院用以制止產地標示虛僞使用最有效的方法，而其中於實務上最重要者爲暫時性之制止令（interlocutary injunction）（注二三），原告欲於判決確定前獲此項暫時之救濟須顯示出其需求迅速救濟之急迫性，即原告須證明系爭案件乃涉及一重大問題(serious question to be tried)（注二四）。

B. 損害賠償

若原告商譽因被告虛僞陳述而受侵害且能證明其所受之損害時，則原告可請求損害賠償。不過，在僞標產地之情形，原告較難證明其所受之損害額度進而請求賠償。在最近之 "Elderflower Champagne" 案例中，被告製造一種不含酒精而冒泡之飲料，名之爲 "Elderflower Champagne"，且其和法國香檳酒瓶之大小、形狀、顏色均類似。原告訴請損害賠償，法院認此案例被告確爲虛僞陳述並致消費者有受混淆之虞，且原告確就系爭商品享有聲譽，因而准予制止令之請求（注二五），但卻未能證明原告之銷售有任何實際上之損失，旣未證明受有實際上之損害，則其訴求被告賠償損害應無理由（注二六）。

注二三　除可獲得保護外，其尙可因而節省許多因訴訟而支出之時間及費用，參 Robin Jacob, ibid p.141。

注二四　此乃 American Cyanamid Co v. Ethicon Ltd 案中所提出，參 (1975) AC 396, (1975) RPC 513。詳細要件及分析，請參 John Drysdab & Michael Silverleaf, ibid pp.88-101。

注二五　參英高等法院 1992.4.15.判決。不過此判決雖准予原告制止令，卻認被告並未構成一有效的虛僞陳述，此遭學者批評，蓋虛僞陳述乃passing off之核心，若未構成虛僞陳述，又怎可准予制止令，參 EIPR 1992, pp.185-186。

注二六　參英國高等法院 1993.1.29 判決，見 EIPR 1993 pp.116-118，學者對此判決亦有所批評，認法院未充分論述著名標章被沖淡之理論，以資適用。參 Fiona Russell, The Elderflower Champagne Case: Is this a Further Expansion of the Tort of Passing Off? *EIPR 1993*, pp.379-381。

第二款 美　　國

美國乃一崇尚自由競爭之國家，故規範美國經濟之法律其基本目標即為促進與鼓勵自由競爭。因此於 1890 年，美國卽已頒行反托辣斯法（Antitrust law）以確保市場之自由競爭，但卻無取締不正競爭之聯邦法律。

至1914年為因應實際需要，遂制定聯邦貿易委員會法(The Federal Trade Commission Act)，其中第五條規定：「商業上不公平之競爭方法視為非法。」始明白揭櫫不正競爭應予制止之基本法則。其後並擴張FTC之職權，美國國會於1938年通過「魏勒斯 —— 李FTC法修正案」(Wheeles-Lea Amendents to the Federal Trade Commission Act in 1938)，將原第五條之範圍予以擴充(注二七)。而美國法院亦早已於眾多之判決中推衍出不正競爭之觀念，對違反善良風俗及商務上誠實之行為加以制止。又鑒於美國加入國際條約負有制止不正競爭行為之義務，於 1946 年制定聯邦商標法（卽蘭哈姆法案 Lanham Act）之際設有相關規定（§43、§44），自此，該法成為制止不正競爭之聯邦法律依據。並於1988年修正蘭哈姆法案時擴大不正競爭適用之範圍，以應實際之需要(注二八)。綜上所述，就商品產地之不實標示，於美國不僅可依普通法（common law）予以救濟，尚可依成文法中有關不正競爭之法規予以制止。以下則將相關法律規定之構成要件詳加分

注二七　現行 FTC Act§5 卽為修正後之條文，詳見後述。有關 FTC 職權之擴張，詳參羅傳賢，從程序保障觀點比較中美消費者保護行政法制，收錄於經社法制論叢，第五期，行政院經建會健全經社法規工作小組，79年1月，頁184。朱鈺洋，虛偽不實廣告與公平交易法，1993初版，頁53-54。

注二八　§43 之修正詳見後述，可參曾陳明汝，美國商標制度之研究——兼論其新變革，1992修訂新版，頁194-195。

析如後:

1.法律依據暨構成要件分析

(1) 普通法 (common law)

美國普通法就地理名稱之不實使用，早期如英國般，亦以passing off 訴訟為主，不過現已逐漸就不正競爭自成一格，但仍深受英國之影響自不待言。現美國普通法認商品產地之不實標示屬不正競爭中不實廣告 (false advertising) 類型之一，受害之競爭者可提起民事訴訟以求救濟（注二九）。但相較於普通法早已承認受詐欺之消費者 (defrauded consumer) 可因被告之不實表示 (misrepresentation) 而起訴，受害之競爭者因不實廣告欲起訴尋求法院之救濟則顯得較為困難。此係肇因於普通法對不實廣告之救濟，傳統上要求成為原告之競爭者須證明其所受損害與被告之行為具因果關係，而除非原告乃被虛偽表示商品之「單一來源」 (single source)，否則不可能證明原告之財產權因此受有損害（注三〇）。蓋唯有在原告乃商品之單一來源情形下，其始可證明若非此不實廣告，消費者原係欲向原告購買。亦即，原則上只有享有專利、商標、著作權商品之販賣商及其獨家授權之經銷商始為單一來源。另，在僅有兩個公司之市場，原告亦例外始可證明其顧客流失所受之損害乃被告不實廣告所致。而實務上亦認競爭者不可以消費者之「代理復仇者」(Vicarious Avenger)自居，以避其財產權受損害之證明（注三一）。

注二九 參 J. Thomas McCarthy, United States Law of Geographic Denominations, 收錄於 Herman Cohen Jehoram, ibid, pp. 160-161。

注三〇 參 California Apparel Creaters v. Wieder of California (1947 CA 2) 162F. 2d 893。法院認因為原告並不代表加州之所有 apparel dealers，故其無法證明交易之流失，係因 New York 交易商之被告不實標示其商品為 "California" 之故。

注三一 American Washboard Co. v. Saginaw Mfg. Co. (1990, CA6) 103F 281，但若過於嚴格，恐使不實廣告無法有效制止，故近年來，法院較為寬鬆。參 J. Thomas McCarthy, ibid, §27:1, pp. 242-243。

綜上可知，競爭者欲以普通法上不實廣告尋求救濟較爲困難，而地理來源之不實表示性質上原告（競爭者）並非商品之單一來源，故更難以普通法獲救濟。不過，例外於不實廣告其商品與某地理區域聞名之特產有關時，曾有允許與該地區有關之競爭者可起訴禁止不實廣告之例（**注三二**）。

普通法關於不實廣告之救濟包括制止令(injunction)及損害賠償。至於競爭者以普通法訴求救濟，因證明損害困難，故應允許被不實標示地理區域之製造商可利用集團訴訟 (class action) 以資因應，則原告證明集體所受之損害後，至少可獲制止令，或許亦可回復被告因此所受利益之賠償（**注三三**）。

(2) 成文法

A. 州法

1970 年美國十四個州制定「統一虛僞貿易實行法案」 (the Uniform Deceptive Trade Practices Art簡稱 UDTPA)，對詐欺之商業行爲予以制止，包括引人錯誤之廣告（**注三四**）。此法並明文承認因他人詐欺之貿易行爲有受損害之虞者可訴求制止令。不過未正式承認受詐欺之消費者可個別訴求制止令，此法亦未允許損害回復之救濟。其餘未施行 UDTPA 之州，亦設有州法制止不實廣告，例如: 加州之商業暨職業法典 (Business and Professions Code) §17500及民法典(Civil

---

注三二 參 J. Thomas McCarthy, ibid, 27:1, pp. 245-246 及 Dole, Deceptive Advertising as a Group Tort, *62 Northwestern Law Rev. 661* (1967)。

注三三 但此時賠償之分配乃一問題，參 Comment, Manageability of Notice and Damage Calculations in Consumer Class Actions (1971) *70 Mich LR*。

注三四 參 UDTPA§§2(a)(1)~2(a)(12); J Thomas McCarthy, ibid, chap. 27. False Advertising, §27:10, pp. 259-260。

Code) §1770 (d) 即設有明文(**注三五**)。某些情形，亦可由某一消費者
代表所有因此受損害之消費者提集團訴訟以尋求救濟(**注三六**)。

　　B. 聯邦法

　　可最有效防止產地虛僞標示之個人救濟的成文法依據爲1946年之蘭
哈姆法案 (Lanham Act) §43 (a) 之規定。其禁止對來源爲虛僞標
示及虛僞描述，於1988年11月16日更爲較大幅度之修正，擴大其適用範
圍。將實務中向以§43(a) 限制不正競爭之態樣歸納爲二類，明定於條
文中，一爲就商品或服務之提供主體造成混淆、誤認、詐欺之虞的行
爲；另一則係就商品或服務之地理來源等爲不實廣告之行爲。美國實務
上有許多案例皆以§43 (a) 制止產地標示虛僞不實或引人錯誤之使用，
如：不在蘇格蘭之製酒商卻以 "Scotch Whisky" 販賣，曾被認違反
§43 (a) (**注三七**)。首應說明者爲此條款雖置於商標法中，但並非只保
護取得聯邦商標權之商標或商標權人；又，其乃基於美國憲法 §8 (8)
「商務條款」(commerce clause) 而設，故要求被告之行爲對美國
之州際或外貿有所影響，而只要造成州際或外貿實質之影響即可，縱令
其僅爲某州內之活動亦無礙。又，§43 (a) 原則上僅就積極之虛僞不實
或引人錯誤表示加以規制，至於消極未揭露相關之事實則未包括在內。
而只要係產地之僞標即爲已足，並不僅以文字爲限，亦即直接或間接產
地標示皆在保護之列 (**注三八**)。是否爲虛僞或引人錯誤之標示則取決於

注三五　參 California Business and Professions Code §17500 規定：
　　　　　企業若對其所銷售之商品爲不實或引人錯誤之陳述，即爲不法。Cali-
　　　　　fornia Civil Code §1770 (d) 則規定虛僞不實之地理來源 (產地標
　　　　　示) 的使用爲不法。

注三六　See, Vasquez v. Superior Court (1971) 4 Cal 3d 800。

注三七　參 Scotch Whiskey Association v. Barton Distilling Co.
　　　　　(1971 DC I11) 170 USPQ 455 modified 489F. 2d 809。

注三八　John Wright Inc. v. Casper Corp. (1976 ED Pa) 419F. Supp
　　　　　292, 191 USPQ 369，被告使消費者有系爭商品在美國製造之印象，但
　　　　　實係在臺灣生產。

具公信力之消費者意見調查。

由 §43 (a) 文義觀之，「凡信其有受損害之虞者」 (any person who believes that he or she is likely to be damaged) 卽可提起民事訴訟以求救濟，實務上則認必須證明有受損害之眞正可能時始可起訴(注三九)。而因此一般咸認 Lanham Act §43(a) 排除了如普通法般要求原告證明其乃被不實標示商品之 「單一來源」 (注四○)， 故就虛僞不實之產地標示欲尋求民事救濟，以 §43(a) 爲法律依據將較之普通法依侵權行爲之法理易達目的。且由文義觀之並不以被告之直接競爭者爲限，只要有受損害之虞的競爭者皆有權起訴。而爲證明原告有受損害之虞，其須證明有實質數目之消費者將因此不實標示而受誤導或有受誤導之虞。因消費者對商品來源有混淆之可能往往可藉以證明原告有受損害之虞，故 §43(a) 於實務之應用上則採類似於聯邦及普通法商標侵害時「混淆可能」(Likelihood of confusion)之判斷標準(注四一)。另，有爭論之問題爲個別受損害之消費者，可否依 §43(a) 起訴以謀救濟？單就文義觀之 ("every person") 應採肯定見解，但實務向持否定見解，以防濫訴使聯邦法院負擔過重(注四二)。 不過，就此曾遭致學者批評(注四三)。

滿足 §43(a) 之構成要件可訴求民事法院予以救濟， 救濟方法有

注三九　D & M Antique Import Co. v. Royal Saxe Corp. (1970 DC NY) 311F Supp 1261。

注四○　參 Herman Cohen Jehoram, ibid, p. 162; J Thomas McCarthy, ibid, chap 27 False Advertising, §27:4, pp. 247-249。

注四一　參 Herman Cohen Jehoram, ibid, p. 112。

注四二　Colligan v. Activities Club of New York, Ltd (1971, CA 2) 442 F2d 686。

注四三　參 J Thomas McCarthy, ibid, chap 27, §27:5, p. 249。認實務之裁判有違 §43 (a) 之立法目的及文義解釋之明確性。

二，即制止令與損害賠償。但實務對此二救濟方法，有寬嚴不同之要求，
爲獲制止令，一如前述原告僅須證明有受損害之虞，而毋庸證明購買者
實際受欺騙，亦毋庸證明購買者之轉向實際造成原告之損害（注四四）；
反之，競爭者爲獲損害賠償則例外須證明受損害之事實。例如：必須證
明顧客據以決定購買之實質因素（material element）受到詐欺，所
謂「實質因素」乃指多數消費者列爲購買決定之事項。例如：若商品之
產地對消費者而言並不重要；則並無造成損害。然而實務上通常假定美
國多數之消費者較愛用國貨，因此外國所製之商品虛僞標示其產地爲美
國，對消費者購買之決定即屬實質因素（注四五）。不過，原告所遭受之
損害應不僅止於顧客之流失，尚包含商譽之受損及聲譽之沖淡。由此可
知，制止令之救濟可保護競爭者與消費者免受不實廣告之繼續侵害，至
於損害賠償之請求則僅保護受害之競爭者。

　　另美國聯邦貿易委員會法（The Federal Trade Commission
Act）第五條亦明文規定商業上或影響商業上不公平之競爭方法及不公
平或欺罔之行爲與慣行爲不法，藉此法之授權，聯邦貿易委員會（FTC）
可禁止虛僞不實或引人錯誤之產地標示，例：美國之香水製造商由法國
輸入香精而和美國之酒精混合製成香水，而以法國三色旗及法文標示系
爭商品，而附加上 "Perfume Essence-Compounded in France"
之說明，即被禁止（注四六）；在非古巴所製之雪茄標示 Havana 亦被禁

注四四　Ames Publishing Co. v. Walker-Davis Publications Inc.
　　　　(1974 DC Pa) 372F Supp。
注四五　John Wright Inc. v. Casper Corp (1976 ED Pa) 419F Supp
　　　　292, 191 USPQ 369; Singer Mfg. Co. v. Birginal-Bigsby
　　　　Corp. (1963 CCPA) 319F, 2d 273。見 15USC 45 (a) (1) "Unfair
　　　　methods of competiting in or affecting commerce, and
　　　　unfair or deceptive acts or practices in or affecting co-
　　　　mmerce, are declared unlawful"。
注四六　Harsum Distributors Inc. v. Federal Trade Commission
　　　　(1959 CA 2) 263F. 2d 396 其附加 Perfume Essence-Compou-
　　　　nded in France 被認只對專家有意義，即 essence 與 perfume
　　　　之不同。

止(注四七)。與蘭哈姆法案§43(a) 相較，聯邦貿易委員會法所規制之不
正競爭行為因較抽象，故範圍較廣，但FTC聲稱其執行係採逐案(case-
by-case) 之判斷方式，故仍應於具體個案中判定。

又依聯邦貿易委員會法尋求救濟，只有聯邦貿易委員會有權據以制
止該等行為，私人無法以違反聯邦貿易委員會法提起訴訟。聯邦貿易委
員會可請求法院發初步制止令 (preliminary injunction) (注四八)及
對受損害之消費者或競爭者之金錢損害賠償（注四九），某些情形中尚可
請求民事之懲罰 (civil penalty) (注五○)。

以上係美國法律中對虛偽不實產地標示所設之民事救濟，消費者、
競爭者、FTC 分別可依不同之法律依據制止不實之產地標示或請求賠
償因此所受之損害。但援引此等法律規制不實產地標示必以該地理名稱
之使用被評價為產地標示始可，就適格產地標示之判定已見前述，原則
上美國亦以交易觀點為據，但就酒類（葡萄酒及蒸餾之烈酒）（注五一）
及乳酪則設有特別規定。就酒類方面，國會授權財政部設立「葡萄酒鑑
別標準」(Standards of Identity of Wine) ，故由 "BATF" (the
United States Bureau of Alcohol, Tobacco and Firearms)

注四七　E1 Moro Cigar Co. v. Federal Trade Commission (1939 CA
　　　　4) 107F. 2d 429 類似案例 Edward F. Paul & Co. v. Federal
　　　　Trade Commission (1948 CA DC) 169F. 2d 294 (日本瓷器之進
　　　　口商表示其乃源自英國)。

注四八　參 15USC 53 (b)。

注四九　參 15USC 57 (b)。

注五○　參 15USC 45 (m) (1)。

注五一　美國就葡萄酒方面有關地名之使用與他國迥異，參 Lenzen, A Study
　　　　of Denomination of Origin in French and American Wine-
　　　　Labeling Law, *Trademark Reporter Vol. 58*, p. 145 以下
　　　　(1968); Benson, The Generic Problem: Wine Briefs, 見
　　　　American Bar Association Journal 1976, p. 129 以下。

依Code of Federal Regulations (CFR) 二十七篇之規定主管含酒精飲料及葡萄酒地名之使用。其將酒類地理名稱之使用分為三大類：一類為普通名詞之標示，即美國之酒品製造商可自由使用之，並不涉及任何產地標示，如："Vermouth" 及 "Sake"(注五二)；另一類則為地理來源之標示，即以之為產地標示使用，故僅可用於實際產於所標示地區之酒品上，此類標示有：Bordeaux, Rouge, Graves, Medoc, Rhone, Margaux, Nuits-St. Georges, An-jou, Mosel 等(注五三)；介於此二類標示間尚有另一類「半普通名詞」(semi-generic terms) 之標示，此類地理名稱之使用並不限於所標示地區酒品之生產者，他地區製造者只要清楚揭示其真正之產地，且符合此類標示之品質標準即可自由使用(注五四)。屬半普通名詞之地名有：Burgundy, Claret, Chablis, Champagne, Chianti, Maderia, Port, Sauterne, Sherry 及 Tokay 等(注五五)。故加州之香檳酒可標示為 "California Champagne"。至於酒類產地之認定，CFR 亦設有標準，即須符以下三要件：①至少有75％係由所標示地生長之水果或農產品所製成；②完全在所標示地之州內製造並完成；③符合該地為其本地消費者所設之酒類成分、製造方法及名稱之法規(注五六)。依③，則若 Spanish Burgundy 之使用在西班

注五二　27 CFR 4.24(a)(2)。

注五三　27 CFR 4.24 (c) (3)、(4)。

注五四　若於 Standards of Identity of Wine 中設有品質標準，則從此標準，若無之，則依交易觀點之期待為準。參 Lee Bendekgey & Caroline H. Mead, International Protection of Appellations of Origin and Other Geographic Indications, *TMR, Vol. 82*, p. 779.。

注五五　參 27CFR 4.24 (b) (2)，另就 Champagne 請參 Knoll, Federal Regulation of the Term "Champagne", *TMR Vol. 60*, p. 258f (1970)。

注五六　27 CFR 4.25 (a)。

牙被認爲非法，則如此標示之酒品不准在美國販賣，另對 Brandy 及 Whiskey 之使用亦設有特別規定，Brandy 可用於美國所產之符合某些標準的烈酒，但 Cognac 則只可用於在法國 Cognac 區蒸餾而成的白蘭地上（注五七）。又 Scotch Whiskey, Irish Whiskey 及 Canadian Whiskey 只可用於相關國家所生產之威士忌酒上，卽其爲產地標示（注五八）。

第三款 歐陸國家

第一目 德 國

德國於十九世紀末開始注意產地標示之保護，1896年5月27日之不正競爭防止法 (Gesetz gegen den unlauteren Wettbewerb, 下簡稱 UWG) 中卽設有相關規定以制止產地標示虛僞不實之使用，雖其後迭有修正，但仍爲產地標示之保護奠立基礎。1930年代起德國針對特定種類之商品（多爲食品及飲料）設立爲數眾多之特別規定，以期能更充分保護此類商品之產地標示。不過此類特別規定主要涉及刑事責任，於民事責任之部分主要之保護規範仍係不正競爭法，故民事責任部分之論述仍以一般法規之分析爲重心。

1.法律依據暨構成要件分析

對產地標示防虛僞不實使用最重要之保護卽屬 §3UWG，涉及引人錯誤表示之禁止。於進一步分析其構成要件之前，先略述其沿革，早在

注五七　27 CFR 5.22 (d)，此乃 1970-71 美、法磋商之結果，法同意除非在美國製之 Whiskey 酒，否則不可帶有 Bourbon 及 Bourbon Whiskey，其以此交換美國同意將 Cognac, Armagnac 及 Calvados 保留給法之產品使用。See, Ladas, *Patent, Trademarks, and Related Rights* (*1975*) *Vol. 3,* sect. 865, 轉引自 Herman Cohen Jehoram, ibid, p. 180。

注五八　參 27 CFR 5.22 (b)。

1896年5月27日不正競爭法制定之初，其§1即設有類似規定，雖其條文用語上並未指明產地標示 ("Angaben über die Bezugsguelle")，但解釋上將之涵括在內，1909年6月7日則將原§1I 移至§3，而明確指明 "Angaben überden Ursprung"，此後學說、實務皆將其認係產地標示之相關規定已無疑。

依 §3UWG 之規定：「對於爲競爭目的而於營業交易中，關於營業狀況，尤其就……出產地（Ursprung）……爲引人錯誤之陳述者 (irreführende Angaben macht)，得請求其不爲該陳述。」可見構成要件之核心爲引人錯誤之產地標示，且出於競爭目的於營業交易中所爲。德國學者就此分下述四層次探討：（注五九）

(1) 適格之產地標示

就此前已爲詳盡之論述，於此不贅。

(2) 依交易觀點認標示「不正確」(unrichtig)

此係指所標示之產地非商品實際上之地理來源。確定產地標示是否不正確看似容易，但實際上則相當困難，主要係因商品產地之認定非依專家之了解而係由消費者之觀點出發所致。首先須先確定該標示所指稱地理區域之範圍，此部分大體而言不致太困難，因爲交易觀點大致與官方所定之界線相同，若有出入時，仍以交易觀點爲準。其次則須探知消費者對系爭商品來源地之了解爲何，一般而言消費者認產地係指商品之製造或形成地，至少係指商品製造過程中被賦予重要價值之地點。因此，若商品完全在某地製成或形成，決定產地並不困難，但若其製造或形成之過程涉及數地，決定其產地則非易事。雖各國關稅法之規定可能或多或少設有據以決定商品產地之標準，但此乃「客觀意義」之產地，與不正競爭法中強調由消費者觀點決定「主觀意義」之產地並不相同，

注五九　參 Tilmann, a.a.O., S. 148。

因此僅可供參考。而產地之認定爲判斷標示是否虛僞之前提，故其重要性不言可喻，有必要進一步予以分析，此部分擬於後詳述之(注六〇)。

(3) 該不實產地標示引人錯誤

欲受§3UWG 之規制，除系爭之產地標示不正確之外尚須足以引人錯誤始足。亦卽，並不要求實際上已使人發生錯誤，但至少須有此可能，卽德學者所稱 "Eignung zur Irreführung"。此由條文之形成過程中可導出，且亦爲實務所採之觀點（注六一），學者就此亦無異論（注六二）。而德國實務將詐欺門檻定爲消費大眾之10％～15％，只要有10％～15％之消費者因該不實陳述而有生錯誤之可能，卽滿足此要件。但在邊界案型仍應就具體個案爲利益權衡。大體而言，應考慮①系爭標示依專家觀點之意義；②系爭標示若爲性質陳述其時間與範圍；③使用之合法性；④自由使用需要之範圍及方式；⑤禁止相關當事人（卽製造者）使用該標示之後果；⑥對競爭之影響（注六三）。又，只要該不實之產地標示足以引人錯誤卽可，並不要求行爲人係故意詐欺交易大眾。

(4) 具競爭上重要性 (Wettbewerbliche Relevanz)

因不正競爭法主要在維護公平之競爭，§3UWG 則在防止因不實陳

注六〇　詳見本書第五章。

注六一　參 BGH, 1907.3.13., "Vertragswerkstaat" 判決, GRUR 1970 SS. 467-468: mit Anm. von Heydt, SS. 469-470; BGH 1970.5 22. "Kölsch Bier", GRUR 1970 SS. 517-519。

注六二　參 Hefermehl, Festschrift für Wilde (1970) SS. 41-47, 轉引自 Tilmann, a.a.O., p. 198 注 298; Bungeroth, Zur Festellung des irreführenden Charakters einer Angabe im Sinne von §3 UWG n.F. *GRUR 1971*, S. 93ff, Baumbach und Hefermehl, a.a.O., 14Auflage, S. 1020f。

注六三　參 Beier und Knaak, Der Schutz geographischen Herkunfts-angaben im der Europäischen Gemeinschaft, *GRUR Int. 1992* S. 415。

述之使用而歪曲競爭，即因而造成不公平之競爭。故消費者於決定是否購買某商品之際應免於被迫或被詐騙，以維競爭之公平及交易秩序。因此§3UWG之適用僅以其爲虛僞不實足以引人錯誤尚屬不足，仍應要求其以競爭上之重要方式引人錯誤始可，即其應在競爭上重要。一般而言，消費大眾選購商品之關鍵因素乃品質與價格，品質愈高而價格愈低者愈易招徠顧客，故此二因素具競爭上重要性實無疑問。而產地標示若愈具品質暗示之功能其經濟價值亦愈高，若虛僞標示此類產地則愈易被判定係具競爭上重要性。亦即，若消費大眾對來自特定國家或地區之商品特別偏好，認其品質較優良時，則此類產地之虛僞標示具競爭上重要性；反之，消費者若根本不重視該商品在何地產製，則不具重要性。但是否僅有僞標具品質功能之產地標示始具競爭上重要性，才有§3UWG之適用，在德國學界及實務上曾引發不小之爭論。早期德國學者皆認產地標示具品質暗示功能者始予保護（**注六四**），但現德國學者通說已認競爭上重要性並不以系爭產地標示具品質暗示之功能爲限，亦即§3UWG之適用不以消費者對產地標示連結品質爲必要，亦不論消費者是否因此虛僞標示而受不利益（**注六五**）。蓋法律保護產地標示不受濫用，絕非在保護消費者對該標示之偏好，而係防止他人利用消費大眾對產地標示指標功能（Wegweiserfunktion）之信賴，進而僞標產地以達操縱消費者購買決定之目的。而§3 UWG自1969年6月26日更明確刪除產地標示須「引起有利提供之印象」之構成要件，僅要求「引人錯誤之陳述」，又，同條文中除"Ursprung"外，另列有"Beschaffenheit"（性質），更可知引人錯誤之產地標示不以具有品質暗示功能者爲限。但BGH就

注六四　參 Matthiolins, a.a.O., SS. 9; 26; Bußmann, Herkunftsangabe oder Gattungsbezeichnung, *GRUR 1965* SS. 281-282 。

注六五　此乃今日之通說，參 Ulmer-Beier, a.a.O., S. 480; Tilmann, a.a.O., SS. 198-209; Baumbach und Hefermehl, a.a.O., 17 Auflage, S. 876。

此問題則長期搖擺不定，遲未有統一之見解(注六六)，縱1969年§3 UWG
修正後，實務仍有要求具品質概念之產地標示始受保護之見解(注六七)，
BGH 於 1970 年 3 年13日之 "Vertragswerkstatt" 判決中更指出 §3
UWG 之修正於實務上不具重要性，因爲引人錯誤之產地標示仍須相關
消費大眾經濟上之決定受影響，而其往往係造成消費者較有利提供之印
象。直至1971年 BGH 於 "Bocksbeutelflasche" 之判決中始採納學說
通說之見解，明白指出 §3 UWG 之適用只要相關消費大眾對商品來源
有一般的重視 (allgemeine Wertschätzung)，且此重視足以影響購
買之決定卽可。1972年 2 月18日之 "San Remo" 判決中更清楚表明 §3
UWG 之適用毋庸有特別之品質期待 (besondere Qualitätserwar-
tungen)。其後之判決亦多持此種觀點，且不僅對直接之產地標示如此，
間接產地標示亦同。爲求概念之明確以明何類引人錯誤之標示具競爭上
重要性， Tilmann 依消費者對產地標示之評價將之分爲四大類(注六
八)： (1) 消費大眾認帶有此標示之商品由於具特定品質而享有特別好的
名聲，因而產生強烈之購買誘惑； (2)消費大眾賦予其特定之性質或品質
而考慮購買； (3) 消費大眾對此類商品雖未有品質之聯想，但卻具有一
般之重視因而被吸引； (4) 消費大眾本身對此類商品並未特別重視，但
推測其可能具特別品質，否則不會特將產地標出。前二者具競爭上重要
性自不待言， 第三種情形， 依現今德國實務見解及學說通說亦認其具競

注六六　例 BGH 1957.7.17. "Roseneheimer Gummimäntel" 判決要求
　　　　具品質概念之產地標示始受保護，GRUR 1958 S. 39f。而 1963.1.
　　　　30. 之 "Hollywood Duftschaumbad" 判決則持否定見解，GRUR
　　　　1961 S. 482ff。

注六七　BGH 1970.5.22. "Kölsch-Bier"， 仍要求消費者須對 Kölsch 連結
　　　　品質概念始可，GRUR 1970 SS. 517-519。

注六八　爲求簡明，Tilmann 僅由消費大眾對商品品質之期待出發，而未討論
　　　　有利價格之期待，但亦可適用於價格之期待。參氏著，a.a.O., S. 200。

爭上重要性已如前述。現有疑問者乃最後一種情形，即消費者對帶有產地標示商品之評價出於推測（Vermutung）是否具競爭上重要性？德國專利局（DPA）在 "Schwarzwald" 裁判中即表示消費者因該產地「突出且強調」(Heraushebung und Betonung) 之標示而推斷該產品必係該地特產，購買之應屬有利，此種產地標示應受保護（注六九）。學者則認此種出於推測之產地標示具競爭上重要性應限於直接產地標示（注七〇），間接產地標示則不與焉，但亦有反對見解，認間接產地標示亦應一體適用，不應差別待遇（注七一）。Tilmann 更進一步指出 "Schwarzwald" 裁判僅係指出消費者對其存有「一般重視」之可能，蓋其使消費者認為該商品如此之宣傳並非無故，其可能係源自其不熟知但卻使商品因而受重視之地點，所以亦應試用之，因而購買此商品（注七二）。此種情形雖未必造成消費者對商品性質認識之錯誤，但已具競爭之重要性。總之，德國§3 UWG所保護之產地標示並不以具品質暗示功能者為限，只要消費大眾對其有一般之重視足以引起購買興趣，即具競爭上重要性，若其偽標而有致消費者發生錯誤之可能即可適用§3 UWG。亦即產地標示對相關消費大眾非不顯著之部分以任何方式影響（irgendwie zu beeinflussen）其選購系爭商品之考慮即應受§3 UWG規制。

2.請求權主體

依§13IUWG之規定，製造或在營業交易中提供相同或類似商品之人可行使不作為請求權；另以增進工商業利益為目的而於民事訴訟中具當事人能力之團體，亦享有不作為之請求權。又為加強對消費者之保護，於1965年增設§13 I—1，明定依章程以開導及忠告之方式保護消費

注六九　DPA 1956.11.15, GRUR 1957 S. 240ff.

注七〇　參 Ulmer-Beier, a.a.O., S. 481。

注七一　參 Baumbach und Hefermehl, a.a.O., 14 Auflage, S. 1082。

注七二　參 Tilmann, a.a.O., S. 209。

者利益爲任務之團體，若具有民事訴訟之當事人能力者亦可行使不作爲請求權。此規定之增設極具實務意義，蓋其賦予消費者團體不作爲請求之訴權，可進一步確保消費者利益(注七三)。

3. 救濟方法

依§3 UWG對僞標產地而引人錯誤者可請求其不爲該項表示，卽享有不作爲請求權。又，若因此而受有損害，可向行爲人請求損害賠償，但以明知或應知其所爲之表示係引人錯誤者爲限。亦卽，於請求損害賠償之際，須具故意、過失爲前提(注七四)。而實務中仍以不作爲請求之訴居多，訴請損害賠償者鮮矣，蓋因其要件較嚴格（須有責），且證明損害較爲困難之故。

第二目　法　　國

鑒於法國對產地標示之保護有其特殊性，卽設有原產地名稱，故於分析法國對不實產地標示之處理前，擬先將其特殊之立法例稍作探究。早在 1824年 7 月28日禁止不實標示之相關法律中(注七五)，法國尚未形成原產地名稱之概念，對所有之產地標示不論其是否具引起品質概念之功能皆受同等之保護，但其於 1891 年促成馬德里來源協定（§1）後，1905 年 8 月 1 日有關商品詐欺之法律中則已略見雛型(注七六)，隨後，

注七三　不過，實務上原告多以工商團體爲主，消費者團體僅占 1％－2％。
參 v. Falakenstein, *Die Bekämpfung unlauterer Geschäfts-praktiken durch Verbraucherverbände", 1970,* S. 53ff。亦卽，增設此規定，並未明顯對產地標示之保護有所助益，參 Tilmann, a.a.O., S. 89. 不過，此爲德 UWG 立法例之特色，參 Gustav Schwartz, Verfolgung unlauteren Wettbewerbs im Allgemeininteresse, *GRUR 1967* SS. 333-350。

注七四　見 §13Ⅱ、Ⅲ UWG。

注七五　此爲刑事制裁，詳見本節第二項。

注七六　參 Plaisant, GRUR Int. 1973 S. 441ff; Tilmann, a.a.O., S. 386ff. 但對產地標示之保護並不因此受限，因爲1824年之法律仍可適用。

1908年8月5日之法令進一步補充之,以定來源地行政上之界線,1919年5月6日之法律則改由法官決定來源地之界線。1919年之法官法(Richter-gesetz) 之註釋中, 法國法學理論建立了 "appellation d'origine"(原產地名稱) 之概念, 亦卽若屬原產地名稱, 其不僅指示商品之產地,同時亦顯示出品質,而原產地名稱之使用卽表示只有所標示地始可製造出此種品質之商品, 卽所謂 "exclusivité d'origine"。亦卽原產地名稱須保證該商品具他地商品所無之特色,且通常只有極少受人爲影響之天然產品始可謂唯有該地才可生產出特定品質之產品(**注七七**)。至此,原產地名稱已成爲法律直接保護之客體,而非僅依附於不實廣告之防止。但對標示有特定原產地名稱之商品究應具備如何之品質卻仍未臻明確,而由1966年7月6日之法律予以補充（**注七八**）。由此可見, 法國所謂之「原產地名稱」並不依交易觀點定之,而係由法律詳細規定其使用要件或例外由法官於個案中定之,享有特別優厚之保護,不易被他人濫用,此乃極爲特殊之立法例,亦深受各國所矚目。

1.法律依據曁構成要件分析

法國於十九世紀時卽對不正競爭之行爲予以制止。不過, 法國並未就不正競爭之規則設立特別法規, 而係適用民法之侵權行爲法則。主要之法律依據爲法國民法§1382及 §1383（**注七九**）, 因此, 只要故意或過失爲不實之產地標示而致他人受損害, 卽符構成要件。但於僞標產地標示

注七七 法實務逐漸放寬此種嚴格之要求，而緩和 "exclusivité d'origine"，以誠實及不變之使用爲合法使用之界限，參 Ulmer-Kraβer, a.a.O., S. 400、404ff。若技術上可於他地製成相同品質之商品，則將之視爲種類名稱。如 "Moutarde de Dijon"，參 Tilmann, a.a.O., S. 388。

注七八 1919年法官法之實務意義愈來愈小，因爲幾乎所有法國重要之產地標示皆有成文法律定義之。

注七九 參曾陳明汝，專利商標法選論，頁 153-200。

之情形仍遭遇證明因而受有損害之困難。此乃就來源地名稱之濫用，可資援引之條文，至於原產地名稱另設有詳盡之特別規定，雖其重在刑事之制裁，但因對該名稱使用之要件設有詳細之規定，故仍應參考之。例：1919年5月6日之法律，§1～§7卽對受保護之原產地名稱設有明確之使用要件，故系爭標示之使用是否合法，亦有其適用。

2.請求權主體

對不實之產地標示旣適用一般侵權行爲之法則，則應由受損害者請求救濟。不過，理論上而言應只有消費者直接受損害，但法國實務對此則從寬解釋，間接受有損害之競爭者(注八○)、職業團體(注八一)亦可請求。至於一般大眾雖有學者認其亦享有原告之適格，但實務上則尙未見之(注八二)。 一般大眾利益之保護則仍賴檢察官依刑事訴訟之規定提起公訴，無法依民法典予以救濟。

3.救濟方法

原則上若能證明因不實之產地標示所受之損害，則可請求行爲人損害賠償。若被害人對賠償範圍難以舉證時，法院亦得依職權酌定賠償金額。不過此於僞標產地時極爲困難，前已述及。因此，實務上依民法§1382 請求之損害賠償者幾希。另亦可請求行爲人停止該不實之產地標示。

第三目 瑞　　士

1.法律依據曁構成要件分析

瑞士就產地爲不實標示之民事責任可見商標法（簡稱 MschG) 及

注八○　狹義而言，僅被不實標示地點之競爭者可請求，他地之競爭者則不可，較諸德、比等國嚴格。參 Ulmer-Beier, a.a.O., Vergleichende Bd. I Darstellung, S. 175-176.

注八一　此乃依1926年之法律承認職業團體之訴訟，以維集體之利益，參 Beier, 注133文。

注八二　參曾陳明汝，前揭書，頁184-186。

不正競爭法。1890 年制定之商標法 §18，受保護免於濫用之產地標示限於源自該地產品享有名聲者，又未包含間接產地標示在內（注八三）。而若前述地名之使用致購買該商品大眾就商品來源受欺騙者，則屬不法(§18 Ⅲ)，但若用於非類似商品則不在此限（注八四）。至於不屬 §18 MschG 保護之產地標示，仍可以 1943 年之不正競爭法補充保護之（注八五）。雖該法未就產地標示為明文之規定，但可能符合§1Ⅱ(b) 或 (d) 之規定，構成不正競爭行為(注八六)。另尚可以§1Ⅰ之概括條款:「以欺罔或其他方法違反誠實信用原則，濫用經濟上之競爭行為者，係本法所稱之不正競爭。」補充保護之。而 1992 年 8 月 28 日瑞士制定聯邦商標暨來源標示保護法 （下簡稱新商標法， MschG ），就產地標示設有詳細之規定（注八七）。新商標法對產地標示保護不再限於直接產地標示，但仍要求商品之性質或特性與該地理來源有關聯（§47Ⅰ）。新商標法 §47Ⅲ列有不法使用之情形，主要是產地標示不符實際之使用或有此混淆可能之使用，或產生商品來源混淆危險之名稱、住址、標章之使用皆屬之。

　2.請求權主體

　　依不正競爭法請求救濟之原告應和被告存有競爭關係始可（§2）；至於依商標法請求救濟之主體則係其產地標示權利被 侵害或危 害 之 人（新 MschG§55Ⅰ），依學者見解原則上只有真正商品之生產者始有權

注八三　參 Troller, *Immaterialgüterrecht, Bd. I*, S.320; F. Dessem-
ontet, Protection of Geographic Denominations under Swiss
Law，收錄於 *Protection of Geographic Denominations of Goods
and Services*, pp. 89-134。

注八四　因產地標示保護須符品質期待，而此時未表明商品品質，所以不會混
淆，而所謂類似係指與該著名商品同類者。參 Troller, a.a.O., Bd.
Ⅱ S. 661。

注八五　參 Troller, a.a.O., Bd. I, S. 321。

注八六　F. Dessemontet, ibid, pp. 104-105。

注八七　參 Titel 2 §§47-51, GRUR Int. 1993 SS. 663-670。

請求救濟(注八八)。又，依新商標法§56 I，依章程授權維護構成員經濟利益之職業及經濟團體，瑞士全國或區域性依其章程致力消費者保護之組織亦享有提起§52、§55 I 訴求之當事人適格。而依1943年不正競爭法§2Ⅲ製造者團體亦可起訴，不過只限依§1Ⅱⓑ，至於§1Ⅱⓐ則僅有權合法使用該標示之個別生產者可起訴。

3.救濟方法

依不正競爭法§2 I 可請求為違法之確認、不作為或損害賠償，但後者要件較嚴，至少須證明被告有過失。而依新商標法 §55 I 可請求禁止繼續之侵害，排除現存之侵害及命被告標明在其占有中帶有不法來源標示物品之實際來源。至於損害賠償之請求則仍依債法之規定（§55Ⅱ）。若使法院信其來源標示之權利被侵害且所造成之不利益不易填補，則可請求為預防性之措施（ Vorsorgliche Maβnahmen ），尤其可要求法官調查違法帶有來源標示物品之實際來源，以維持現存狀態或命暫執行不作為及除去之請求（§59 I 、Ⅱ）。又，在民事訴訟程序中法官可沒收違法帶有來源標示而現在被告占有中之物品（§57 I）。

第四款　日　本

1.不正競爭防止法(the Unfair Competition Prevention Law)

(1) 法律依據暨構成要件分析

依日本於昭和九年（1934）年三月二十七日仿德國法制而制定之不正競爭防止法（注八九），對虛偽不實之產地標示設有相關之規定。第一條即列舉六種不正競爭之類型，與產地標示有關者為第一條第一項第三

注八八　F. Dessemontet, ibid, pp. 112-115。

注八九　此法之制定，乃係因日本為批准巴黎公約之海牙法案，而大抵仿德1909年之 UWG 所設，共有9個條文，參 Teruo Doi, *The Intellectual Property Law of Japan,* p. 179。

款及第四款。只要有同條第一項所列各款行為之一，而其營業上之利益有被侵害之虞者，得請求行為人停止其行為。其中第三款之規定為:「於商品上或其廣告中，或以公眾得以知悉之方法，於交易上之書類或通信上為虛偽之原產地標示，或販賣、散布、輸出有該虛偽標示之商品，而令人誤認原產地之行為。」第四款則為:「於商品上或其廣告中，或以公眾得以知悉之方法，於交易上之書類或通信上，為令人誤認該項產品係於原生產、製造、加工地以外之地區所生產、製造、加工之表示，或就該項標示之商品為販賣、散布或輸出之行為。(注九〇)」可見第三款係規範虛偽不實之產地標示，第四款則不以虛偽不實為必要，只要就出產地造成誤認已足，日本學者認第四款乃在擴張第三款之範圍，而以整體判斷是否產生誤認(注九一)。又所謂「交易上之書類或通信」係指營業交易上所用之介紹或推薦書、訂購單、計算書等一切書狀，以及一切通信之電報等交易上意思表示之行為。至於公司內之傳票或公司內連絡所用文書之一般交易上之意思表示則不包括在內(注九二)。解釋上直接或間接之產地標示，外國或內國之產地標示皆在保護之列。由於§1Ⅰ③、④係保護相關原產地之所有企業或商人與相關市場上之消費大眾利益而設，並非保護特定之企業，因此實務上之案例較少。又，依同法第二條第一項第一款及第二款之規定，以一般使用方法，使用商品之普通名稱，或使用交易上通常同種類營業慣用名稱者可排除§1，§1-2及§5之適用。此亦與一般之原則相符，若已屬商品之普通名詞或種類名稱，則已非為原

注九〇　引自各國公平交易法相關法規彙編，公平交易委員會出版（82年6月）。

注九一　參朱鈺洋，前揭書，頁61；小野昌延編著，注解不正競爭防止法，青林書院，初版二刷，頁222。

注九二　參謝杞森，中日內國競爭法對原產地標示之規範，進口救濟論叢，第1期，頁281-282。(82年1月)；小野昌延，前揭書，頁216。

產地標示，自無所謂虛偽不實或引人錯誤之情事，但是否成爲普通名詞亦應以交易觀點爲據。但值得注意者，日本特將葡萄製品排除在外（§2Ⅰ①），卽依此法就葡萄製品之產地標示加強保護，不因交易觀點將之視爲普通名詞而排除保護，此係配合其1955年加入馬德里來源協定所爲之修正。

(2) 請求權主體

依前所述，欲對行爲人請求停止其行爲或請求損害賠償者，爲其營業上利益因此受損害或有被侵害之虞者，因此消費者無法享有請求權。

(3) 救濟方法

其一爲行使不作爲請求權，以制止虛偽不實或引人錯誤之產地標示及帶有此類標示商品之販賣、散布或輸出。且只要其營業上利益有受侵害之虞卽可請求（§1Ⅰ）。此爲相當重要之救濟，因爲日本之民法對侵權行爲之救濟只有損害賠償而未設有一般之不作爲請求。且此毋庸證明被告之故意或過失。另一救濟之道乃請求損害賠償（§1-2），但要件較嚴，須行爲人因故意或過失而爲，且致其營業上之利益實際受損害始可，故實務上較少請求損害賠償(注九三)。

日本鑒於其不正競爭防止法過於簡略，故於1993年5月19日爲一較大幅度之修正，其中§2Ⅰ列有十二款之不正競爭行爲，較舊法明確且廣泛(注九四)。其中有關產地僞標之防止仍爲§2Ⅰ⑩所列之不正競爭行爲，

注九三　因§1Ⅰ③④立法目的係保護系爭產地之所有相關企業或商人之利益，及相關交易市場之消費大眾的利益，非保護特定企業之利益，故實際上，某特定企業很少以此類規定起訴。參 Teruo Doi, The Protection of Geographical Denomination in Japan, 收錄於 *Protection of Geographic Denominations of Goods and Services*, p. 67。

注九四　參 Heath, Zur Reform des Japanischen Gesetzes gegen den unlauteren Wettbewerb (UWG), *GRUR Int. 1993*, SS. 740-742。新 UWG 可參 GRUR Int. 1993 SS. 754-756。

而，其營業上利益因此受損害或有受損害之虞者，仍可依§3Ⅰ請求不作
為。故意、過失所為者，依§4須負損害賠償責任。而系爭標示若已非表
彰產地，僅係普通名稱者，§11Ⅰ①設有例外規定，排除§3-§8及§13之
適用。故就產地之偽標，新法之規定仍與舊法大致相當。

　　2.不當贈品（類）與不當表示防止法

　　此法係為防止商品與服務交易上之不當贈品與表示以誘引顧客，依
禁止私的獨占與確保公平交易法所制定，藉以確保公平競爭與保護一般
消費者之利益（§1）。依本法第二條第二項規定，該法所稱之「表示」，
係指事業為誘引顧客，與其商品、服務或交易條件相關之交易事項所為
之廣告或其他表示，經公平交易委員會指定者。而同法第四條則列出不
當表示之禁止，其中第三款為：「除前兩款規定外，事業為與商品或服
務之交易相關事項，使一般消費者有誤認之虞之表示，致不當誘引顧客
而有妨礙公平競爭之虞，及經公平交易委員會所指定者。」而商品之原
產國相關不當表示即為公平交易委員會所指定者，故其不當表示亦為本
法所禁。1973年公平交易委員會即依§4③發出告示（No.34），指出商品
原產國之不當表示為：　a.在日本所製商品，而以外國之國名、地名、國
旗、象徵等標示；或以外國企業家或設計者之名字、名稱、商標標示；
或其標示完全或主要部分由外文組成。b.在外國所製之商品，若以非該
原產國之國名、地名、國旗、象徵等標示；或以非該原產國企業家或設
計者之名字、名稱、商標標示；或其標示完全或主要部分由日文組成。
可見不論直接或間接之不實產地標示皆在所禁之列。若違反該法§4時，
依§6Ⅰ公平交易委員會得命令其停止該行為或防止之（此屬行政責任）
（注九五）。又依§7及§9之規定，可適用禁止私的獨占與確保公平交易法
§25Ⅰ，因此受害之人可請求損害賠償，毋庸證明行為人之故意或過失。

　　注九五　關於行政責任，參朱鈺洋，前揭書，頁 219-222。

因而此法對日本消費大衆提供了最有效之保護。

第五款　我　　國

1.法律依據暨構成要件分析

我國為以農立國之國家，與歐美各國相較對交易秩序之維護、不正競爭行為之防止並未設立特別法規，向來只能憑藉一般民、刑法予以救濟，但成效不彰。至民國八十年二月四日始公布「公平交易法」，八十一年二月四日開始施行（§49）。與產地標示有關之條文為§21 I：「事業不得在商品或其廣告上，或以其他使公衆得知之方法，對於商品之價格、數量、品質、內容、製造方法、製造日期、有效期限、使用方法、用途、原產地、製造者、製造地、加工者、加工地等為虛偽不實或引人錯誤之表示或表徵。」II：「事業對於載有前項虛偽不實或引人錯誤表示之商品，不得販賣、運送、輸出或輸入。」下就§21 I與產地標示有關之構成要件予以分析如下：

(1) 以使公衆得知之方法

概括言之公平交易法§21乃規範不實廣告，不過由條文文義觀之係以使公衆得知之方法為範圍，至於在商品或其廣告上僅為例示(**注九六**)。

(2) 就商品之產地為虛偽不實或引人錯誤之表示或表徵

首先此涉及商品產地之標示，由文義「表示或表徵」明顯可知不論直接或間接之產地標示皆包括在內。又條文所禁之類型有二：卽「虛偽不實」或「引人錯誤」之標示，只要符合其一卽為法所不許。然何謂虛偽不實、引人錯誤產地標示？二者有何不同？純就文義上觀察，虛偽不實之產地標示係指所標示之產地與商品實際上之地理來源不符；而引人

注九六　在商品上之標示本質上亦屬廣告之態樣，美國實務卽認商品之包裝（package）與標籤（label）皆為廣告。United State v. Guardian Chen Corp, 410 F 2d 157, 160。

錯誤之產地標示則著重於商品之產地標示會使交易大眾誤認為非實際之
產地。理論上而言，虛偽不實之產地標示未必會引人錯誤；反之，引人
錯誤之產地標示亦不以虛偽不實為限。我國公平交易法§21將二類型皆
予以規範。學者有認此合乎競爭法之保護目的，且文義解釋上較為周延
（注九七）。蓋德國§3UWG雖現行條文已由虛偽不實（unrichtig）改為
引人錯誤（irreführend），但解釋上其範圍甚廣，甚至包含虛偽不實
之情況。不過亦有持反對見解者，認我國§21Ⅰ之規範並不妥適，或要
求應虛偽不實且引人錯誤始應予以規範；或認只規範引人錯誤，或是只
規範虛偽不實即可（注九八）。管見認為若由客觀上判斷系爭標示是否虛
偽不實，則我國立法例似有可採，蓋一客觀上真實之產地標示，因交易
觀點之了解有異仍有可能引人錯誤（注九九），因此若只規範虛偽不實之
態樣似不足以達規範之目的。前述持肯定我國立法例之學者大多係以客
觀上標示是否真實為判斷以論述，證諸我國公平交易委員會就不實廣告
所為處分中之措詞，或係引虛偽不實及引人錯誤，或單論引人錯誤，似
亦以客觀上標示是否真實為斷。例：某人以購自正揚製藥股份有限公司
製售之「麻黃散劑」及「清鼻湯濃縮散」改稱為「東北浮龍草」、「河南
木蓮花」，並分別加具「不辭辛勞」字樣，此足使人誤認其原產地為
東北或河南，該廣告就商品之原產地有虛偽不實「及」引人錯誤情事

注九七　參徐火明，從公平交易法論廣告之法律規範，法商學報27期，頁66-
　　　　67；朱鈺洋，前揭書，頁62-64，似持贊成我國立法例之觀點。

注九八　參周德旺，廣告管制與公平交易法（上），律師通訊167期，頁57。黃茂
　　　　榮，則認應以§21所保護之利益以斷，若係保護競爭者之利益，僅虛偽
　　　　不實即為已足；反之，若係保護交易相對人之利益，則應虛偽不實且引
　　　　人錯誤之產地標示始予以規範。見氏著公平交易法理論與實務，植根法
　　　　學叢書，競爭法系列（一），頁418-419。

注九九　參徐火明，論不當競爭防止法及其在我國之法典化（一），中興法學21期，
　　　　（74年3月），頁309，採相同見解。

（注一〇〇）。另，日之美國際貿易有限公司將非由日本進口而係購自亞東製茶廠之茶包，另加外包裝販售，並標示爲「日本好瘦茶」，公平會認其對商品之製造地爲虛僞不實或引人錯誤之表示或表徵（注一〇一）。又，被處分人引述前西德汽車聯盟月刊 ADAC MOTOWELT, 1990年5月號及1992年5月號之統計資料，除 CORONA（可樂娜）車外，其他廠牌車名之後皆附加製造地（日本或德國）之區別標示，惟獨於排名第一 CORONA 之後附加（德國名 CARINA Ⅱ），並將該欄文字放大，另以顯著之淺綠底紅色字特別突顯其內容。雖CORONA與CARINAⅡ同屬豐田汽車所研發之同型轎車，設計理念完全一致，車身基本構造、引擎動力系統、底盤系統皆相同，但外觀上有小部分形狀不盡相同，配備內容亦有差異，因此和泰汽車公司引述德國雜誌之比較廣告，顯已有引人誤認臺製之「CORONA」即是德國CARINAⅡ情事（注一〇二）。另將在臺製造之化妝品載有 PARIS 字樣，公平會認此使消費者誤認該化妝品乃法國巴黎所製，爲虛僞不實或引人錯誤之表示（注一〇三）。

惟判斷系爭標示是否爲表彰商品地理來源之表示及該標示是否虛僞不實皆應以交易觀點爲據，此乃各國學說及實務所肯認者，我國亦採與商標近似或混淆相同之判斷標準，以一般消費者施以普通注意之原則判

注一〇〇　公平會 81.12.26. 之處分，⑻公處字第 061 號，見公平會公報 1 卷12
　　　　　期，頁 4-7。
注一〇一　公平會 81.10.7. 之處分，⑻公處字第 028 號，見公平會公報 1 卷10
　　　　　期，頁 4-7。其訴願亦遭駁回，⑻公訴決字第 008 號，見公平會公報
　　　　　2 卷 3 期，頁41-43。
注一〇二　公平會 81.10.23. 之處分，⑻公處字第 035 號，見公平會公報 1 卷10
　　　　　期，頁 26-28。其訴願亦被駁回，⑻公訴決字第 017 號，見公平會公
　　　　　報 2 卷 4 期，頁10-13。
注一〇三　公平會82.6.12.之處分，⑻處字第 042 號，見公平會公報 2 卷 6 期，
　　　　　頁 38-40。

斷(注一〇四)。因此管見認一依交易觀點認係眞實之產地標示應不致引人錯誤，而交易觀點認不眞實之產地標示卻不致使人誤認之情形似毋庸予以規範，故必依交易觀點認該標示爲不實，且有引人錯誤之虞者始應納入§21Ⅰ之範圍。而文義上只須規定引人錯誤之類型卽爲已足，並不必再置入「虛僞不實且」等字樣，蓋以消費者主觀之觀點出發，二者範圍相同，又可避「虛僞不實」字義上指客觀不實之歧異。

另我國§21Ⅰ並未要求「以競爭爲目的」之要件，但考諸德、瑞、日之立法例皆有此限制，又基於不正競爭防止法係爲防止不正當之競爭，我國立法實乃疏漏。

2.救濟方法

(1) 不作爲請求權

依公平交易法§30:「事業違反本法之規定，致侵害他人權益者，被害人得請求除去之；有侵害之虞者，並得請求防止之。」可知因事業所爲之虛僞不實產地標示，而權益受侵害者，可行使侵害除去請求權；有受侵害之虞者，則可行使侵害防止請求權。亦卽權益因此受有侵害或有受侵害之虞者可向行爲人請求不爲該項表示或表徵，並不要求行爲人具故意、過失之要件，此與各國立法例大致相當。

(2) 損害賠償請求權

另依同法§31:「事業違反本法之規定，致侵害他人權益者，應負損害賠償責任。」純就條文觀之，因事業虛僞不實之產地標示而權益受侵害之人卽可行使損害賠償請求權，並不要求行爲人出於故意或過失，似採「無過失責任」。但本文認此類規定實値商榷，蓋對侵害他人權益而負損害賠償責任，近世仍以過失責任主義爲原則，僅在因高度科技文明，如：航究、鐵路等；或危險設備所造成之損害，始例外採行無過失

注一〇四　另有「通體觀察及比較主要部分原則」、「異時異地隔離觀察原則」，參朱鈺洋，前揭書，頁 64-71。

責任主義，若過度擴張，恐造成人人自危而影響人類社會之正常發展。再觀諸前述外國立法例，對產地虛僞不實之標示，行爲人所負損害賠償責任亦多以故意、過失爲前提；且實務上欲證明行爲人僞標產地出於故意或過失，亦非難事。故管見以爲行爲人就其因僞標產地致侵害他人權益者，所負損害賠償責任，仍應探過失責任主義爲妥。又，依同法§21Ⅳ之規定，廣告代理業及廣告媒體業在明知或可得知之情形下，仍製作、設計或傳播、刊載引人錯誤之廣告者，應與廣告主負連帶損害賠償之責。至於損害賠償額之算定，同法§32設有特別規定，Ⅰ：「法院因前條被害人之請求，如爲事業之故意行爲，得依侵害情節，酌定損害額以上之賠償。但不得超過已證明損害額之三倍。」此三倍賠償制，乃濫觴於英國，而於美國大行其道，其商標法§35即採此。但與我國損害賠償之基本架構——「有損害斯有賠償」之原則不符，故受學者質疑(注一〇五)。Ⅱ：「侵害人如因侵害行爲受有利益者，被害人得請求專依該項利益計算損害額。」即請求賠償範圍內行爲人因此所受之利益，此於損害難以證明，或損害額少於行爲人所受利益時有適用之實益(注一〇六)。

3.請求權主體

依公平法§§30、31可知，向違反該法之事業請求救濟之主體爲權益被侵害之「被害人」，但被害人之範圍卻不甚明確。就僞標產地標示之被害人而論，若由廣義觀之，同業競爭者、被不實標示地同類商品之生產者、甚或消費者均可包括在內。不過，由於個別競爭者欲證明其因該虛僞產地標示實際受有損害並非易事，欲獲救濟（尤其是侵害除去請求、

注一〇五　參曾世雄，違反公平交易法之損害賠償，公平交易委員會籌備處與政大合辦之公平交易法研討會，頁7（80.11.10.）見政大法律評論41期。

注一〇六　學者有認此乃借用準無因管理之觀念而來，參曾世雄。

及損害賠償之請求）較為困難。反之，消費者欲證明其因此而受有損害雖較為容易，但個別消費者衡量訴訟程序所支出之勞力、時間、費用，往往怠於行使權利。實則，是否有必要使消費者可依公平交易法請求損害賠償容有爭議，持否定見解者認公平交易法並非消費者保護法，消費者之保護僅係一種反射利益（**注一〇七**），個別之消費者在面對大企業之際，往往不願起訴或難於得到勝訴，故不應允許個別消費者享有上述請求權；持肯定見解者則認依公平交易法§1明定消費者利益之維護既為立法目的，我國法律亦未明文限制消費者不可為請求權之主體，實無必要排除消費者之請求權（**注一〇八**）。依本文見解，現行法最迫切應予解決之問題倒非個別消費者可否請求損害賠償之問題，而係我國民事訴訟法中尚未見承認集團訴訟或團體訴訟之制度（**注一〇九**），以致縱使肯認消費者享有損害賠償請求權，亦乏成效。因此，當務之急係增設消費者團體之獨立訴權，並於民事訴訟法中予以配合，肯認其具當事人能力（**注一一〇**），並進一步導入美國集團訴訟或德國消費者團體訴訟之制度，

注一〇七　參何之邁，限制競爭的發展與立法——從法國限制競爭法觀察，中興法學22期，（75年3月）頁355；陳清秀，公平交易法之立法目的及其適用範圍——以德國法為中心，植根雜誌，第8卷6期，81年7月，頁21-22；蘇永欽，民法經濟法論文集㈠，77年10月，頁342-343；405-407；423；周德旺，透視公平交易法，大日出版社，81年5月，頁189。

注一〇八　徐火明持肯定說，參氏著，從公平交易法論廣告之法律規範，《法商學報》27期，頁70-71。有關公平法所保護之法益，可參，廖義男，公平交易法之立法目的與保護之法益——第一條之詮釋，公平交易季刊創刊號，81年10月，頁1-10。

注一〇九　集團訴訟（class action）係指承認屬於特定集團之人，得自稱代表該集團，為其集團所屬全體人之利益，就彼等之權利義務，提訴或應訴。團體訴訟（Verbandsklage）則係在制度上對於具備一定要件之團體，賦予提訴權。參邱聯恭，司法之現代化與程序法，頁109-110。

注一一〇　我國民訴修正草案§44-2已酌採之：Ⅰ「以公益為目的之社團法人得依多數有共同利益社員之請求，於章程所定目的範圍內，就一定之法律關係，為該社員之利益起訴。」

使受害之消費者毋庸逐一涉訟即可獲有效救濟,藉以落實消費者之保護,又符訴訟經濟之要求(注一一一)。不過,公平交易法究非消費者保護法,管見認為關於其損害賠償請求權之行使,似宜讓諸消費者保護法方屬妥適(注一一二)。為有效遏止偽標產地之情事,公平交易法宜增設如德§13IUWG、瑞士§56MschG之規定,明文賦與商業團體,消費者團體之不作為請求權。

第六款 小 結

由前述各國立法例之分析可見,商品產地之偽標為各國法所不許,或以不正競爭防止法為主要之法律依據,或見諸民法一般侵權行為之法則以茲規範,甚有於商標法中併予詳細規定者。法律構成要件與實務之運作或有些許差異,但主要問題有三:

(1)予以制止之產地標示,態樣係以虛偽不實為主或專就引人錯誤為規範客體,抑或二者兼備,甚如我國將二者列為獨立之類型?

日本分列二款,德國則以引人錯誤為主,英美兩國實務則多以是否使人誤認為判斷依據。不過,如前所述,管見認所謂虛偽不實之判斷既以交易觀點為據,自不致發生交易觀點所認知之產地與實際相符,卻又引人錯誤之情形;而消費者主觀上依系爭標示所指向之產地與實際不

注一一一 民訴修正草案§44-1有類似之規定,但仍不完全相同:I「因公害、事故、商品瑕疵或其他本於同一原因事實而被害之多數人,依§41選定一人或數人起訴請求賠償者,法院得徵求原被選定人之同意之後,公告曉示其他之被害人,得於一定期間內以書狀表明被告之事實、證據及應受判決事項之聲明,併案請求賠償。其請求之人,視為已依§41為選定。」

注一一二 由於我國消費者保護法遲遲未能制定通過,故將公平交易法損害賠償請求權擴及至消費者,以期維護消費者利益,乃無可厚非之權宜之計,但83年1月11日已制頒消費者保護法,消費者因業者不實標示所受之損害,宜以消費者保護法解決之。

符，但一般消費者並不致發生錯誤之情形應否予以規範則屬立法政策上
之考量。拙見認此似無規範之必要，故應以交易觀點認系爭產地標示不
正確而又有引人錯誤之虞者始為規範之客體，而為免文義上之困擾，似
宜規定為「引人錯誤」之產地標示較為妥適。

　　(2) 法律上所保護之產地標示是否必引起消費者品質 之 聯 想 為
　　　　限？

　　各國立法例多不以產地標示須可暗示消費者系爭商品品質為保護之
前提，蓋品質、價格雖為消費者選購商品之主要憑藉，但亦可能純為某
種理由而購買某地之產品(如：旅遊紀念品、支持該地之企業)，此時，
若偽標商品產地即會影響消費者是否購買之決定,應有予以規範之必要。
德國學說發展出來的判斷標準，即「 一般重視 」(allgemeine Wert-
schätzung) 之原則可供參考。立法例上就此另有二種類型，即對商品
品質與產地密不可分之產地標示加強保護,(如：法國之「原產地名稱」;
德國1993年商標法草案§154Ⅱ)；另則係瑞士商標法§47Ⅰ之規定，必商
品之性質或特性與該地理來源有關之產地標示始予保護。前一立法例已
愈受國際重視，深值我國仿效。

　　(3) 消費者是否享有訴權，以謀救濟？

　　此乃各國不正競爭法廣泛論述之問題，承前述之分析，管見認德、
瑞之立法例值參考， 不論個別消費者是否享有訴權， 至少應賦予消費
者團體及生產同類商品之工商業團體起訴請求救濟之當事人適格，以有
效遏止偽標產地標示之歪風。而救濟方法則為不作為請求及損害賠償請
求，就產地虛偽不實標示之遏止尤以前者最具實益。

第二項　刑事責任

　　為遏止虛偽不實之產地標示，各國除設有民事救濟外，多少亦訂有
刑事制裁。一方面其較諸民事救濟更可發揮嚇阻之功效， 另一方面各國

鑒於個別消費者無法或甚難發動民事程序，遂藉刑事制裁有效防止產地標示之濫用(注一一三)，茲將各國之立法例略述如下。

第一款 美　　國

依聯邦貿易委員會法§12(a)項之規定:「任何個人、合夥或營利組織以下列方法散佈或使他人散佈不實廣告者均屬違法: ①利用合眾國之郵政或在商業上或在影響商業的行為上利用一切引誘（或足以引誘，不論直接或間接）他人購買食品、藥品、醫療器具或化妝品之手段; 或②利用一切引誘（或是以引誘、不論直接或間接）他人在食品、藥品、醫療器具或化妝品商業上購買，或在影響該等商業之其他商業購買的手段(注一一四)。」可知就食品、藥品、醫藥器具或化妝品散佈或使他人散佈不實廣告乃違法，且此屬本法§5所謂之商業上或影響商業之不公平或欺罔之行為或手段（參§12(b)）。又，依同法§14規定，違反前述§12(a)係出於欺騙或誤導，或依該廣告使用系爭商品會傷害人體健康者，將構成輕罪，可科處六月以下有期徒刑或科或併科五千美元以下之罰金。若前已因違反此規定而被判刑確定者，可處一年以下有期徒刑或科或併科一萬美元以下之罰金。另聯邦食品、藥物、化妝品法案亦就產品之不實標示設有刑罰規定(注一一五)。

第二款 英　　國

英國對產地標示不實使用之刑罰僅是廣義有關不實貿易標示處罰之

注一一三　刑罰抑制之效果，瑞學者 Dessemontet 就此曾有較深入之分析，參前注八三文，pp.102-103。不過是否適當以刑罰介入，有持否定見解，認此種私經濟利益之衝突，不適宜以刑事程序予以解決。此乃涉及立法政策之考慮，管見認實則刑法亦有單純保護個人法益者，故考慮之點應係其是否具倫理之非難性。

注一一四　引自各國公平交易法相關法規彙編，公平會出版，頁2-53。

注一一五　見 21USCA§343。

法律的一部分。就特定商品尚設有特別規定，以食品爲例(包括飲料)，除一般規定外，尚設有特別之規定——Food and Drugs Act 1955 (注一一六)。與貿易描述有關之成文法可追溯至 1862 年之商品標示法案 (the Merchandise Marks Act 1862)，1887年又制定新的商品標示法案 (the Merchandise Marks Act 1887-1953) 取代之 (注一一七)，其間歷經數次修正，於1967年又被貿易標示法案 (the Trade Descriptions Act 1968-1972) 取而代之，該法案之主要目的係保護消費者，迄今，英國就商品產地虛僞不實之標示最重要之一般規定即屬此法案。凡使用不實貿易標示於商品上，或提供、要約帶有此不實標示之商品，皆觸犯本法 (§1)。依貿易標示法案 §2(1)，所謂「不實貿易標示」(False trade description) 係指直接或間接以下述各款之任何方式關於任何商品或其部分之標示：…(b) 製造、生產、加工、修理方法……(c)成分……，其中(h)款則列有製造地 (place of manufacture) 生產地、加工地或修復地……等，另§16尚明文禁止進口商品僞標產地。因此，若就商品產地爲虛僞不實標示，依貿易標示法案 §1、§2(b)(h) 及§16乃違法行爲，將受刑事制裁 (§18)。又，依 1955 年食品與藥物法案 (Food and Drugs Act 1955)，販賣任何非買者實際所需求之性質的食品皆違反該法，其中§6就虛僞產地標示設有處罰規定 (注一一八)。

注一一六　此法案被 1970 the Labelling of Foods order 修正，關於商品標示之強制及禁止，此法案設有最複雜而詳細之規定。

注一一七　此法案於 1891、1894、1911、1926、1953 歷經數次修正。Harris Tweed, Tarragona 及 French margarine 等標示，皆依此法案而受保護。不過，欲受相關規定之保護，仍應係產地標示，若係普通名詞或種類名稱則非不實標示。

注一一八　當然，其前提亦應爲"適格之產地標示"，若已成爲普通名詞或種類名稱則不構成虛僞不實。如 "Domorara sugar" 被認爲係黃色結晶蔗糖之種類名稱，而非產地標示。

不論違反貿易標示法案或食品與藥物法案，英國法院向來科處罰金，且
通常爲幾百英鎊，刑罰雖不重，實證上卻具有相當成效，已足以使行爲
人除去引人錯誤之標示（注一一九）。

第三款　歐陸國家

第一目　德　國

　　德國就不實產地標示設有許多刑事制裁之規定，且除就一般商品所
設之規定外，就特定商品亦設有許多特別法以加強保護該類商品之產地
標示，大多附有刑事制裁。茲分述如下：

1.一般規定

(1)　§4UWG

　　§4UWG I：「意圖引起特別有利提供之印象，在對大衆所爲之公告
或通知中，關於營業狀況，尤其關於商品或營業上給付之性質、出產
地、製造方法或價格計算、進貨方法或進貨來源、所得獎賞、銷售之動
機或目的或存貨數量，故意爲不實及適於引人錯誤之表示者，處二年以
下有期徒刑或併科罰金。」II：「第一項所定之不正確表示，係由職員
或受任人於企業營業中所爲者，企業之所有人或主管人員若知其情事，
應與該職員或受任人一同處罰。」依此，不實之產地標示若足以引人錯
誤則將受刑事制裁。大體而言，§4UWG 之客觀構成要件與§3UWG 類
似，只是特別限定於對大衆所爲之公告或通報中，卽對不特定多數人之

注一一九　英國目前就此執行亦相當嚴格，且任何人認有違法之情事者皆可通知
　　　　　地方主管官員，以發動程序或可提自訴，故成效卓著。參 Robin
　　　　　Jacob, The Protection of Geographical Indication of
　　　　　Origin in the United Kingdom,收錄於 *Protection of Geog-*
　　　　　raphic Denominations of Goods and Services, pp.136-137。

行爲(注一二〇)。但§4UWG另特設有主觀要件，基於犯罪以處罰故意爲原則，因此過失並不構成本條之犯罪；故必故意爲不實產地標示，且有引人錯誤之虞者，又其要求需有引起特別有利供給印象(den Anschein eines besonders günstigen Angebots hervorzurufen) 之意圖（Absicht），始科以刑罰。因構成要件錯誤可阻卻故意，故若行爲人將適格之產地標示誤信爲性質陳述時即可阻卻故意而不構成犯罪，不過就此須持較嚴格之標準予以判定始爲妥適，否將甚難成立本罪。另，依§22 I 之規定，本罪並非告訴乃論之罪，鑒於§4UWG 設有較嚴格之主觀要件，故其實務上之重要性較§3UWG爲低，但有時雖不符§4UWG，尚可能以刑法詐欺罪論處（§263 StGB），不過須因該虛僞標示造成買受人財產上之損害，且行爲人有不法所有之意圖及詐欺故意始該當其構成要件。例: 故意就劣質商品爲不實之產地標示(注一二一)。

　　(2) §26WZG

　　依 §26WZG I : 「任何人在營業交易中，故意或過失在商品或其包裝或包皮上就商品之原產地、性質或價值爲不實之陳述，足使人發生錯誤；或故意將帶有此類不實陳述之商品投入市場或出售之，或將此引人錯誤之陳述用於廣告、商業紙類或其他類似之文件中者，拘役或科或併科罰金。但依其他規定定有較重刑罰者則從其規定。」此雖規定於商標法中，但其具實質競爭法之意義(注一二二)，與前述 §4UWG 相較，其主

注一二〇　實務對此要件特從寬解釋，即使口頭通知亦包括在內，此乃因其主觀要件嚴格之故。見 LG Kassel 1972. 12. 15. Urteil, NJW 1972 S.592。

注一二一　縱使僞標產地之商品與眞品具有相同好之品質，亦可能構成詐欺罪，只要買受人所重視之價值係依產地標示所定時即可能。參 Ulmer-Beier, a.a.O., S.468 注26。

注一二二　由於 §26 WZG 爲實質競爭法，雖其本身乃刑法規定，卻可由此導出民事之保護。違反 §26 WZG, 可依 §§823 II, 1004 BGB 請求損害賠償或請求不作爲。參 Ulmer-Beier, a.a.O., S.468; Baumbach und Hefermehl, *Wett bewerbs- und Warenzeichenrecht,* Bd. II, 10 Auflage. S,506。另商標法修正草案 §171 就產地標示之違法使用亦設有刑罰（二年以下有期徒刑或併科罰金）。

觀構成要件與客觀構成要件均較寬鬆。就主觀構成要件而論，§26WZG
並不僅限於故意，過失亦可該當本條之犯罪，立法目的當係科商人檢查
商品標示是否正確之義務；又，本條項亦不要求足以引起特別有利提供
之意圖，顯係有意超出§4UWG之規定，以防營業交易中就商品所爲之
不實陳述。由客觀構成要件以觀，§26WZG 亦不限於對大眾所爲之公告
或通知中所爲之陳述，只要在商品上或其包裝上，甚或將此類標示用於
商業紙類即已足當之，可見 §26WZG 欲儘早阻止產地標示之濫用。由
上述分析可知，該當 §26WZG 較 §4UWG 容易，但德國實務卻不甚重
視此條文。若同時該當 §26WZG 及 §4UWG 則構成法條競合，由於後
者之構成要件較嚴，且刑度較重，應爲特別規定，依特別規定優於普通
規定之法理，則論以 §4UWG 之罪。

2.特別規定

德國就食品及酒或某些特定商品之產地標示設有特別法，對虛僞不
實之產地標示多設有刑罰或行政罰（罰鍰）(注一二三),因此其適用順序
優先於前述之一般規定（§4UWG、§26WZG)(注一二四)；但若無特別
規定之事項，仍有一般規定之適用。原則上，其虛僞不實產地標示之構
成要件亦與一般法規類似。較重要之特別法規有：食品法(Das Lebens-
mittelgesetz)、1971 年 7 月14日制定之新酒法 (Das Weingesetz)
(注一二五)、有關啤酒花來源標示之法 (Das Gesetz über die Her-
kunftsbezeichnung des Hopfens) 及 Solingen 名稱保護法 (Das
Gesetz zum Schutzes des Namens Solingen)，後者乃德國唯一

注一二三 科以罰鍰 (Buβgeld）乃行政責任，本應列於行政責任中，但爲論
述方便，後即不再重複此類特別法。

注一二四 但違反此法時，亦可認係引人錯誤標示，由競爭者或消費者團體依
§3UWG 提民訴。

注一二五 值注意者爲1982年之 Wein G 已不禁產地標示轉爲種類名稱或以之
爲幻想性標示。此與1930年之§6 Ⅰ Wein G 不同。

保護單一產地標示之特別法，其§1規定 Solingen 之名稱只可用於「所有重要製造原料在 Solingen 工業區內加工處理且完成之刀劍品(Schneidwaren)。」，就此則接近法國之「原產地名稱」的特別保護。

　　前述特別法之特殊性不在於設有刑罰之規定(蓋其與§4UWG 基本要件大抵一致)，而係其由法律界定產地標示之地理範圍，如：WeinG; Solingen 法 §2; Hopfens 法 §4; 或禁產地標示轉為種類名稱或幻想性標示，如：1930 年之 WeinG, Hopfens 法；甚或要求須具特定品質始可使用該等產地標示，亦即與品質相連結，例：WeinG, Hopfens 法，Solingen 法。另，WeinG 對混合酒之產地標示亦設有詳細之規定。1993年商標法修正草案§164則明文授權可就農產品、食品等之產地標示制定特別之規定，明定使用之要件及產地之地理界線。

第二目　法　　國

　　法國就產地標示保護之特色係設有許多特別規定，且多以刑事制裁。茲將較重要之法令略述如下：　①有關一般禁止不實標示之法規有：　a.1824年 7 月 8 日及同年 8 月 4 日之法律，禁止有關製造者、製造地不實標示。此法現今仍有效，但因後述1930年之法律制定後，其實務上已不具重要性。b.1905年 8 月 1 日有關詐欺之法律，§1禁止商品性質或產地之詐欺。c.1973 年12月27日之法律§44Ⅰ禁不實廣告。②另就產地標示所設之規定則有：　a.1930年 3 月26日之法律禁止商品產地不實之標示，就在法國製造之產品，使生外國產品印象之行為設有刑事制裁(§1Ⅰ)，處三月以上一年以下之徒刑或科或併科五四〇至二萬七千法郎之罰金。嚴格言之，此僅係一用以告知大眾相關商品原產國之規定，主要係與關稅法典連結適用，並非嚴格意義下有關產地標示、原產地名稱之法律。b.1919年 5 月 6 日之法律§8就原產地名稱之不法使用設有刑事制裁，此乃就原產地名稱保護最基本的法律，其他另設有特別規定之原產地名稱仍有1919年法§8之適用，因此有許多法令為1919年法律之特別法，附加

於其後連結適用。如: 1935年7月30日法律§25 (有關葡萄酒及燒酒);
1955年11月28日法律§1 (有關乳酪製品) 等屬之。又，1919年之法律就
原產地名稱保護之範圍非僅限於法定形式，亦及於有混淆危險之標示。
不過，就原產地名稱之濫用，並不取決於具體個案中大眾就產品地理來
源所受詐欺之危險，其與1905年、1930年之法律最大不同之處在於縱另
行標示出商品眞實產地，原不法之使用仍構成§8之違法。 c.1966年7月
6日有關原產地名稱之法律，亦禁不實之產地標示，且就原產地名稱設
有精確之定義與周密之保護，以補充1919年法律之不足。另1990年7月
2日Nr.90-558 法律，亦爲有關原產地名稱保護之法律。

　　另，法國葡萄酒、烈酒、乳酪等產品，爲維護其固有之經濟利益，
設有許多特別規定，就產地之地理界線、品質之要求皆予以詳細規定。
尤其對葡萄製品，法國特設有「原產地名稱之國家機構」(Institut
National des Appellations d'Origine, 簡稱 INAO)，嚴格控制相
關產品原產地名稱之使用。依 1935 年7月30日之法律 §23 I，並賦予
INAO訴權，可在法國甚或外國起訴以制止原產地名稱之濫用(注一二六)。

　　第三目　瑞　　士

　　依不正競爭法 §13(b) 就商品故意爲不實或虛僞性之標示，以使其
提供較競爭者有利者，乃構成刑事犯罪; 另故意使人與他人商品混淆之
行爲，依§13(d)亦構成犯罪。故不實產地標示可構成§13(b)或(d)之犯
罪行爲，可科處罰金或徒刑，屬告訴乃論之罪。另若符刑法§168詐欺罪
之要件時，亦可以茲論處(注一二七)。舊商標法§24則規定: 若意圖販賣

注一二六　有關法國就原產地名稱相關規定之論述，請參 Ulmer-Kraβer,
　　　　　a.a.O., Bd. Ⅳ Frankreich SS.394-437; Beier und Kannk,
　　　　　Der Schutz geographischer Herkunftsangaben in der
　　　　　EG, *GRUR Int. 1992* S.417。
注一二七　至於可否援引刑法 §§153-155，則有爭論，參注一二六文，p.101。

而貼附不實來源標示於商品，處三十以上二千以下瑞士法郎之罰金，或科或併科三天以上一年以下之徒刑（§25）。另若某人就某商品之生產、製造已享有名聲，他人將另一來源類似之商品上市，卻未以清楚易見之標示陳明該商品非源自該有名地者，亦依§25 科處（§19）。又若於廣告單、商業紙類中不合法使用產地標示者，依§26 可科三十以上五百以下法郎之罰金或科三天以上三個月以下之徒刑（注一二八）。1992 年制定之新商標法 §64 I 對故意使用不符實際之產地標示或使用有混淆可能之標示，或使用就商品來源有混淆危險之名稱、住址、標章者可處一年以下之徒刑或科十萬法郎以下之罰金。另依 §68，對違法帶有產地標示之物品可依刑法 §58 沒收。

第四款 日 本

依前已提及之不正競爭防止法§1 I ③④禁止產地不實或引人誤認之標示，違反者除有民事責任外，尚有刑事責任。依同法 §5 規定：「有左列各款情事之一者，處三年以下有期徒刑或五十萬日圓以下之罰金，①在商品或其廣告上為虛偽之標示，引起對商品原產地、品質、內容、製造方法、用途或數量之誤認。②以不正當之競爭目的，為§1 I ①或②之行為者。③以不正當之競爭目的，為§1 I ③～⑤之行為者。④違反前二條之規定者（注一二九）。」可見，若在商品或其廣告上為虛偽之產地標示而引人誤認者，則該當§5 I ①，處三年以下有期徒刑或五十萬日圓以下之罰金；若出於不當競爭之目的，而在商品或其廣告中，或以公眾得知悉之方法於交易上書類或通信上為虛偽之產地標示，使人誤認原產地，或販賣、散佈、輸出帶有該標示之產品亦該當§5 I ③。細繹之，§5 I ①應

注一二八 舊商標法§§24、19 屬告訴乃論；§26則為非告訴乃論之罪，學者評其不合邏輯。參 F. Dessemontet, ibid, pp.99-100。

注一二九 引自各國公平交易法相關法律彙編，公平會出版品，p.7-63。

著重保護消費大眾之法益；而§5 I ②③則著重保護公平之競爭，故要求主觀條件 —— 出於不正當競爭之目的。若偽標產地之行為同時該當§5 I ①③應屬想像競合，從一重處斷。另同法§5-2設有兩罰規定，故法人之代表人、法人或個人之代理人、使用人及其他從業人員，對於其法人或個人業務有違反§5各款之行為時，除處罰行為人外，該法人或個人亦科§5所定之罰金刑。值得注意的是日本實務上，有為數不少違反不正競爭防止法之案件，意謂§5在不正競爭之抑制上扮演重要之角色（注一三〇）。另1993年5月19日新修正不正競爭防止法§13仍就產地之偽標設有刑事制裁，可處三年以下有期徒刑，三百萬日圓以下之罰金。§14仍保留兩罰之規定（注一三一）。

第五款　我　　國

1.一般刑法

依刑法二五五條：I「意圖欺騙他人，而就商品之原產國或品質，為虛偽之標記或其他表示者，處一年以下有期徒刑、拘役或一千元以下罰金。」II：「明知為前項商品而販賣，或意圖販賣而陳列，或自外國輸入者，亦同。」按§255 I為虛偽標記商品原產國或品質罪，II則係販賣虛偽標記商品罪（注一三二）。以下就其構成要件予以分析：

(1) 虛偽標記商品原產國或品質罪

A，客觀構成要件

注一三〇　參 Teruo Doi, ibid, p.192。1905年以前僅有違反§4始科以罰金，1950年則修正之，凡違§1 I ①～⑤亦應施以刑事制裁，且增設徒刑。

注一三一　參 GRUR Int.1993 SS.754-756。

注一三二　當初制定本條文之立法目的係因外國經濟侵略，影響民生至鉅，為挽回利益，以保護本國企業之發展而設。參周冶平，刑法各論，61年2月再版，頁568。但此於今日觀之，似已不合時宜，應認係為維持經濟秩序所設。

就商品之原產國或品質爲虛僞之標記或其他表示

其行爲客體爲一切商品，犯罪行爲爲就商品之原產國或品質爲虛僞標記或其他表示，所謂「虛僞標記或其他表示」，係指商品之標示記載或其他有關商品之仿單或廣告之表示有所不實（**注一三三**）。不過旣虛僞標記之事項僅限於原產國或品質，則非一切產地之僞標皆可以此條項相繩。亦卽只有原產「國」之僞標始構成犯罪，如：本國貨標爲外國貨或本甲國製卻標記爲乙國製始屬之。至於僅爲產地未涉及原產國之僞標則不在本條項範圍內。又，行爲人須就商品之原產國或品質爲虛僞之標記，方可成立本罪，故如僅利用他人之商標紙冒製商品銷售，自不構成本罪（**注一三四**）。而本罪之行爲可能與僞造文書或行使僞造文書罪發生想像競合之關係，此際則應依刑法五十五條前段規定，從一重處斷（**注一三五**）。

B. 主觀構成要件

須有欺騙他人之意圖

行爲人主觀上就商品之原產國或品質爲虛僞之標記或其他表示，須有欺騙他人之意圖始可，只要行爲人具備此不法意圖，至於是否生欺騙他人之結果則非所問。由此可知，本罪實具有詐欺之本質，若另該當§339之詐欺罪，例：僞標產國而以高價出售牟利，是否應另論詐欺？實務及學說就此尚有不同之意見。甲說認本罪旣具有詐欺之本質，則不應

注一三三　參褚劍鴻，刑法分則釋論，下冊，頁781。

注一三四　參41臺非12號判例、56臺非178號判例；參林山田，刑法分則（下），頁776注18；頁772注16。

注一三五　47臺上520號判例卽採此見解：「藥品說明書係以文字說明其性質、用法、特徵等，爲私文書之一，將其僞造，自足生損害於原廠商，其餘印製物係意圖欺騙他人，而就商品之原產國爲虛僞之表示，二者屬於想像競合犯。」。

另論詐欺罪（注一三六）。乙說則認二罪具牽連關係，應成立牽連犯，依刑法五十五條後段從一重處斷（注一三七）。管見認為，就理論上而言，法條競合係指行為人之行為同時該當數法條而同時競合適用之現象，因該數刑罰法規均係保護同一法益，為禁止對同一法益作雙重之評價，故僅依一個刑罰法規予以評價（注一三八）。而現§339 I 及§255 I 所保護之法益並不相同，前者係保護個人法益中之財產法益，後者則係保護農工商之發展，即社會法益（國民經濟）（注一三九）。二者所保護之法益既有所不同，則二者應非屬法條競合之關係。至於究成立想像競合或牽連犯，則視行為之個數而定，若係二行為，如：先偽標原產國，再據以高價販賣以牟利，則成立§255 I 及§339 I 之罪（注一四〇），二者具牽連關係，依刑§55 I 後段，從一重（§339 I）處斷；若僅係一行為，如：僅高價販賣不實標示原產國之商品，並未偽標原產國者，則應成立刑§339 I 及§255 II 之罪，此則係一行為侵害數法益觸犯數罪名，乃想像競合，依§55 I 前段，從一重（§339 I）處斷。

　　(2) 販賣虛偽標記商品罪

注一三六　林山田採此說，見氏著，刑法分則，頁776。實務見解參54臺上2001
　　　　　號判例，58臺非30號判例：「……意圖欺騙他人而就商品之品質為虛
　　　　　偽之標記或進而販賣，本含有詐欺性質，其詐欺行為，即不應另行論
　　　　　罪。」另陳煥生，刑法分則實用，頁294，則依狹義法優於廣義法原
　　　　　則。

注一三七　實務採此見解者有43臺上407、44臺非39、56臺上2576、46臺上705號
　　　　　判例。另褚劍鴻則認不無研究之餘地，但未明示其見解，見氏著，前
　　　　　揭書，頁782。

注一三八　甘添貴，罪數理論之研究(三)──法條競合，軍法專利38卷12期，頁2
　　　　　以下；黃榮堅，濫用商標行為之刑事責任，台大法學論叢，22卷1
　　　　　期，頁234-249。

注一三九　參林山田，前揭書，頁763；褚劍鴻，前揭書，頁764。

注一四〇　§255 I 及 II 之關係，管見認乃不罰之後行為，只論§255 I 即可，詳見
　　　　　下述。

A. 客觀構成要件

販賣、意圖販賣而陳列或自外國輸入前項之商品。

行為客體乃同條前項虛偽標記或表示之商品，犯罪行為則有三種態樣：販賣、意圖販賣而陳列或自外國輸入，三者有其一，即構成本罪，若同時具有二以上之型態，則相互吸收（販賣吸收意圖販賣而陳列及自外國輸入）。若行為人即為前項偽標原產國者應如何論罪？管見認此應屬不罰之後行為，蓋此情形於法律概念上實有二行為，非屬想像競合應屬無疑，而於偽標原產國後進而販賣該商品，販賣之後行為僅係對偽標行為所造成之狀態加以利用及保持，侵害之法益同一，而不法內涵已包括於偽標行為之範疇內，因此僅應論以§255 I 偽標原產國罪即可（注一四一）。

B. 主觀構成要件

行為人須明知商品之原產國或品質為虛偽標記或其他表示，亦即行為人對之須有認識，僅限於直接故意，而不含未必故意之情形。至於本罪與詐欺取財之關係前已論及，於此不贅。

2.特別刑法？

雖公平法 §21 禁產地之虛偽不實或引人錯誤之標示已如前述，但卻未就此設有刑事制裁，是否妥當頗值檢討。考諸各國立法例，尤其同設有不正競爭法之德國、瑞士、日本，就產地之虛偽標示不僅設有民事責任，同時亦定有刑事制裁，而我國卻付之闕如，此雖為立法政策之考量，但由法條體系上觀之，§19、§20、§22 之不公平競爭行為，行為人皆須負刑事責任，同為不公平競爭行為之 §21 不實廣告何獨未有類似之規定？縱有刑法二五五條可資援用，但其畢竟非就不實廣告所設之制裁，且其客體只限於商品之原產「國」或品質，並非可涵蓋所有虛偽標

注一四一　關於不罰後行為之論述，參林山田，刑法總論，75 年 2 月再版，頁 347；黃建榮，論商標仿冒之刑事問題，台大碩士論文，頁224。

示產地之情形。又依實際情況觀之，不實廣告案件占公平會處理案件之2／3，於現今消費者保護法甫制定，運作成果仍有待觀察，而我國現行民事訴訟程序尚未承認團體訴訟或集團訴訟之際，爲維護交易秩序及消費者利益，確保公平競爭，實有必要於公平法中增訂對不實廣告之刑事制裁(注一四二)。

第六款　小　　結

由前述可知各國就虛僞不實之產地標示多設有刑事制裁，多數國家於不公平競爭防止之相關法規中設有規定，或是就特定商品基於國民健康或產地標示經濟價值之維護另設特別法；少數國家則於普通刑法中定有相關規定。至於主觀構成要件之規定，各國則有所不同，但就刑度觀之，則多屬輕罪，至於實行之成效，則因各國之相關程序或要件寬嚴度而有所不同，不過，民事救濟制度不甚周延、健全之國家，尤其賴刑事制裁以收遏阻僞標產地之效。我國由於刑法§255範圍過狹，更有賴公平法就此增設刑事制裁之規定，雖刑罰並非遏止所有不法行爲之萬靈丹，但由外國立法例及實證上觀之，對僞標產地者施以刑事制裁有其必要及成效。

第三項　行政責任

行爲人僞標產地除應負民事責任、刑事責任外，或尚可能被科以罰鍰或其他種類之行政罰(注一四三)，由於各國行政法規眾多，資料蒐集

注一四二　公平會 82.10.22 所舉辦之「廣告代理業從事廣告設計或製作，與公平交易法相關性」之座談會中，黃東熊先生亦持應增設刑事罰之看法。當然，依管見欲科以刑罰，仍應設立主觀不法要件。另朱鈺洋亦採相同見解，前揭書，頁188-191。

注一四三　狹義之行政罰不包括行政刑罰。行政刑罰實乃特別刑法，指違反行政法上之義務而施以刑法上刑名之制裁，而狹義之行政罰，則係指科以刑名以外之刑罰，其非屬特別刑法，因此，所負者爲行政責任而非刑事責任。

不易，實難周全，故在此只擬將我國之相關規定予以論述。不過，各國就商品進出口時，多要求爲產地之標示，就僞標產地之商品多設有擋關之規定，此亦屬行政救濟之管道，故於此擬略述之。

第一款　僞標產地商品之擋關

第一目　美　國

依1930年之關稅法案 (Tariff Act) §304 (19 USC 1304) 規定，進口商應以英文標示進口商品之原產國（**注一四四**）。立法意旨係使美國之「最終買者」(ultimate purchaser)（**注一四五**）可據以選擇是否購買來自特定國家之商品。§304 (a) 規定「每一件外國來源物品」(every article of foreignorigin)，例外情形於其容器上，「應在顯著地方，依物品之性質以合法地、不能擦掉地及永久地標示原產國之英文名以告知美國之最終買者」。據此，美國海關（The United States Customs Service）可要求外國商品輸入美國時須標示原產國（**注一四六**），

注一四四　以縮寫或不同之拚音標示原產國，只要不誤導大眾亦可。例 "Gt Britain" 或 "Brasil" 或 "Italie" 皆可。19CFR 135.45。

注一四五　所謂最終買者，指在美以進口（輸入）時之形式接受該物品之最後一人。19 CFR 134.1(d)。

例：①進口物用以製造，而製造者之加工造成該物品實質改變時，則製造者爲最終買者。

②進口物用以製造，但製造過程並未造成該物品實質改變時，則加工後所買之使用者或消費者，始爲「最終買者」。

③若以進口形式零售時，則零買者爲「最終買者」。

注一四六　FTC 於聯邦貿易法 §5授權下，亦有權要求爲原產國之標示，若未揭露之，則係不正或詐欺之行爲，但自1971年起，FTC 較少承擔此任務，主要由 Customs Service 執行。詳參J. Thomas McCarthy, United States Law of Geographic Denominations，收錄於 *Protection of Geographic Denominations of Goods and Services*, pp.163-169。

且海關規則更進一步要求原產國之標示最好於製造時即穿透入於系爭物品(注一四七)。而「原產國」則該指進口貨品製造、生產或長成國(注一四八)。例外情形則毋庸於進口物品上標示原產國，此可大別爲二類，一爲依§304(a) (3) 所列十五類貨品，當其標示係不切實際或不可行、不必要時可免除之(注一四九)。另一則係所謂 "J-List" 之例外，列有藝術品、雪茄、植物、紙……等八十種物品(注一五〇)。但此二類毋庸標示原產國之物品，原則上仍應於其最外面之容器或最終買者之手握處 (holder) 標示其原產國(注一五一)。

於商品進口時，海關抽樣一批檢查是否正確標示原產國，而其餘則納擔保金而放行。若被檢查發現未正確標示，則以 Form 4647 通知進口者於三十日內自行正確標示所有進口物品之原產國，或將已放行之物品交還海關，由其標示、出口或毀損之 (注一五二)。若未於法定期間三十日內正確標示或將已放行物品交還海關，則海關可要求償付損害，相

注一四七　見 19 CFR 134.41(a); 134、43。

注一四八　若在他國加工則須造成實質之改變 (transformation)，該國始可稱之爲「原產國」——19 CFR 134.1(b)。又進口物品在進口後至送至最後買者前，若與他項物件組合，則不僅需標示原產國，尚須以文字或符號清楚顯示所標示之來源國僅及於進口品部分，而不及進口後之組合部分。——19 CFR 134.14(a)。而若因此有實質之轉變，成爲美國產品，則不適用相關之規定。——19 CFR 134.14(c)。

注一四九　見 19 CFR 134.32。例: 非損傷物品不得標示者; 其容器已足以顯示原產國; 尚未提煉之物等。某些則係歷史因素而毋庸標示——19 USC 1304(a)(3)(J)。

注一五〇　見 19 CFR 134.33。

注一五一　見 19CFR 134.22(a); 19 CFR 134.33。除非該物品係進口者欲自用而非販賣或由進口商欲在美國加工，或最終買者必知原產國者，始例外亦毋庸於容器上標示原產國——19 CFR 134.22(d)(1)。

注一五二　見 19 CFR 134.51。

當於未交還物品之價值再加上一些稅（duty）（注一五三）。由前述可知，依關稅法，唯有已正確標示原產國或先預納物品價值10％之擔保始可放行(注一五四)(注一五五)。另亦可依商標法§43（b）禁止其進口。美國就毛皮品、紡織品及衣著類、羊毛品亦設有特別規定，清楚揭示須正確標示原產國，海關始予以放行，且尚明確要求原產國應如何標示(注一五六)。

第二目　歐陸國家

1.德　國

依 §28 WZG 規定，外國商品若非法貼附德國之商標、商號或地名者，於其進口或過境時，可經受損害之人供擔保聲請，由海關予以扣押以除去該不法標示，若未除去或不能除去者，則予以沒收。另因加入馬德里來源協定而於 1925 年 3 月 21 日所制定之法律── Gestez über den Beitritt des Rechts zu dem Madrider Abkommen betr. die Unterdrückung falscher Herkunftsangaben auf Waren，§2規定帶有不實產地標示之商品，海關可以除去不實標示為目

注一五三　見19 CFR 134.54。若已放行之物品已銷售予消費者，無法再行交還時，若進口者並非故意或過失，則可申請解除免償付損害──19CFR 134.54(b)(c)。

注一五四　見 19 USC 1304(c) (d)，但此非意謂若被抽查之物品未正確標示，交還所有物品時，可支付10％之特別稅以代正確標示。

注一五五　意圖隱瞞原產國而將標示除去、毀損或改變，將處拘役一年，科或併科5000美元以上之罰金── 19 USC 1304(e)。若進口者提供不實原產國之認證，對故意隱瞞事實或明知為不實或將造成詐欺而使用者，則科 5 年以上有期徒刑，科或併科 10,000元以上之罰金──19 CFR 134.51(d),18 USC 1001。就此係屬刑事責任。

注一五六　美國就此有Fur Products Labeling Act,參15 USC 69; Textile fiber Products Identification Act 15 USC 70; Wool 參 15 USC 68(b)(e)。例：毛皮品若係由不同國家之 fur 製成，則每一國名皆須揭示於商品表面──16 CFR 301.13, 詳見 J. Thomas McCarthy, ibid., pp.169-170。

的而扣押或沒收。故由上述法律可得知，帶有不實產地標示之商品，於輸入德國境內之際，海關可予以扣押或沒收之(**注一五七**)。

2.法　國

依1892年1月11日之關稅法典§39，及1965年9月29日 nos 65-832 及65-833 之命令，(此命令設有適用關稅法典第四章第五篇有關禁止商品屯積、運輸之要件)，輸入商品帶有任何種類之標示而可能導致有人相信其係法國製或法國來源者，禁止該商品輸入。另依1932年4月20日之法律，強制某些外國產品為產地標示，故依此法輸入法國之產品有義務於其商品上標示產地(**注一五八**)。

第三目　日　本

與進口品擋關有關者乃為1954年關稅法，依該法 §71.1 規定，直接或間接帶有虛偽不實產地標示之外國商品禁止進口。又依 §71.2，海關之官員應通知進口商，由其選擇在相當期間內刪除此類不實之產地標示或更正之，或者將帶有不實標示之商品裝船送回。另與出口品不實產地標示之禁止有關之法律則為「進出口貿易法」，依該法§1明示其立法意旨為阻止不公平之出口貿易及建立進出口貿易之秩序，以促進外貿之整體發展。一般而言，國際貿易中之不公平競爭理應由進口國予以防制，而日本制定該法以規範出口品則係希冀藉此建立日本商品於海外市場之好名聲。同法§2列有四類「不公平出口貿易」，其中Ⅱ即為帶有不實產地之商品出口，而依§3則禁此類商品出口。又出口商品應由國貿及工業部 (MITI) 許可之(§5)，若其發現有§2,§3所列禁止出口之情事，可採取行政措施，如：停(中)止出口(§4)。而依1949年出口貿易控制命令，其中§1規定欲出口某些項目之商品，應獲 MITI 之書面許可始准

注一五七　於德國，此二規定較少受實務重視。

注一五八　不過，此法因與法所簽署之 EEC 條約及 GATT 有違，故現已不再適用，參 R. Plaisant, ibid., p.2。

出口，其中表一第二一一項即規定「有可能侵害目的地國專利、新型、新式樣、商標、著作權之商品，或就其產地有誤導大眾之虞的商品及其他 MITI 所指定之商品」，出口時，皆應得 MITI 之書面許可。

第四目　我　　國

　　依民國82年 2 月 5 日公布之貿易法（**注一五九**）第十七條規定：「出進口人不得有左列之行為：一、侵害我國或他國依法保護之智慧財產權。二、未依規定標示產地或標示不實。……」又，依同法二十八條第一項第五款，違反§17 規定之禁止之為者，可處新臺幣三萬元以上三十萬元以下罰鍰；情節重大者，經濟部國際貿易局並得停止其一個月以上一年以下輸出入貨品或撤銷其出進口廠商登記，情節輕微者，則予以警告（同條Ⅱ）。故若未依規定標示產地或標示不實，按其情形將受警告、罰鍰、停止輸出入貨物及撤銷進出口廠商登記之處分（**注一六〇**）。而依貿易法 §15 授權，經濟部訂定貨品輸入管理辦法及貨品輸出管理辦法（**注一六一**），其中貨品輸出管理辦法第五章定有產地之標示，§22：「輸出貨品，應於貨品本身或內外包裝上標示產地，其標示方式應具顯著性與牢固性。」§23：「輸出貨品係在中華民國製造者，不得標示其他國家或地區製造之字樣，或加標外國地名國名或其他足以使人誤認係其他國家或地區製造之字樣。但有左列情形之一經專案核准者，不在此限：一、原標示於進口貨品或零組件上之原產地標示，得予保留。二、供國外買主裝配之零組件，其產地標示在表明其最後產品之產地者。三、供國外買主盛裝之容器或包裝材料者。」§24 Ⅰ：「輸出貨品係中華民國製造者，應標示中華民國製造或中華民國臺灣製造，以其他文字標示者，

注一五九　見司法院公報，35卷 3 期（82年 3 月）。經濟部70.4.25. 所公布之「防止輸出貨品仿冒商標及偽標產地辦法」已隨而廢止。

注一六〇　見§32Ⅰ、Ⅱ，§33。

注一六一　82.7.14.經濟部令經⒅貿字第086781 號；82.7.19.經濟部令經⒅貿字第087148號。見司法院公報35卷 9 期（82年 9 月）。

應以同義之外文標示之。但輸往美國以外之無邦交地區者，得標示臺灣製造或其同義之外文。」Ⅱ：「前項輸出之貨品，因特殊原因須免標產地，或標示其他產地者，應向貿易局申請專案核准。」此三條相關條文詳細規定出口貨品產地之標示可供執行貿易法§17之參考。

第二款　擋關外之僞標商品產地之行政責任──以我國爲主

第一目　公平交易法

依我國公平法§41：「公平交易委員會對於違反本法規定之事業，得限期命其停止或改正其行爲；逾期仍不停止或改正其行爲者，得繼續限期命其停止或改正其行爲，並按次連續處新臺幣一百萬元以下罰鍰，至停止或改正爲止。」故就商品產地爲虛僞不實之廣告者，因違反 §21，公平會得命其停止或改正之，並按次科以罰鍰。不過，由條文之文義觀之，似應先限期命其停止或更正，無法直接科以罰鍰，實際上，公平會就不實廣告亦是先予命令停止或限期改正之處分，無形中予業者「犯規一次」之機會，而未能及時有效制止不實廣告，公平會已擬將此列爲修正重點(注一六二)。又，依81年6月24日公布之公平交易法施行細則§25Ⅰ：「事業有違反本法 §21Ⅰ、Ⅲ 規定之行爲，中央主管機關得依本法 §41 命其刊登更正廣告爲改正之行爲。」Ⅱ：「前項更正廣告方法、次數及期間，由中央主管機關審酌原廣告之影響程度定之。」因此，虛僞不實產地標示的廣告，公平會得命更正廣告，此不失爲有效保護競爭秩序、交易安全之方法，惟公平會認此更正廣告只需在原刊登廣告之媒體爲之即可，且刊登時間亦僅三日或五日（注一六三）即已足，此與外

注一六二　82.10.22 舉辦之座談會中，公平會表示對惡性重大，造成消費者明顯損失之不實廣告，逕處罰鍰，見中國時報82.1.9.第6版。

注一六三　⑻公處字第08423號函，公平會公報1卷9期，頁1；⑻公處字第028號函，公平會公報1卷9期，頁4。

國立法例相較實相距甚遠，　是否能收更正之效以 符立法意旨頗有可議（注一六四），因此公平會應善用此條文以有效遏止不實廣告。

第二目　商品標示法

依商品標示法§5之規定：「商品之標示，不得有左列情事：一、內容虛偽不實者。二、標示方法有誤信之虞者。三、有背公共秩序或善良風俗者。」又同法§4，廠商於商品本身、內外包裝或說明書上就產地所為之表示即為本法所稱之標示。依§15 I：「違反本法規定，經通知改正而逾期不改正者，處五千元以上五萬元以下罰鍰；其情節重大，報經中央主管機關核准者，並得處以停止營業或勒令歇業。」據此，若就商品產地為虛偽不實之標示，即屬違反商品標示法§5，而依§15 I，經濟部應通知其改正，逾期不改正者則科五千元以上五萬元以下之罰鍰；情節重大者尚可停止營業或勒令歇業。

由前述可知，若偽標商品之產地，可能同時違犯公平法§21及商品標示法§5，行為人則應依公平法§41及商品標示法§15負行政責任。現有疑問者乃是此二法之關係是否構成法條競合抑或僅為想像競合，就商品標示法與公平交易法（不正競爭之部分）二者觀之，商品標示法應屬特別規定，蓋商品標示法應亦係求競爭之公平以維交易秩序，保障消費者利益，而專就商品之標示為規定，故應為特別規定。職是之故，偽標商品產地依特別規定優於普通規定之原則，　應優先適用商品標示法 §5、

注一六四　美國 FTC 對更正廣告要求：①刊載時間至少一年。藉以消除廣告所生之留存效果(residnal effect)；②更正廣告之成本不得少於原廣告¼。以免版面過小，無實效；③事業在更正廣告中必須針對虛偽部分為實質揭露 (substantial dislosure)。即業者須在更正廣告中針對其原本廣告虛偽不實之部分，為真實之說明並比較之。故如：「本公司廣告有虛偽不實之情形，特此更正」，此類抽象之方式並不合格。且 FTC 要求更正期限屆滿１年後，須提出目前購買前以虛偽廣告促銷產品之消費者，對此產品真實性了解之比例。若低於95%，則應再續為更正廣告。參周德旺，前揭文，頁 69-70。又澳洲則要求業者須在全國所有報紙上為更正廣告之刊載。

§15 I 。但與公平法§41比較，後者所科處之罰鍰較重，又制定在後，是否有後法優於前法，或重法優於優於輕法原則之適用，而應優先適用公平法？本文認為以理論上而言，應採否定見解，蓋若有特別與普通法之關係，卽無後法優於前法或重法優於輕法原則之適用。實則制定在後之公平法，本應無必要就商品產地虛偽標示之行政責任另予規定（注一六五），現另予規定，於構成要件上又無不同，行政責任卻輕重有別，立法者或係欲以此修正民國71年所制定之商品標示法，反造成適用法律時理論之混亂，管見認為較妥當之做法係完全將商品標示部分之行政責任讓諸商品標示法，若欲加重其行政責任，則直接修法為之。

第二節　獨占使用之禁止──產地標示與商標法之關係

第一項　個別標章之註冊可能性

一般而言，產地標示因非表彰商品之單一來源，故只要係真實使用之範圍內，任何人應皆可自由標示之。亦卽，在系爭標示所指稱地區內之生產者或製造者皆可於其商品上自由使用。因此，地理名稱本質上卽不適於由個人所獨占，而獨占權之獲得多因法律賦與並保護之結果，故立法政策上欲防止地理名稱之獨占使用並不困難，就此，則與商標法有密切之關係，蓋商標權人就其所註冊之商標享有專用權，為達禁止地理名稱為個人所獨占使用之目的，各國多於商標法中設有相關規定，或明文禁止地名註冊為商標；或明定縱以地名註冊商標亦不礙定居該地域之企業或個人自由使用以標示商品產地。以下茲將各國商標法與此有關之

注一六五　廖義男同此見解，參氏著，公平交易法應否制定之檢討及其草案之修正建議，臺大法學論叢15卷1期，頁90。

部分析述之，以明各國立法例之異同，並檢討其利弊得失。

第一款　美　國

　　美國商標制度受英國影響甚深，而其對商標權之保護係由commen
law 發展而成，並採使用主義。若符普通法對商標之保護標準，即因實
際使用而可和他人商品相區別者，則可受商標普通法之保護，但對地理
名稱，原則上則禁止任何人對之享有排他權，以免阻止其他在該地製造
或生產其商品者真實表彰其地理來源。1905 年 2 月 20 日始制定 Trade
Mark Act，成為美國重要的商標成文法(注一六六)，採商標審查主義及
公告制度，不過仍保留普通法之使用主義，商標之註冊僅係商標專用權
之表見證據。國會將普通法之原則法典化，於 §5(b)，禁「僅為地理名
稱」之標章註冊。1946 年 7 月 5 日制定蘭哈姆法案 (Lanham Act)
即以 1905 年之商標法案為藍本，成為現行之美國聯邦商標法。其中 §2
(e)(2)則禁止「主要是地理描述」(primarily geographically descr-
iptive) 或「虛偽性錯誤描述」(deceptively misdescriptive) 之標
章註冊。可見，原則上美國商標法對地理名稱並不予以保護，主要係因
其不能發揮商標鑑別單一來源之功能。亦即，若其例外可達表彰商品單
一來源之功能，如：幻想性使用或取得次要意義 (secondary mean-
ing)，則可為商標之註冊。為進一步分析，茲將地理標示之使用分為下
述數類，以辨明其可否為商標而註冊之：①主要是地理描述(primarily
geographically descriptive)②主要地理虛偽性錯誤描述(primarily

注一六六　此法並非美國第一部聯邦商標成文法，早在1870.7.8. 國會即制定第一
　　　　　部之聯邦商標法 (Federal Trademark Statute)。但最高法院
　　　　　以其未明示限於州與州間或外國貿易之行為，而以違憲論。1881年國
　　　　　會再次制定商標法，僅適用於外國貿易、州與州間，以及與印地安種
　　　　　族間通商之商標註冊。參曾陳明汝，美國商標制度之研究，1992年增
　　　　　訂新版，頁6-7。

geographically deceptively misdecriptive）③虛僞性地理描述
(deceptive)④隨意性（arbitrary）地理標示⑤普通名詞(generic)
之地理標示。前三類依 Lanham Act 原則上不可註册爲商標，又①、
②當其證明具次要意義時即具顯著性（distinctive）始可註册於主登
記簿（Principal Register)，但毋庸證明次要意義即可登記於輔登記
簿(注一六七)，若將來獲次要意義則可獲商標權之保護。而③非但不可
登記於主登記簿，亦不可登記於輔登記簿（Supplemental Register)
(注一六八)。輔登記簿並不如主登記簿註册般可獲頒實質權利，其唯一
之目的係藉以獲得使用日之官方記錄，以便美國商標所有人可依國際公
約於外國主張優先權。後二類④、⑤地理名稱之使用，嚴格言之均非係
表彰商品之地理來源，即不被消費者評價爲產地標示，但是否可註册爲
商標又有不同，若係隨意性之使用，毋庸次要意義即具顯著性，又因其
非表彰商品產地，縱非源自該地亦非虛僞而可註册，例：North Pole
之於香蕉；Solem 之於香煙；Atlantic 之於雜誌；Arctic 之於冰淇淋
或冰箱等均爲適例。一般而言，愈不著名之地名愈可能被評價爲隨意性
之使用，縱使該地聞名，消費者亦不可能認商品源自該地亦同，如：
Paris Beach Club (因巴黎無海灘)。而該地若以該商品聞名，則愈難
被評價爲隨意性之使用，如：Dutch 用於塗料上曾被認係隨意性商標
之使用（注一六九)，而用於乳酪上則成爲描述性之使用，不可註册爲商
標（注一七〇)。若該地理名稱已成爲普通名詞，即消費者認該地理名稱

注一六七　見 15 USC 1094。

注一六八　見 15 USC 1091。原則上，任何能成爲有效商標之文字、符號皆可
　　　　　註册於聯邦輔助登記簿。即雖不符該法定義下之標章，但具表彰商品
　　　　　性質者，亦可註册，但須於註册前一年有使用於州際商務之事實始可
　　　　　（§23 Lanham Act）。

注一六九　National Lead Co. v. Wolfe (1955 CA9) 223 F. 2d 195。

注一七〇　Borden Co. v. Swiss-American Importing Co. (1948 Comm
　　　　　Pat), 78 USPQ 335。

爲所有同類產品之名稱，並非表彰商品之產地，則其欠缺顯著性，亦不可註冊爲商標。如："French fries", "Danish pestry", "Bermuda Shorts" 等。此往往係由於未有效防止他人濫用該地名致轉爲普通名詞，如："Vichy water", "Swiss cheese", "Worcestershire sauce", "Chablis"皆屬。反之，前三類皆被消費者評價爲產地標示，第一類其商品確源自所標示地，餘二類商品產地則與所標示地不符，不過，原則上皆無法取得商標註冊已如前述。但此三者仍有區別實益，故擬進一步詳述之。首先，由專利商標局（Patent and Trademark Office, 簡稱 PTO）一系列之判決中可知 Lanham Act 中所稱 "Primarily" 係用以強調 ①② 類之地理名稱，若其地理意義爲次要或不顯著，且非一般消費者所知悉者，則不包括之。亦卽，若因不斷之廣告、宣傳，而使該標示可表彰商品之單一來源時，卽已取得次要意義（注一七一），便可取得聯邦商標之註冊，Lanham Act §2(f) 亦已將此原則納爲明文，只要該地理名稱繼續、實質地排他使用而具顯著性時卽可申請註冊於聯邦主要登記簿。若於申請註冊前已有五年排他而繼續使用之事實者，可以之爲具顯著性之表見證據，從而准許其註冊。如：Manhattan 之於襯衫則因取得次要意義而可成爲有效之商標。一般言之，是否取得次要意義應由主張者負舉證責任，又若描述性程度愈高，舉證責任亦愈重。另，第三類「虛僞性地理標示」，則依 §2(a)，不論是否證明次要

注一七一 "secondary meaning" 有學者將之譯爲「第二層意義」，見馮震宇，中美商標法律要件之研究，頁35-44；劉文毅，亞洲與美國商標概論，松江文化事業股份有限公司，頁 115-119。所謂「次要意義」係由英國法院所創始，美國法院亦予以採納。而其係指不具顯著性之用語因無法藉此與他人商品相區別，故無法註冊爲商標，但若此等文字被排他地用於商品上，且在消費大衆腦海中已產生產品單一來源之聯想，則轉爲顯著性，而喪失其原始意義，產生新的特殊意義，卽次要意義。參曾陳明汝，前揭書，頁41-47；J. Thomas McCarthy, *Trademarks and Unfair Competition, Vol.1* pp.513-566。

意義，絕對不可註册於主或輔登記簿。不過較有疑問者係②與③類如何
區別？後者依實務所示須有三要素： a.該標示主要係傳達地理意義，
b.系爭商品非源自所指稱之地， c.該地名之使用「被認係欺騙大衆」
(calculated…to deceive the public)(注一七二)。由上述可知此二者
最大之區別在於使用者是否具欺騙大衆之意圖， TTAB (Trademark
Trial and Appeal Board) 則表示若有計劃的、經設計的，意圖欺騙
大衆有關商品之地理來源者，卽屬「虛僞性」之地理標示。亦卽明知使
用此標示會使系爭商品具更好之品質或銷售力，而藉以引誘或誤導消費
者購買之情形。雖此意圖難以證明， 但若系爭商品爲所標示地之特產
（著名產品）時，往往被推定有此意圖。如: Maid in Paris 用於非
巴黎所製之香水; Limoges 之於非於法 Limoges 所製或非以該地之
陶土所製之瓷器均屬適例。TTAB 後又改採 Kenneth B Germain
教授之"materiality test" 以區別二者，亦卽以該虛僞性描述是否「重
大地」影響購買系爭商品之決定爲斷（注一七三）。只要系爭商品爲所標
示地之主要 (principal) 產品（不限特產）且美國消費者可能知之時，
則係重大的欺騙。至於含地理名稱之組合標章則應就整體觀之，以判定
其究屬描述性、虛僞性或隨意性標示。如: 美國實務曾認 "The Ame-
rican Girl"用於鞋子上非爲地理描述,但若以"The American Shose"
用於鞋子上則應屬之(注一七四)。而 "American Beauty" 用於日本製

注一七二　see Re Charles 5. Loeb Pipes, Inc. (1976 TMT & App Bd)
　　　　　190 USPQ 238。

注一七三　In re Quady winery Inc., 221 USPQ 1213, 1214 (TTAB
　　　　　1984)。

注一七四　Hamilton- Brown Shoe Co. v. Wolf Bros & Co., 240 US
　　　　　251-256, 60 LE d 629. 法院認 "The American Girl"爲幻想性、
　　　　　隨意性之標示。

之縫紉機則被判係主要地理虛僞性錯誤描述（注一七五）。可見，就組合標章之部分美國實務見解較爲混亂（注一七六）。

由前述可知，美國商標法原則上禁止產地標示註册爲商標(§2(e))，僅於例外情形證明具次要意義時始可註册 (§2(f))，至於若係「虛僞性」(Deceptive) 之使用，則絕對禁止註册 (§2(a))。縱於例外允許產地標示註册爲商標時，其商標專用權之範圍亦受蘭哈姆法案 §33(b)(4)「公平使用」(fair use) 抗辯之限制，亦卽他人仍可正確地使用該地理名稱以表彰其商品之產地。

第二款　英　　國

美國普通法對商標權之保護原則大抵繼受英國而來，故英國普通法上之商標自亦要求具顯著性不待多言。而英國1938年之商標法 (Trade Mark Act 1938)（注一七七）將商標註册分爲A部及B部，依§42，主管

注一七五　Singer Mfg. Co. v. Birginal - Bigsby Corp. (1963 CCPA) 319 F. 2d 273。

注一七六　如: "Italian Maide" 用於美製之罐頭食品，被認係錯誤描述——Re Amerise(1969 TMT & App Bd) 160 USPQ 687; 而 "Hawaiian Maid"用於非夏威夷所製之水果味飲料，則被認既非錯誤描述，亦非虛僞性描述——Re RJR Foods Inc.,(1976 TMT & APP Bd) 189 USPQ 622; 另 "Dutch Boy" 用於非來自荷蘭之花球莖上，則被認係「虛僞性」——National Lead Co. v. Michigan Bulb Co.(1959 Comm Pat) 120 USPQ 115; 而"Danish Apple" 用於美所生長之煙草上，則被認非虛僞性錯誤描述——Re R.J. Reynolds Tobacco Co. (1977 TMT & App Bd) 183 USPQ 127。縱丹麥在美國以煙草製品聞名，但仍被認係暗示性的，因其具斯堪的那語系之風味。另"English Leather" 用於男士刮鬍水，則被認係隨意性標示——Men Co. v.The Hes Co. (1966 DC Col) 149 USPQ 8。

注一七七　英商標成文法歷經變革，由 Trade Marks Registration Act 1875，於 1883 併入 the Patents Designs and Trade Marks Act 1883，隨後1905又有商標法案，至1919則分爲A部及B部註册，至1938年始制定 the Trade Mark Act,爲最精密之法案，1984則略作修正,增設服務標章之制度。詳參 W.R. Cornish, *Intellectual Property: Patent, Copyright, Trade Marks and Allied Rights,* 7版，1989, pp.392-399。

機關有權決定申請註冊之標章是否具顯著性而註冊於A部或B部。而B部註冊僅於顯著性之要求較A部爲低（§10），英國實務上申請註冊於B部之標章非常罕見，大部分是A部註冊之邊界案型（注一七八）。依 §9 I 列舉可註冊於A部之情形，其中(d)項排除地理名稱通常意義（ordinary signification）之註冊，卽屬單純產地標示不可註冊爲商標。而就此英國法院一向採較嚴格之觀點，只要事實上係一地名，原則上皆不准其註冊爲商標。例："Livron" 曾被認係法國重要之製鞋工業城，故不可註冊爲商標（注一七九）；"York" 用於拖車亦被駁回（注一八〇）。除非其明顯爲幻想性標示則依 §9(1)(e) 證明有顯著性，例外准予其A部註冊（注一八一）。而若地理之標示不可能造成混淆之虞者，則可註冊於B部。英國之商標註冊手册中（Trade Mark Registry Work Manua 1989版）亦明示主要之地名註冊爲商標應被絕對禁止。另，依英國商標法§11，亦禁有欺罔公衆之虞之標示註冊爲商標。

由前述可知，英國商標法原則上亦禁產地標示註冊爲商標，例外具

注一七八　大多係因欠缺顯著性（§9）而被核駁不准A部註冊，或雖實際使用卻未有充分證據可證明已具備 §9 所列之要件。T. A. Blanco White and Robin Jacob, *Kerly's Law of Trade Marks and Trade Names,11* 版，pp.119-123。

注一七九　(1937) 54 RPC 327 (C.A.)。主要英國法院認此城太有名，故應予禁止。見前注一七七所列書，頁90。

注一八〇　(1982) FSR 111;1984 RPC 231 (H.L.)，此案，申請人於"York"之"O"中尙有一楓葉之圖案，以表示其與加拿大之地源關係，但仍被拒註冊於A部，蓋其乃一地名之故，而僅准註冊於B部。餘被拒之案尙有"Liverpool"用於 Cables, "Glastonburys"用於 Slippers; "Yorkshire"用於copper tubes。參前注一七七書,頁91; Melville. *Forms and Agreements on Intellectual Property and International Licensing, vol.2* 1986 pp.6-21。

注一八一　"Tijuana Smalls" (1973) RPC 453。其雖爲幻想性，但不够明顯，只准註冊於B部。

顯著性或被認係幻想性之標示始可註冊於 A 部。 但因英國實務之嚴格觀點, 所以幾乎無重要之城鎮或地名可註冊爲商標, 而此亦受部分學者批評, 認如此嚴格之態度將忽略標章所有人爲獲顯著性所 爲之努力(注一八二)。實則, 較妥適之方法, 應如美、 德等國立法例般爲保障他人自由使用以標示產地之必要, 原則上應予禁止產地標示註冊, 但是否爲產地標示則應取決於消費者之評價, 如此始可兼顧商標申請者、定居系爭地區者及一般消費者之利益。

第三款 歐陸國家

第一目 德 國

德國之商標法原則上亦禁產地標示註冊爲商標, 而使個人(商標權人)對之享有獨占權。禁止之原因大抵有三: ①地理名稱本質上缺乏與他人商品之區別力 (Unterscheidungskraft); ②地理名稱應保留予其他定居該地之人、 消費者及一般大眾自由使用, 性質上不宜由個人獨占; ③若欺騙大眾之使用亦不值保護。故德國商標法§4設有相關規定以資配合, 首先①, ②展現於 §4Ⅱ①WZG, 無區別力或完全以含有商品製造地之文字所組成之標章不可註冊爲商標。第三個理由則展現於§4Ⅱ④WZG, 「陳述顯然與事實不符且有欺罔公眾之虞者」亦禁其註冊爲商標(注一八三)。§4Ⅱ①對定居或非定居皆有其適用, 而 §4Ⅱ④主要係針

注一八二 Florent Gevers, Geographical Names and Signs used as Trade Marks, *EIPR 1990* pp.285-291. 亦採相同見解。另有英學者就實務對 §9(d) 之判定不以爲然, 認其標準不明確, 應運用統計學之基礎以計算其他貿易商使用該標示之可能以定其可否註冊。參 John N. Adams, Trade Marks Law: Time to Re-examine Basic Principles, *EIPR 1990* pp.39-40。

注一八三 此並非排除定居者依 §3 UWG 合法之使用, 只是某程度用以加強詐欺之禁止, 亦即與 §3 UWG 可相互配合。

對非定居者而言。例外可註册商標則係依§4Ⅲ WZG 之規定：若§4Ⅱ①之情形於交易中已成爲區別申請人商品之標章者，則可註册爲商標。以下則就此相關條文析述之。

　　首先因地理名稱無區別力，故不可以之申請商標註册（§4Ⅱ①前段），若其非被了解爲地名，而係指稱商品種類時（卽種類名稱，§5Ⅰ UWG），仍無區別力不准註册爲商標。又，由§4Ⅱ①WZG之文義觀之（"ausschließlich"），由地理名稱與他類標示組合而成之標章並無後段之適用，只要具區別力仍可註册。較有疑問的是若將地名稍作改變（德稱 Fälle abgewandelten Anmeldung geographischer Her-kunftsangaben）而使用，或間接之產地標示有無 §4Ⅱ①WZG 之適用？就前者(注一八四)，德國實務擴張§4Ⅱ①WZG後段之適用，認若將地理名稱略作改變而申請註册，亦應核駁（注一八五）。德國學者就 §4Ⅱ①後段之適用亦有不同看法（注一八六）。不過，本文認爲是否與某地名近似並非首次申請商標註册時首應考慮者，而應採一貫之見解，由交易觀點之了解出發，若將之評價爲地名則不可註册，反之，則應予准許（注一八七）。實則，德國實務看法似是而非，此種些微改變的確易使粗

注一八四　此指些微改變之情形。如："Expresso"改爲"Espresso"；"Gang-lian"改爲"Ganglon"。對此，粗心之消費者往往不能發現。

注一八五　參 BGH"Polyestra"判決，其雖非直接針對產地標示，但可適用之。"Ploys-ter"係「聚脂」之義，現以 "Polyestra"申請註册，應予禁止，GRUR 1950 S. 219。但此見解實值探討，因一般人可否了解"Polyester"之義大有疑問，對一般人而言，"Polyestra" 應爲幻想性標示，而可註册爲商標。

注一八六　學者有從嚴，亦有從寬解釋者，參 C. A. Hammann, Über die Eintragungstätigkeit geographischer Bezeichnungen, *GRUR 1961* SS.7-9。

注一八七　Tilmann 認上述實務見解將影響產地標示之保護，且使 §16 WZG 無適用之餘地，尤其對較不著名之產地標示及間接產地標示影響更鉅。且由§26 Ⅱ WZG 可見立法者亦有此意。參氏著，a.a.O., SS.297-300。另見Baumbach und Hefermehl, a.a.O., SS.152-153。

心之消費者忽略，但前提是消費者須先認知其為地理名稱，若對原來形式之地名即無從辨識時，再略作改變更不可能評價為產地，而只是幻想性標示，應准予註冊。又，對後一問題，即間接產地標示有否§4Ⅱ①WZG後段之適用，亦存有爭論。有學者主張§4Ⅱ①後段乃基於自由使用之考慮而設，性質上應不適用於間接產地標示，亦即間接產地標示非§4Ⅱ①後段所規範（**注一八八**）。但 RG（**注一八九**）及 BGH（**注一九〇**）均持肯定見解，認間接產地標示亦應包括在 §4Ⅱ①後段範圍內（**注一九一**）。理論上較妥適之看法應將間接產地標示包括在內，但應由立法意旨出發進一步考慮其他定居所指稱地區居民避開不使用該間接標示之可能，著名之公共建築或罕見之自然景觀一如直接產地標示般，較難不予使用；反之，若係語言文字之間接產地標示（例: Lady Rose）則較無必要保留他人自由使用，只要其具區別力時，應可註冊為商標（**注一九二**）。另，德國§4ⅢWZG 例外允許在交易中已成為標示申請人商品之標章註冊，但僅限於§4Ⅱ①之標章，故依此非虛偽不實有欺罔公眾之虞的產地標示，若已因實際使用於交易中足以表彰商品單一來源時，可註冊為商標。依實務看法，鑒於依§4ⅢWZG 註冊所取得之商標具全國之效力，故要求該標章須在全國皆足以標示申請者之商品時始符該條項之要件（**注一九三**），

注一八八　依本文見解，實則 §4Ⅱ②亦可能涉及。

注一八九　參 RG 1939.6.17. Urteil "Lübecker Holstentor", GRUR 1939 SS.919-923。

注一九〇　BGH 1954.6.11. "Römor", GRUR 1955 SS.91-92, 明示包括間接產地標示。

注一九一　由此二問題可知德實務對自由使用之維持，即§4Ⅱ①後段適用範圍從寬解釋。參 Tilmann, a.a.O., S.302。

注一九二　此毋庸符§4Ⅱ，只要具區別力即可註冊。

注一九三　參 BGH "Nährbier", GRUR 1930 S.357。要求須所有或幾乎全部之消費者皆認可標示申請之商品始可。

而與§4Ⅲ相對的，則是§25WZG，此乃有關商品表徵（Ausstattung）權，地理名稱亦可能透過 §25 之保護而排他使用， 但其不以註冊爲要件。德國實務認 §4Ⅲ與 §25 之要件不同，後者只需「在相關交易領域中」(innerhalb beteiligter Verkehrkreise) 可表彰單一商品來源即可， 毋庸全國皆聞名，亦即只要交易中「非不顯著之部分」或「非不值得注意」(nicht nubeachtlich) 即已足(**注一九四**)。就此，亦有學者持反對見解，認§4Ⅲ不應要求在全國皆足以標示申請者之商品始可。而應參酌 PVÜ§6-4 Abs. c(1)，考慮所有具體之情形，特別是該標示持續使用之事實而定，並非死板的要求需全國皆知(**注一九五**)。

由前述可知德國原則上亦禁地名註冊爲商標，例外始可依§4Ⅲ註冊而取得商標權或依§25享有排他使用權，不過其保護範圍仍應受§16WZG之限制，即不妨礙他人於商品或其包裝上非以商標之形式正確標示產地。另德國亦簽署許多雙邊條約，亦對§4Ⅱ①之適用有影響(**注一九六**)。

第二目 法 國

依其1964年12月31日之法律第一條即明定地理名稱可爲商品或服務之標章。但依同法第三條之規定，普通名詞、詐欺或描述性之符號不可構成有效之商標。就此，國家產業財產局 (National Institute of

---

注一九四 參 RG 1941.6.23. "Alpenmilch"，GRUR 1941 SS.328-33U; BGH 1951.6.30."Nährbier", GRUR 1960 SS.83-87; 1973.7.13. "Stonsdorfer",GRUR 1974 SS.337-338。

注一九五 參 Tilmann, a.a.O., SS.303-305。不過，縱採從寬之看法，取得商標權之專用範圍仍嚴格限於具體使用之形式。BGH 1957.9.17. "Rosenheimer Gummimäntel" 判決即認商標專用權只限於 "Rosen heimer Gummimäntel"，而不及於 "Gummimäntel aus Rosenheim", GRUR 1958 S.39ff。

注一九六 大抵有２方式: ①推定爲產地標示 (與古巴); ②爲§4 Ⅱ①WZG 之特別規定 (與法、義、希、瑞、西等皆屬)。參 Tilmann, a.a.O., S.311ff。

Industrial Property(INPI) 於准予註冊前應加以調查。可見，法國法雖原則承認地理名稱可爲有效之商標，但因§3設有限制，所以地名爲商標之客體，其效力備受爭論，一度註冊之商標常被以違反§3而撤銷。法國實務則將地名區別爲公共地名 (Public Place Names) 及私人地名 (Private Place Names) 以差別待遇。前者係指由國家相關當局所賦予之地名，卽官方之地名，如：行政區之名。後者則非官方所賦予之地名，其使用上應較爲自由。實務依§1承認法國或外國之公共地名可爲有效之商標，但有三保留：①若已成爲商品不可或缺之一般稱呼，不可以之爲商標。如：Savon de Marseille; Crêpe de Chine 等是。②工商企業不可獨占該地名之使用，亦卽縱以之爲商標，所有該指稱地區工作之人只要不構成混淆皆有相同權利使用之以標示其商品之產地。如：1919年6月30日最高法院（cour de Cassation）有關 Saint-Raphaël 之判決，卽明示1890年由里昂葡萄酒貿易商 Juppet 所註冊帶有 Saint-Raphaël 字樣之商標，並不表示商標權人可獨占 "Saint-Raphaël"之使用，其他在Saint-Raphaël之公司亦可使用之(注一九七)。較新之案例則爲1982年5月7日最高法院就 "Baccarat" 所爲之判決，亦同此意旨(注一九八)。③依§3，地名做爲商標須非描述性或詐欺公衆。亦卽若與商品實際產地不符或僅係描述商品產地者均不可爲商標。至於私人地名因通常不會被大衆評價爲表彰商品地理來源，故只要非屬「原產地名稱」卽可以之註冊爲商標。又，法國實務往往拒絕以某產品聞名之地理名稱用於該類商品之商標，例：Côte-d'Or 以薑餅、芥末聞名，則不可將之爲商標用於此類商品上，但卻可用於非特別有名之巧克力產品上，因爲只是幻想性名稱；同理，Paris 禁用於香水，而 Soir de

注一九七　參 R. Plaisant, ibid, p.8注12-13。
注一九八　參 Florent Gevers, ibid., EIPR 1990 p.289。

Paris; Dessert Parisien(注一九九)則被認係有效之商標。巴黎地院亦曾認"Bresil"不可註冊爲咖啡之商標，蓋巴西以咖啡聞名；但卻同時表示若英文"Brazil"或葡文"Brasil"則可，因爲多數法國大衆已辨識不出其表示巴西。但此種見解頗值懷疑，故被巴黎上訴法院於1988年6月16日廢棄之，並撤銷 Brazil 及 Brasil 註冊於咖啡之商標(注二〇〇)。

　　另實務上較值得注意的是若標章帶有法國國名申請註冊，近來皆被 INPI 核駁，例: France vin; Ecole de conduite française; Régie France 等。蓋 INPI 認此類標章會予大衆國家對商品品質有某程度保證之印象。

　　由前述法國法及其實務可知其就地理名稱註冊爲商標所採之原則與各國大抵並無不同，雖其法律承認地理名稱可註冊爲商標，但又排除普通名詞、描述性、詐欺性質之地理名稱註冊，藉由實務之運作可知仍須具顯著性又無欺罔公衆之地理名稱始可註冊，嚴格言之已非被視爲產地標示，卽幻想性之使用方准註冊，但仍保持定居該地者公平使用該地名標示商品產地之權。而法國法上最特殊的卽是其有關「原產地名稱」（appellation d'origine）之規定，而欲將地理名稱註冊爲商標與原產地名稱亦有密切關係。原則上，該地理名稱若與原產地名稱完全相同或類似則不可註冊爲商標。實務曾認 "Cubita" 及 "Cubanitas" 用於某比利時之公司所產製之雪茄上有模仿原產地名稱 —— 古巴（Cuba）之嫌，故不准予註冊(注二〇一)。 反之， 不構成原產地名稱之地名， 實務

注一九九　亦卽，只要非就特殊產品享有名聲者（卽非原產地名稱），而又不詐欺消費者，則寬認其可註冊爲商標。參Fischer, Besondere Fälle der Beurteilung des Markenbegriffes und der Unterscheidungskraft im französischen Markenrecht, *GRUR Int. 1988* S.522ff.。
注二〇〇　同前注 一九七, p.287。
注二〇一　參 Court of Paris, 1985.7.4.。但於 Romanée-Conti 案中則認 Vicomte Bernard de Remanet和原產地名稱Romanée-Conti 並不近似, 1987.12.1.-Cour de Cassation Commerciale。

則採較爲寬容之態度，允許將茲註冊爲商標，例：Chicago 可註冊爲衣服之商標（注二〇二）。於此特値討論的是商標及原產地名稱之雙重保護問題，亦卽一人可否旣享原產地名稱之保護利益又同時爲相同或類似商標之所有人？實務亦曾有相關之案例出現：某捷克之公司在法國及捷克皆就 "Bud" 及 "Budweiser" 享有原產地名稱之保護，而該公司基於 "Budweiser" 已於捷克註冊爲商標，（於原產地名稱註冊前），擬將該國際標章效力擴及於法國,（Budweiser, International Mark No. 238. 203），而在捷克其已受雙重保護。但巴黎法院則因禁止雙重保護且原產地名稱效力優於商標，因而宣告系爭標章無效（注二〇三）。可見法國原則上禁享雙重保護，而縱使商標註冊在前仍予以撤銷。不過此種見解遭受學者質疑（注二〇四），蓋此舉無異沒收他人合法之商標權，極不合理，故認就此應承認受雙重保護之可能（注二〇五）。實則，雙重保護確仍存有某些困難（如：商標授權時），且原產地名稱亦有可能和第三人註冊在先之商標權衝突，仍値深思。而里斯本協定就此有相關規定可資因應，詳參後述，於此不贅。

法國爲因應歐體調適各國商標法之指令，已於1991年1月4日制定新的商標法，並於1991年12月28日生效，其中§1就商標之構成已不再明定地名可註冊爲商標，§2則明定商標須具顯著性，§3則列舉欠缺顯著性標示之類型，另已成普通名詞或詐欺公衆之標示皆不得爲有效之商標，就地理名稱註冊爲個人商標之可能性，1991年新商標法已更接近他國之

注二〇二　參 Beier und Knaak, a.a.O., GRUR Int. 1992 S.417。
注二〇三　1986.4.22. Court of Appeal of Paris。
注二〇四　同注一九七。
注二〇五　實際上，法實務曾就以葡萄園地名併入成爲商標之部分承認之，如：Château de pommard, Château Margaux。

立法例(注二〇六)。

第四款 歐 體

　　早在1958年歐洲經濟共同體條約生效後，歐體即欲建立一個統一之商標法。使商品可在共同體市場內自由流通，而突破商標屬地主義之限制。不過由於各會員國之商標法差異甚大，欲直接制定出統一之商標法阻力不小，因此擬先使各國調適其內國之商標法，俾使其規範標準趨於一致，以減少商品流通之障礙，有助單一市場之建立。1988年12月21日正式提出「會員國有關商標法律第一次調適指令」(First Council Directive of 21 December 1988 to approximate the laws of the Member states relating to trade marks)，要求各會員國至遲於1991年12月28日前修改其內國商標法以符該指令之標準，後又將此期限延至1992年12月31日。雖仍有某些國家未能如期完成商標法之修改，但亦積極進行中(注二〇七)。鑒於1988年之第一次調適指令對歐體會員國商標法之影響，故將該指令中有關商品地理來源之相關部分爲一介紹。

　　依該指令§2要求商標之構成須足以鑑別商品之企業來源，值注意者其並未明示地理名稱可構成有效之商標，此與法國1964年之商標法不

注二〇六　參 Marie-Danielle, Poisson-Schödermeier, Changes in French Trade Mark Law : The 1991 Act, *EIPR 1992*, pp.104-105; Thrierr, Das französische Markengesetz Nr. 91-97, *GRUR Int. 1991* S.516ff。

注二〇七　現已完成修法之國家有法、丹麥、希臘、義大利。義之新商標法可參 Mario Franzosi, Report on the New Trade Mark Law in Italy, EIPR 1993 pp.220-222; EIPR 1993 p.188-189, 213-214。

同。又，僅指示商品地理來源之標章，依§3Ⅰ(c)不可註冊為商標，若予以註冊應註銷之。若詐欺大眾有關商品之產地者，亦係核駁商標註冊之事由（§3Ⅰ(g)）。不過，地理名稱若已具顯著性，亦卽產生次要意義，則准予註冊為商標（§3Ⅲ）。而縱取得商標權，其權利行使之範圍應受§6之限制，第三人仍有權標示其商品之地理來源（§6Ⅰ(b)）。

又，如法國般承認「原產地名稱」之國家，若以原產地名稱註冊為個人商標，該指令§3Ⅱ(a)許會員國依相關法令核駁該註冊。而若與取得在先之工業財產權（包括原產地名稱）衝突時，依§4Ⅳ(c)(iv)亦應核駁其註冊(注二〇八)。

第五款　日　本

日本商標法第三條第一項列有因欠缺顯著性而無法註冊之標章，其中第三款規定：單純以商品之產地、出售地……，僅依普通使用之方法表示所構成之標章，不得申請商標註冊。亦卽認產地標示欠缺顯著性，故無法以之為有效商標之客體。同時依日本專利局所編纂之審查標準，與§3Ⅰ③地理名稱有關之部分中，第二點認國名、著名之地名、熱鬧之街名（含外國）及地圖，原則上均被認定為指稱特定之產地或出售地(注二〇九)。專利局及法院就此著有豐富之判決，如：實務曾拒絕Noritake China 之註冊，因 Noritake 乃產地標示，卽使實際上無人使用亦同。又依同法§3Ⅱ規定，前述之標示因實際使用之結果已足以使人識別系爭商品之來源時，則例外可註冊為商標。此與英美法系所謂取得次要意義而可註冊之情形一致。不過日本實務鮮少因取得次要意義而可註

注二〇八　指令§3乃絕對拒絕註冊事由；§4則係相對拒絕註冊之事由。

注二〇九　參 Teruo Doi, ibid., pp.120-122, 及 *The Protection of Geographical Denomination in Japan*, pp. 71-72。

册者（注二一〇）。另 §4 Ⅰ 基於公益及消費大眾保護之考量，列有十六款
絕對禁止註册事由，亦卽縱其已取得顯著性（§3 Ⅱ），仍不得註册爲商
標。於 Hollywood K.K.v. Director-General of Patent Office
一案中，當事人將 Hollywood 字樣以羅馬字及日文拼音註册爲其化
妝品之商標，東京高等法院維持專利局之判斷，依 §4 Ⅰ ⑮拒其註册。
其謂好萊塢爲美國電影製片重鎮及可與巴黎比擬之流行中心，而 Max
Factor 公司於其在日本所販賣之產品上標示 Hollywood 爲其產地已
有許多年之久，若准許原告使用之，則就其產地恐將有欺罔公眾之虞。
故依§4 Ⅰ ⑮與他人營業之商品有發生混同誤認之虞而核駁註册商標之申
請（注二一一）。由上述可知，日本商標法原則亦禁以地理名稱註册爲商
標，縱例外允許時，仍應注意 §26 Ⅰ ②就商品產地、販賣地，商標權人
無法主張排他使用權。

第六款　我　　國

　　我國於民國 82 年 12 月 22 日公布最新修正之商標法，此乃歷年來
修正幅度最大的一次，並已與外國先進之立法例接近。依新法 §5 Ⅰ 仍
要求商標應足以使一般商品購買人認識其爲表彰商品之標識，並得藉
以與他人之商品相區別。亦卽商標應具顯著性。而地理名稱因性質上
無法表彰商品之單一來源，僅爲描述性使用，原則上不可註册爲商標
（§37 Ⅰ ⑩）。某地理名稱之使用若已成爲表示商品種類之名稱者，如:
「紹興」酒、「哈密」瓜、「法國」麵包等，依 §37 Ⅰ ⑩仍不得註册爲商

注二一〇　參 John Kakinuki, Protection of Trade Marks and Ant-
　　　　　icounterfeiting Law in Japan, EIPR 1990, p.8。
注二一一　1967.6.29.東京高等法院判決，參 Teruo Doi, The Protection of
　　　　　Geographical Denomination in Japan, p.73。

標。另依§37Ⅰ⑥之規定，若商標圖樣有使公眾誤認誤信其商品之性質、品質或產地之虞者，亦不得申請註冊。亦即某地理名稱被消費大眾評價爲產地標示，但卻與實際情形不符，有使公眾誤認誤信之虞者不得註冊爲商標。故，依我國商標法，原則上地理名稱或有使公眾誤信誤認商品產地之圖樣皆不得註冊爲商標（**注二一二**）。又，修正前之商標法並無承認如美國「次要意義」之明文，但新法 §5Ⅱ則已增設類似規定，故地理名詞如經申請人使用且在交易上已成爲申請人營業上商品之識別標章者，視爲具有特別顯著性。故依現行法，地理名稱依交易觀點已足以表彰商品之單一來源，又無使公眾誤信誤認商品產地之虞時，可註冊爲有效之商標。不過其商標專用權之範圍仍應受 §23Ⅰ之限制，亦即以普通使用之方法，而表示其商品產地附記於商品上者，不受他人商標專用權效力所拘束。

　　觀諸我國實務，於民國 70 年前，仍偶見許地理名稱爲商標註冊者，如:「羅馬磁磚」（**注二一三**），「臺中牛乳大王」等，70 年以後採較嚴格之態度，原則上予以禁止。茲舉行政法院相關之判決、判例以明我國實務之態度，例: 49 年判字一二七號判例認以「花旗 SUNKIST」商標申請註冊，易使人對其產地所有誤認而購買，有欺罔公眾之虞，蓋「花旗」二字，向爲代表美國之俗稱（**注二一四**）。另 53 年判字二三五號、二三七號判例則認「夜巴黎來文達 SOIRDE PARIS LAVENDER」標章使人誤認其產地爲法國巴黎，故應評定其商標註冊爲無效（**注二一五**）。

注二一二　參中央標準局，商標有欺罔公眾或使公眾有誤信之虞審查基準。Ⅱ
　　　　　　（一），即明示地名不可註冊爲商標，參馮震宇，前揭書，頁101。

注二一三　管見認此應爲幻想性標示，蓋消費者並不將之評價爲商品之產地。

注二一四　49.12.3.，49 判 127 號例，參徐火明編，工業財產權法裁判彙編，頁
　　　　　　565-569。

注二一五　53.11.21.，53判235號、237判例，參徐火明編，前揭書，頁592-600。

又，59 年判字二一四號判決則認「王奈及利亞 ONENIGERIA」商標，其中「奈及利亞」係非洲之國名，以此爲商標易使人誤認其所購買之產品爲該國所出產，有欺罔公衆之虞。雖當事人指稱非洲國家開發較遲，其工業產品品質殆不及我國遠甚，且奈及利亞並非製售雨衣著名之國家，其以系爭商標名稱之雨衣行銷非洲，並無欺罔意味，但不爲行政法院所接受（注二一六）。實則，實務應爲交易觀點之探知，以明系爭標示究被了解爲產地之表彰，或僅爲一幻想性標示，逕以認定其係表彰產地，似嫌草率。較新之實務見解可參行政法院 76 判字一三一三號判例，其認「阪井サカイ」商標圖樣「有使一般消費者誤認其指定使用之商品爲日商所生產、製造、加工、揀選、批售、經紀而購買之虞」，故不准其註冊。蓋由整體觀察該商標乃日文型態，且「阪井」爲日本福井縣北部坂井郡內之町名（注二一七）。另，81 年判字二二五八號判決則涉及「山果露 MOUNTAIN DEW」申請商標註冊之事件，中標局認 MOUNTAIN DEW 係蘇格蘭威士忌酒之義，以此作爲商標，有致公衆生誤信之虞，而行政法院認系爭標示外文部分縱有蘇格蘭威士忌酒之義，亦僅係某特定地域之部分人偶或作爲交談用語之俚語，因而認中標局僅憑少數辭典記載口語化之偏狹文義，遽予認定系爭標示有致公衆誤信之虞，予以核駁其註冊之申請，不無率斷，故撤銷原處分及訴願、再訴願之決定（注二一八）。

綜上所述，可見我國現行商標法之規定已相當接近外國立法例，但實務見解仍少見對交易觀點之探知，審查欠缺理論之依據，遽予判定似嫌草率，應參酌外國學說、實務以補理論之不足。

注二一六　59.6.2., 59判214號判例，參徐火明編，前揭書，頁539-541。

注二一七　參保成出版社，六法全書——行政法，頁790。

注二一八　81.10.30., 81 判 2258 號判決，見行政法院裁判彙編，81年(二)，頁1307-1313。

第七款　小　　結

　　按商標法原則上採屬地主義及獨立原則，而各國商標法之規定不盡相同，因此往往同一商標在甲國可取得註册，而在乙國卻被核駁。但爲促進國際貿易、商品自由流通，應有使相同商品可以同一商標表彰來源之必要，故應調和各國之商標法以達此目的。不過就地理名稱可否註册爲商標，由前述可知各國之立法例大抵類似，歸納言之，可將之分爲絕對拒絕註册事由（因標章本身性質使然）及相對拒絕註册事由（基於第三人取得在先之權利）。

　　1.絕對拒絕註册事由

　　（1）標章須具顯著性。而地理名稱若僅單純表彰商品之地理來源，則其僅係描述性，不可註册爲商標。若甚已成爲普通名詞或商品之種類名稱，更無法發揮鑑別商品單一來源之功能，亦不可註册爲商標。不過，欠缺顯著性之標章仍可藉由強力之廣告、宣傳，使其可指稱特定之企業，此時即因而取得次要意義而具顯著性。

　　（2）地理名稱之使用若使公眾有誤認商品產地之虞者，亦不可註册爲有效之商標。於此則應注意，該地理名稱是否爲產地標示，若係幻想性之使用，則無詐欺公眾之可能。就此，則應賴交易觀點爲斷。

　　2.相對拒絕註册事由

　　（1）地理名稱或符號之使用與註册在先之商標相同或近似，而此主要由形、音、義三方面觀察。

　　（2）地理名稱或符號之使用與其他之工業財產權相同或類似。如：與某原產地名稱相同或類似，亦可能因此被拒絕註册爲商標。

　　最後則須注意者，縱地理名稱可註册爲有效之商標，但其商標專用權之範圍仍應受限制，他人仍可以非商標之方式標示其商品之產地。雖各國立法例就此已趨近於一致，但因消費者觀點不同，各國實務又採寬嚴不一之標準，以致實際上仍存有歧異。

　　另，縱地理名稱取得商標註冊，但其與前述原產地名稱並不相同，茲將二者主要差異比較如下：

　　　　(1) 前者不可僅表彰商品之地理來源，是否欠缺顯著性；後者則
　　　　　　必須指稱商品源自特定地區。

　　　　(2) 前者並不標示商品基本之品質；後者則可。

　　　　(3) 前者由商標權人獨占，亦可轉讓或授權；原產地名稱則可由
　　　　　　符合使用要件之每個人使用於商品上，但無法轉讓或授權。

　　　　(4) 商標可涵蓋商品或服務，理論上可指定註冊於任何種類之產
　　　　　　品；原產地名稱則只可及於商品，且僅限於特定種類之產品。

第二項　地理名稱為證明標章、團體標章註冊之可能性

第一款　證明標章

　　所謂證明標章係以該標章證明他人商品或服務之特性、品質、製造方式、來源、準確性或其他有關該商品或服務之特徵者。證明標章之作用在於對消費大眾證明其所欲採購之商品合乎證明者之標準或其詳細說明（注二一九）。英美法系之國家大多設有證明標章之制度（注二二〇），只是除美國外，各國實際運用者並不多見。我國於 82 年修正之新商標法亦增設證明標章之制度（§73），但因條文過於簡略，又乏實務運作之經驗，故尤有必要參酌外國立法例及實務、學說見解以資補充。於此所論述之重點為地理名稱可否註冊為證明標章？首須先將證明標章之特色予以究明。按美國 Lanham 法案 §45 及英國1938年之 Trade Mark

---

注二一九　參曾陳明汝，前揭書，頁10。

注二二〇　參Tilmann, a.a.O., 394。如：英、美、澳、紐、港、加拿大皆有。
　　　　　而美國在1946年明文保護之前，已有數法院承認普通法上之證明標章
　　　　　參 Lee Bendekgey and Caroline H. Mead, ibid., p.776。

Act §37 對證明標章所爲之定義大抵相同，據此可歸納出證明標章之特色，卽其與一般商標最大之不同處；①並非標章所有人使用(**注二二一**)；②用以證明帶有標示之商品或服務所具之特質及（或）源自相同地區(**注二二二**)。可見，證明標章並不能鑑別商品之單一來源，就此則與產地標示之性質類似，且一旦註册爲證明標章，則標章所有人卽不可再以相同標章以爲區別自己商品之商標；反之，已註册爲商標，亦不可再以相同標章註册爲證明標章，否則，將使消費者對商品之來源、品質發生混淆。例：美國商標局卽拒絕 OJ 註册爲來自佛羅里達州且符申請人所設標準之柳橙的證明標章，因申請人已將之註册爲提供源自佛州柳橙汁服務之服務標章(**注二二三**)。正因證明標章之特殊性，美國商標法 §2(e)(2)、§4特例外明文承認地區來源之標示可註册爲證明標章，故單純之地理名稱毋庸證明次要意義卽可登記於主登記簿册。實務上亦有相關案例可資參照，承認"Roquefort"係標示由法國 Roquefort 地以羊奶所製成之乳酪，可註册爲證明標章（**注二二四**）。英國雖未如美國般明定地理名稱可註册爲證明標章，但因其性質使然，學者卽採肯定見解（**注二二五**）。而其實務上迄今則尙乏直接肯認之實例。不過，縱使以地名註册爲證明標章，各國立法例仍強調應保留予當地製造者可自由使用之利益(**注二二六**)。美國雖未於商標法中明文規定，但於商標審查程序手册中（the

---

注二二一 申請註册人之資格，見美§4；英§37；我國§73 Ⅱ。

注二二二 法國1991年新商標法 §30 亦設有證明標章。申請商標註册之主體，亦限非商品或服務之製造者、進口者或販賣者。參 Marie-Danielle,, Poisson-Schödermeier, ibid, EIPR 1992 p.105。

注二二三 Re Florida Citrus Commission(1968 TMT & APP Bd)160 USPQ 495。

注二二四 Community of Roquefort v. William Faehndrich Inc. (1962 CA 2) 303F. 2d 494, 133 USPQ 633。此案例尙有表示已於外國註册之證明標章亦受保護之意。

注二二五 參 Robin Jacob, ibid., p.143;Melville, ibid, p.6-22。

注二二六 見英 §37 V Ⅱ; Tilmann, S.396。

Trademark Manual of Examining Procedure rules, 簡稱
TMEP) 亦提及(注二二七)。除此之外，爲維護公益及消費者利益，各
國亦設立可繼續使用該證明標章之法定要件(注二二八)，若不符合此要
件則予以撤銷。如：申請人或註冊人已無法控制或未能合法控制該標章
之使用、允許其他目的之使用等，均可予以撤銷（注二二九）。另某些國
家甚明定任何人得審閱有關證明標章使用管理之章程（注二三〇）。又，
審查使用章程之主管機關各國亦有不同規定，有由商標局管理，亦有另
由其他特別機關管理者。原則上，只要符合證明標章所設立標準的商品
或服務，所有人應不得任意拒絕該商品或服務使用系爭證明標章，否
則，將可能構成撤銷標章註冊之事由（注二三一）。由前述可知，地理名
稱性質上可註冊爲證明標章，一方面可藉此發揮產地標示之經濟功能，
亦使消費者之保護因法律之明定而更落實；另一方面亦可用以防免產地
標示因未及時制止他人濫用而淪爲普通名稱。在各國對產地標示加強保
護尚未形成共識之今日，善用證明標章更形重要。不過，設有證明標章
制度之國家，或因其國內並未特別重視產地標示之保護(如：英、美)；
或因根本並未意識到利用證明標章之可能（如：新興國家）（注二三二），
皆未善用此一制度，殊甚可惜。我國新修正之商標法亦已明文承認證明
標章之制度，希望可藉此爲我國重視產地標示保護之起點。

第二款　團體標章

注二二七　見 TMEP §1306. 02 (b)。另尚要求防濫用及不合法使用。
注二二八　見美 15 USC 1064 (e); 英 Schedule 1, Ⅳ (1), 1938。詳見
　　　　　T.A. Blanco White and Robin Jacob, ibid, p.494-495。
注二二九　見 15 USC 1064 (e)。
注二三〇　如英 §37 Ⅶ。
注二三一　見 15 USC 1064 (e)。
注二三二　因此類國家有關證明標章之制度，僅係殖民時代遺留下來之產物。

於承認團體標章(Verbandszeichen;Collective Mark)(**注二三三**)之國家對團體標章之定義或有些許差異（**注二三四**），但概括言之，所謂團體標章係指供合作社、協會或其他團體之會員所使用之標章，而由團體申請註冊為團體標章(**注二三五**)。巴黎公約§7-1 仍明文承認團體標章之制度，但卻未列其受保護之要件，而由各國自行定之，僅言明該團體本身不以有營業（Geschäftsbetrieb）為必要。英美法系之國家多設有證明標章已如前述，而其中除少數國家，如：美國尚同時承認團體標章（§4、§45 Lanham Act）外，多數國家並未設有團體標章之制度。歐陸法系之國家雖大多並未設有證明標章，卻多明文肯認團體標章之制度（**注二三六**）。我國亦於民國 82 年所修正通過之新商標法中（§74）明文採納團體標章之制度。不過，許多設有團體標章制度之國家（如：我、德、美、法1964年舊法）均未明確述及地理名稱成為團體標章客體之可能性。因德國法對團體標章列有較詳細之規定，故擬由德國法出發，並由理論上探討地理名稱可否註冊為團體標章。乍看團體標章之規定，似乎與地理名稱無涉（因非區別企業之來源，而係地理之來源），又，依德國商標法§17Ⅲ（我§77亦類似），除§17～§23別有規定外，一般商標之條文仍可適用。則仍可以§4Ⅱ①、④WZG禁地理名稱註冊為團體標章。不過，由理論上觀之，因團體標章之性質亦無法表彰商品之

注二三三 有學者將 collective Mark 譯為集合標章，參曾陳明汝，前揭書，頁10。而若由德國之用語——Verbandszeicher，則有將之譯為團體標章者，參徐火明，從美德與我國法律論商標之註冊，81年 1 月初版，頁278;謝銘洋，商標法修正草案之檢討及其對產業之影響，臺大法學論叢22卷 1 期，頁404。因我國現行商標法§74稱團體標章，故本文從之。

注二三四 見美§45 Lanham Act; 德 §17 WZG 修正草案§59; 我§74。

注二三五 參曾陳明汝，前揭書，頁10; 蔡明誠，1993年修正商標法之評析，臺大法學論叢23卷 1 期，頁352-355。

注二三六 歐洲各國有關團體標章之規定,詳參Tilmann, a.a.O., SS.398-402。

單一來源，而僅能表明系爭商品源自該團體中之某一構成員，無法藉以
區別構成員間彼此所提供之商品，就此與產地標示係表彰商品源自某地
區中之不特定製造者之性質類似。因此，只要該地區之全體居民皆有權
使用該團體標章，則無禁地名註冊以維自由使用之必要，且既爲當地居
民所使用，亦毋庸擔心將造成欺罔公眾之虞。職是之故，德國學者主
張，由§17 I WZG 對團體標章所爲之定義卽可視其爲§4 II ①WZG 禁
止獨占地理名稱之特別規定，就此，可排除§4 II ①之適用，而可將地理
名稱註冊爲團體標章（注二三七）。且德國立法者已於 1993 年商標法修正
草案§61明文肯認之。法國學者 Paul Roubier 亦認爲法之商標法（指
1964年之舊法）§16 — §29雖未明定地理的團體標章，但卻亦未將之排除
（注二三八），而性質上地理來源標示有爲團體標章之適格。其餘歐陸國家
亦多持肯定見解（注二三九）。且歐體1988 年12月21日第一次會議指令（有
關調適各會員國商標法）§15亦明定可以產地標示爲團體標章（注二四〇）。

注二三七　參 Tilmann, a.a.O., SS.323-324; Oppenhoff, Geographische
　　　　　Bezeichnungen und Warenzeichen, *GRUR Int. 1977* SS.
　　　　　233-235; Knaak/Tilmann, Marken und geographische
　　　　　Herkunftsangaben, *GRUR Int. 1994,* S.162。但 Matthiolius
　　　　　則持相反觀點，認團體標章係用以區別製造之企業，而產地標示只區
　　　　　別地區來源，參氏著，a.a.O., S.30f。不過，此說被認爲忽視團體標
　　　　　章之發展沿革。
注二三八　參 Tilmann, a.a.O., S.399; Mathély, GRUR Int. 1966 SS.1-
　　　　　90。
注二三九　比荷盧統一商標法§16之解釋與實務運作，皆認仍具比利時1935.1.29.
　　　　　法令之意義，卽產地標示可爲團體標章。荷之學者於其尚未訂立統一
　　　　　商標法前，亦採肯定見解。參 Ulmer-Baeumer S.267f。瑞士亦持
　　　　　肯定說，參 GRUR Int. 1975 SS.62-63, 1973.4.3.之"Silva" 聯邦
　　　　　法院判決，及 "Bettlach"判決，見 EIPR 1990 p.290。西、義亦有
　　　　　類似觀點，參 Tilmann, a.a.O., S.401。
注二四〇　依德國 WZG，產地標示尚可受團體表徵之保護，參 Tilmann,
　　　　　a.a.O., SS.336-338。

　　由前述分析可知，就團體標章之性質觀之，產地標示不必可鑑別使用者商品之單一來源（§4Ⅲ WZG）即可註冊爲團體標章，歐陸法系國家之學者或實務亦多採肯定見解。現應進一步探討者爲產地標示註冊爲團體標章是否有特別之要件限制及其受保護之範圍爲何。雖產地標示可註冊爲團體標章，但因產地標示有自由使用之必要，故仍應准許定居當地之人非以商標方式使用該標示以表彰商品之產地。又，由自由使用之觀點出發，若鄉鎮等地方自治團體將該地理名稱註冊爲團體標章，性質上應予准許。反之，若係私人團體欲將地理名稱註冊爲團體標章，則應有較嚴格之要件審核其標章之章程（注二四一）。而若交易觀點認該產地標示尚具品質保護之功能時，則可於團體標章章程中要求團體構成員應遵守該品質（注二四二）。地理的團體標章，其受保護之範圍並不僅限於與註冊之標章完全相同者，只要消費者認相同而有混淆可能即可，尤其形容詞之形式不同之情形，（例：Badener Wein與Badischer Wein）（參 §31WZG）。但仍應注意該地區居民可合法使用系爭地理名稱以表彰商品產地之權利（參德商標法草案§62）。由前開之論述可知應承認地

注二四一　德 §18WGZ 要求團體標章申請人須提出標章章程，表明使用者之範圍、條件……等；另可參修正草案 §66。另因公法人有特別之公法規範，則毋庸另行提出章程。參Baumbach und Hefermehl, *WZG 10 Auflage,* SS.408-409。德約75％乃鄉鎮自治團體提出申請，25％爲私人社團。

注二四二　參 Tilmann, a.a.O., S334。德就此有二制度應提出予以比較，其一爲："Gütezeichen" 一驗證標章，因其無授權基礎，故已於1942年廢止。另地理的團體標章，則亦因該陳述交易認具品質之意義，而與驗證標章近似，但其最主要之功能仍在表彰來源。而實務上，團體標章於章程中指明品質之規則者，占極少數。（至1980年代，870個中只有45個）。另可藉 "RAL" (Reichsausschusses für Lieferbedingungen und Gütesicherung)之註冊而保證來源，但德學者認此係權宜之計，而更凸顯地理團體標章之迫切性。參Tilmann, a.a.O., SS.329-330。

理的團體標章，尤其在未設有證明標章之歐陸國家中，此實不失為可保護產地標示之積極方法，當地之製造者可藉之以為維護其商譽，亦可使當地所產製商品之品質藉此制度於某程度加以協調，避免良莠不齊。且亦可藉此以為外國或國際保護之基礎，蓋外國法院可較易由團體標章章程中認定地理界線及商品所應具有之品質。在現今產地標示國際保護尚未臻理想之際，團體標章之妥善運用不失為保護產地標示可行之道。

第三項　小　　結

　　雖地理名稱性質上不適合以之為個人商標而獨占使用，但各國商標法之立法例多承認證明標章及團體標章之制度，產地標示即可藉由此二特殊之標章而獲保護，只是其重要性尚未形成共識，以致各國實務就此之相關案例極為罕見，殊為可惜。實則，善用之，對產地標示之保護可更為積極，亦可間接確保消費者權益。尤其我國既承認團體標章亦承認證明標章，依本文見解，申請人可依其目的選擇將地理名稱註冊為證明標章或團體標章（注二四三）。間接表彰商品來源之標示理論上亦應可註冊為證明標章或團體標章。

　　依前述既明地理名稱性質上可註冊為證明標章或團體標章，為求概念之明確，仍有必要區別二者與原產地名稱之異同。證明、團體標章與原產地名稱某程度皆可保證商品之品質，但仍有不同之處。雖各國對證明標章、團體標章設有不同之要件，但大抵而言可由私人組織成為標章所有人，符合一定要件可使用該標章者可能需付權利金始可使用。反之，原產地名稱非由私人組織而係集體所擁有，符合使用要件之任何人或企

注二四三　蓋由性質觀之，可藉證明標章以證明地理來源（或具特定品質），亦可藉團體標章表明源自特定地域內之商品製造團體（甚要求具特定品質），不過，同具此二制度之美國，至今只將之註冊為證明標章，我國實務之見解仍有待進一步之注意。

業毋庸支付任何對價即可使用之。因此，法國即嚴格禁止商標與原產地
名稱相同，排除受雙重保護之可能。

第五章　濫用產地標示之
特殊態樣

　　前章已將各國立法例對產地標示之保護爲一比較、分析。由於產地標示之性質使然，故立法例上特重自由使用及眞實使用原則之維護，前者多規定於商標法中，以防止產地標示註册爲商標由個人所獨占；後者則以民事、刑事及行政上之制裁，以防虛僞不實、引人錯誤之使用。鑒於獨占權性質上須藉助法律賦予並保護始得充分落實，故防止產地標示由個人獨占使用，各國商標法就此所設之相關規定已具相當成效。反之，就產地爲虛僞不實之標示而欺罔公眾以觀，由於狡猾商人濫用產地標示之方式無奇不有，故有許多特殊之情形有待進一步探究，以明是否有引人錯誤之情事，並檢討各國現行相關法令是否完備。不過商品產地有否僞標，其前提問題爲「產地」之確定，因此擬先論述如何認定商品正確之產地，再分析產地標示濫用之特別類型。

第一節　商品正確產地之認定

第一項　主要產地之認定標準

　　欲決定商品產地標示是否正確，必先確定該商品實際上產地爲何。若該商品完全在某地被製成，欲認定其產地並無多大困難，例如：手錶之製造過程完全發生於瑞士，且其零組件亦係當地自製，則該手錶之產地爲瑞士應無疑問。但若系爭商品由不同原料組合裝配而成，而其製造之原料又源自不同地點時，欲認定其產地則相當困難。例：由埃及之煙草在英國製成香煙，其產地若標示爲埃及，是否有虛僞不實之情事？此類涉及多階段之製造過程且所發生地點不一之商品，則應認定其最主要或最具決定性之產地爲何，方可判斷產地標示是否正確。故卽使所標示之地點確與該商品有一些關聯，只要並非商品之主要產地，仍可能被判定係引人錯誤之產地標示。至於如何據以認定系爭商品之主要產地，則無法一概而論。原則上仍應以交易觀點爲準（注一），亦卽以交易觀點所重視之商品特色、性質、價值被賦予之地卽爲該商品之主要產地。

　鑒於商品產地之認定不易，尤其是以不同地理來源之原料或半成品所組成之商品，欲判定主要產地更形困難，德國學者爲能更進一步討論，因此擬將商品按其性質加以分類，期能歸納出判斷之原則（注二）。不過，應予注意此種商品之分類乃一客觀之標準，與交易觀點未必一致，若有衝突時仍應以消費者之認知優先。因此由商品分類所導出之判

注　一　商品主要產地之認定，是否以交易觀點爲據，德學者就此有不同看法。Matthiolius 採否定見解，氏著 *Der Rechtsschutz geographicsher Herkunftsangaben*. S.29。而Beier、Baumbach und Hefermehl、Talbot-Thomas 及 Tilmann 均持肯定見解，參 Ulmer- Beier, *Das Recht des unlauteren Wettbewerbs in den Mitgliedstaaten der Europäischen Wirtschaftsgemeinschaft Bd Ⅱ, Deutschland*, S. 501; Baumbach und Hefelmehl, *Wettbewerbsrecht, 17 Auflage*, SS.874-875; Talbot- Thomas, *Unlauterer Wettbewerb*, S.69; Tilmann, *Die geographische Herkunftsangabe*, S. 179。本文亦採肯定見解，蓋是否爲產地標示，及是否僞標產地皆以交易觀點爲據，就商品主要產地之認定自仍應取決消費者之觀點，蓋其爲決定是否該標示有虛僞不實或引人錯誤之情形，否則理論上似不能一貫。

注　二　參 Matthiolius, a.a.O., S.22ff; Baumbach und Herfermehl, a.a.O., SS.875-876; Ulmer-Beier a.a.O., SS.502-507。

斷商品主要產地的原則，僅係決定商品眞實產地之理論基礎，實際上仍取決於消費者之認定。但此種由大眾判定商品產地之經驗法則所歸納出之準則仍極具理論上參考價值（注三），　而由於一般人對商品產地之了解不外涉及當地之自然條件或人為因素或二者兼備，故德國學者通說以此為標準，而將商品分為下列五大類，分別析述其正確產地之判定準則。

1.毋庸加工之純天然產品(Unverarbeitete, reine Naturerzeugnisse)

此類商品完全毋需人之行為的介入卽已具備交易能力（Verkehrsfähigkeit），　亦卽該商品之品質完全取決於自然因素，與人之行為無涉。如：煤、鹽、石油、岩石、礦泉水……等均是。另，非由人工所培育或飼養之動、植物產品亦屬此類。例：鮭魚、蕈類植物是為適例。此類完全毋庸藉助人力之天然產品之產地，依一般交易觀念應為系爭產品之獲取地，亦卽被發現之地點。因此，於沙烏地阿拉伯所開採之石油，其產地為沙烏地阿拉伯；於波羅的海所捕獲之鮭魚，其產地則為波羅的海。

2.藉由人力培植、栽種或飼養之天然產品(gezüchtet oder gepflanzte Naturerzeugnisse)

此類產品其重要之性質仍取決於自然條件（如：氣候、雨量及土壤等），　不過其與純天然產品最大之不同在於其仍需藉助人力，亦卽人力對此產品之生產亦有助益。故有學者將其稱為「藉由人類行為之附加的贊助始獲交易能力之天然產品)(Naturerzeugnisse, die erst durch zusätzliche unterstützende menschliche Tätigkeit Verkehrs-

---

注　三　Tilmann 並不採取此種商品分類以論述正確產地之認定，蓋出認此種標準實際適用之可能很有限，尤其易和幻想性標示及是否轉為種類名稱之問題相混，且又不以交易觀點為主。迄今，此種分類標準僅對「天然」或「人工」之產品的區別有助益。參氏著，a.a.O., S.179。

fähigkeit erlangen)（注四）。屬此類產品者如：稻米、蔬菜、水果等農產品，另由人類所飼養之牲畜亦屬之。由於此類產品之重要性質仍與其生長之自然環境息息相關，故原則上其主要之產地仍應爲被培育、種植或飼養之地區。但因該產品仍需藉助人力，故有學者認應以交易觀點爲判斷產地之憑藉，無法一概而論，尤其消費者之了解很可能因人爲加工之重要性不同而有異。依本文之看法，此說固言之成理，蓋由商品分類以論斷其產地本卽係理論上之探究，實際上仍取決於消費者之觀點。不過，旣於此種分類之架構下論述，卽應注意此類天然產品之定義，本質上卽認人爲加工並非影響商品品質之關鍵，否將可能被納入另一類之產品，故管見仍以前說爲當，卽原則上仍應以此類產品被培育、種植或飼養之地爲其產地。職是之故，「加州葡萄」之標示係指該葡萄之生長地點爲美國加州；同理「麻豆文旦」則指於麻豆栽種之文旦；「荷蘭鬱金香」必生長於荷蘭。

此類藉由人類培育、栽種、飼養而成之天然產品欲辨識其正確之產地，大體而言當不致有太大困難，但仍有某些較特別之情形，有加以說明之必要。首先應予以區別的是所謂的「品種名稱」（Rassebezeich-nung），例如：「拉薩狗」、「北京狗」卽係表示狗的品種或其血統，因此只要其雙親亦皆爲純種之拉薩狗或北京狗，則不必論究其是否於拉薩或北京被飼養。又如：德國人稱卵用雞（卽來亨雞）爲 "italienisches Leghorn"，並非指其產地爲義大利。此類品種標示於強調血統的動物甚爲常見（注五），嚴格言之，此根本並非產地標示，因此並無僞標產地之問題，應予辨明。另，葡萄酒一般亦被歸爲此類產品，蓋葡萄酒之風味優劣與釀製之葡萄品種息息相關，因此葡萄酒之產地應指葡萄之生長地，而非葡萄之壓榨地或貯藏葡萄酒地窖之所在地。故若以荷蘭所產

注 四　參Baumbach und Hefermehl, a.a.O., S.875。

注 五　如：孟加拉虎、亞洲象、北極熊、波斯貓、安哥拉羊等均屬。

之葡萄置於地處法國之地窖中而成之葡萄酒，若標上 "French wine" 則爲虛僞不實之產地標示。此外，可持久貯藏之乳品，如：無菌牛奶，有學者將之歸爲此類產品，'認其產地乃係指天然牛乳之獲取地（注六）。不過，就此亦有不同見解，認其應列爲經加工之天然產品（詳見下類敍述），其產地非可簡單以天然牛乳之獲取地爲據（注七）。實則，依本文見解，若以交易觀點出發，應視個案具體情形定之，自不待言，而管見認應視該乳品如何製成而定，若其成份爲百分之百的純鮮乳，只是經過眞空包裝處理以便久藏，則消費者所重視之產地仍應係該天然牛（或羊）乳之獲取地，如：消費者可能認在紐西蘭之自然條件下（水質純淨）所孕育出來之牛羊，其乳品應較他地爲優。反之，若係調味乳而非百分之百的純鮮乳，則加工之技術恐怕亦爲消費者所重視，自不能僅將天然牛乳之獲取地列爲產地。

3. 經加工之天然產品 (bearbeitete Naturerzeugnisse)

此類天然產品尚需經加工之過程始可提昇其交易價值，因此不僅其天然之原料會影響該產品之品質，加工之技巧或方式亦爲品質優劣之關鍵，故確定此類產品之產地特別困難。啤酒、香檳、甜燒酒（Likör）及其他酒精含量高之烈酒皆屬此類。另，煙草製造，糕餅及某些乳製品，如：乳酪、奶油、煉乳等亦屬之。此類產品若其天然原料獲取地及加工地相同者，欲認定其正確之產地並無困難，例：以荷蘭當地居民所飼養之乳牛所分泌之乳汁，在該地製成乳酪，其產地爲荷蘭自無疑問，但，若法國將該牛乳進口製成乳酪，只標示「法國製」，是否合法，認定上則不無疑義。於此，仍應視消費者就該特定商品較重視其原料之來源地或加工者製造之特殊技巧、經驗而定。一般而言，被歸類於此類商品，原則上製造、加工者之技術應爲影響商品品質之重要關鍵，故若標

注　六　參 Baumbach und Hefermehl, a.aO., S.875。
注　七　參 Ulmer-Beier, a.a.O., S.502。

示該天然產品之原料來源地爲產地，卻於他地製成成品，系爭標示往往被評價爲引人錯誤之標示。德國實務多採此種觀點，例：於德國製之香檳，卽使含有法國 Champagne 地區之葡萄酒，仍不可稱之爲 Champagne（注八）；以源自荷蘭之藥草（Kräutern）（用爲香料）在德製成之利口酒，不可標示爲 "Holländische Liköre"；同理，以源自義大利之葡萄酒及藥草（Kräutern）在德製成之苦艾酒（Wermutwein），亦不可冠以 "Vermouth di Torino" 之名。較特別的則是德國實務認以源自牙買加之朗姆酒（Rum）（或稱蘭酒，係由甘蔗汁製成之甜燒酒）於德國加水稀釋後，仍可稱之爲 "Jamaica-Rum"（注九）。較近期之實務仍秉持向來之觀點，因此認帶有地名之啤酒標示如："Bitburger Pils"；"Dortmunder⋯"；"Münchener⋯"；"Norderstedten Pilsener" 及 "Norderstedter Export" 等係指稱釀造地（Brauort）而非灌裝之地（Abfüllungsort）（注一〇）。另，德國實務對帶有外國產地標示之商品，常以消費者是否期待該商品係以成品之狀態輸入爲判定標準。故，以埃及出產之煙草在德製成香煙，冠以："Agyptische Zigaretten"（埃及香煙）之名曾被認係不法標示（注一一）。

　總之，經加工之天然產品其產地之認定較爲不易，尤其是其部分原料之來源與加工地不一之情形更形複雜。交易觀點仍係最重要之憑藉，且加工之過程對產品價值影響愈大者，加工地愈可能被評價爲產地；反之，原料之品質愈受消費者重視者，則原料之來源地被視爲產地之可能性愈高。例：「藍山咖啡」，消費者重視的應爲咖啡豆之種植地爲藍山

注　八　參 RG 1896.5.7.之判決；1923.2.16 之判決,見 MuW Ⅳ, S.68; 應注意此乃早期之實務見解，現就 Champagne 名稱之使用已有成文之規定。

注　九　LG Würzburg 1905.10.9; LG Köln 1908.9.22. 判決。

注一〇　參 WRP 1979 SS.45-47。

注一一　RG 1934.6.26., MuW 1932, SS.237-239; GRUR 1934, S.688。

（牙買加）；反之，若維也納以烘焙或研磨咖啡之技術聞名，則「維也納咖啡」之產地易為咖啡豆之烘焙或研磨地，但交易觀點所了解之產地仍可能係不同概念，因此，應以具體情形個案判定之較為妥適。

4.工業產品 (industrielle Erzeugnisse)

工業產品之特質主要甚或全部皆係因加工而賦予，並不受當地自然環境之影響，因此，該產品正確之產地原則上並非其所使用原料之來源地，而係成品被製造之地點。例：家電用品、餐具（尤指塑膠、不銹鋼、壓克力等材質者）、手錶、汽車或其他光學儀器、機械製品及非由天然食品提煉之藥品皆屬之。此種工業產品之產地原則上應為該產品之製造地而非其組成成份（即原料）之來源地已如前述，但其製造過程可能有數階段而擴及不同之地點，此時應以消費者之觀點，認該產品之重要部分（wesentlichen Teile）成形地或其特色（尤其是消費者所重視之性質或品質）被賦予地為其產地，非絕對係成品最終之製成地始為產地。因此，若系爭商品上所標示之地點被消費者了解為該商品完全或至少有某部分在該地被製造，而實際上該地僅為販賣處，則其「產地」標示為虛偽不實。職是之故，欲確定工業產品之產地，尤其其製造過程涉及數地時，主要仍取決於消費者之了解，原則上係指賦予該產品交易所特別重視之性質的地點。例；由某些瑞士生產之零組件而在香港裝配而成之手錶，若稱為「瑞士製」，可能係引人錯誤之產地標示(**注一二**)，又雖以德國邁森（Meiβen）之陶土為原料，但卻於他地上釉燒製而成之釉磚壁爐（Kachelofen），稱之為 "Meiβner Ofenkacheln" 曾被德國法院判定為不合法之標示（**注一三**）；同理，以法國公司之原始配方

注一二 注意，瑞士對其手錶工業之產地標示特別保護，而與許多國家就 "Schweizwer Uhren" 標示訂有雙邊條約嚴格保護之，以防濫用。例：德一瑞即訂有雙邊條約（§3），詳見本書第六章。

注一三 OLG Dresden,1926.2.2., MuW X X Ⅶ,S.214。另 "Dekor Meiβen" 之於非在 Meiβen 製造之瓷器亦為非法，參 RG 1926.3.16. 之判決，JW 1926,1984f。

在德國製成之香水，又添加純酒精以強調具法國香水之氣味，而冠以法
文發音之標示（間接產地標示），亦被實務認係不合法（**注一四**）。另，德
國就"Solingen"之名設有特別法保護之（**注一五**），限於全部重要之製造
原料皆在 Solingen 工業領域內被加工及完成之刀劍製品，且符特有之
使用目的者，始可冠以 "Solingen" 之標示（**注一六**）。故，對消費者
而言，Solingen 之標示不僅指示其地理來源，亦表明該刀劍製品至
少具一定之品質（**注一七**）。在此特別法生效前，德國實務亦曾表示由
Solingen 之鋼在圖林根（Thüringen）製成之刀劍品，不得以 "Sol-
inger Feinstahl" 稱之（**注一八**）。

較困難的問題是外國企業於內國設立子公司的情形，在該外國母公
司之監控下，採用相同之原料及配方以製造此類工業產品時，可否將該
外國標示爲商品之產地？相同的問題在經加工之天然產品亦頗値注意，
蓋其亦注重加工對商品品質之影響。德國實務就此採非常嚴格之觀點，
尤其是涉及直接之產地標示更是如此。如：某荷蘭之巧克力製造商在德
國設立分公司，只要非全採荷蘭之勞工、原料及其製法，則不可稱其
爲："Holländische Schokolade"（荷蘭巧克力）（**注一九**）。反之，若僅是
採用間接之產地標示，只要有清楚之附加闡明其製造地實爲國內卽可。

注一四 OLG Düsseldorf, 1956.3.6., 參 GRUR 1956.S.565。

注一五 見 1938.7.25.之Gesetz zum Schutz des Namens "Solingen"。

注一六 參該法 §1；另 §2 DVO 禁該名稱用於某特定之刀劍製品，且依§2 ②
DVO，若以冷打（Kaltgeschlagen）製成，亦不可稱之爲 "Solin-
gen"，見 Düsseldorf, GRUR 1978 S.481，但應注意對Solingen
名稱特別保護只限於刀劍品，若其他商品則仍適用 §§3, 4UWG, §26
WZG。

注一七 就此而言，與法國所謂之「原產地名稱」近似。

注一八 RG 1924.5.20.判決，MuW ⅩⅩⅣ, S.7。

注一九 參 RG 1929.3.5. 及 1932.4.26. 之判決。見 GRUR 1929 S.604; 1932
S.810。但管見認 Beier 教授將此例置此並不妥適，蓋巧克力應非工業
產品，而係經加工之天然產品。

另與此類似之問題卽是國內之公司於外國設廠（由於工資昂貴），而該
產品部分由該外國廠製造時，能否仍標示其爲國產品？就此問題基本上
仍應以交易觀點出發，視於他地之製造過程對消費者而言是否會影響商
品價值而定(注二〇)。

　　5.依銷售地或上市地所標示之產品

　　此乃極爲例外之情形，通常係發生在商品之價值以批發商或出口商
之篩選、包裝、貯存或寄送之經驗爲基礎時，尤其消費者無法自爲判斷
商品之品質,而產地又非常遙遠之情形爲常見。例: "Smyrna-Feigen"
係指於土耳其 Smyrna 港口包裝出口之無花果。就現今之觀點此種銷
售地可保證商品具消費者所重視之性質的情形已相當少見，原則上地點
之標示係表示該商品之地理來源（卽產地），而非表彰貿易者銷售商品
之地點。

　　由上述分析可知「產地」之意義應以交易觀點之了解爲依據，商品
之分類對概念之闡明或有助益，但未必與消費者之認定完全吻合，故僅
係提供參考之標準。實則，各國之關稅法爲區別進口貨品之產國以適用
不同之稅率，就產地之認定亦設有若干標準，不過此亦爲一客觀標準，
與競爭法上所強調之交易觀點有所不同，但因其有較詳細之規定，亦有
加以斟酌之價值（注二一）。　不過，各國之商標法或不正競爭法中皆未設

注二〇　企業於外國設立子公司或授權使用商標對產地標示之影響，詳見本書第
　　　　五章。
注二一　EG 之關稅規則就進口貨品原產地之認定亦設有詳細規定，參 1968.6.
　　　　27. Nr.802/68 指令。若商品完全在某國獲取或製造，則原產國爲該國
　　　　(§4I)。若商品之製造涉及二或多國時，則原產國以最終重要之加工地
　　　　或重要製造過程地爲原產國(§5)。另§4Ⅱ就特定產品亦詳細訂立原產國
　　　　之認定標準。例: 礦物→獲取地; 植物產品→收割地; 活的牲畜→出生
　　　　地或飼養地; 獸類產品→獲取地; 獵物或漁獲→捕獲地。此通常與交易
　　　　觀點之認定近似，故有參考價值。另可參 GATT §9; 又，EG 與瑞士
　　　　自由貿易協定§5Ⅴ,亦有規定,參Michael Ritscher and Alexander
　　　　Vogel, The "Origin" of Products of Multinational Enter-
　　　　prise, *EIPR, 1993.* pp.172-173。

有精確之標準以定商品之產地，一旦涉及多國企業所生產之產品欲確知
其產地則非易事，德國主要係以該產品之重要部分或主要特色取得地、
生產地爲商品之主要地理來源（注二二）；法國則以該商品具決定性之轉
變地爲主要產地，通說認只有對商品實質有直接影響者始列入考慮，至
於非於實體上增加其價值之部分則不予考量（注二三）； 瑞士原則上係以
影響商品品質之地點爲主要產地，其通常認只要該地之製造過程對系爭
商品之價值可有50％以上之影響卽爲已足，但不同商品可能有更高之要
求，例：成衣要求65％；自行車、摩托車則要求75％；至於紙業加工則要
求近乎100％（注二四）。此外，賦予商品特色之地點亦被認爲重要（注二五）。
日本亦認產地係指使商品之內容發生實質上變更之行爲地而言。而實際
上，交易觀點仍爲最重要之判斷標準，例：日本實務上曾有一案例，被
告由比利時輸入鑽石原料，但在他地加工、切割，廣告中宣稱「鑽石直
接由比利時輸入」，二審法院認其並非虛僞不實廣告（注二六）。但此判決
受學者批評，蓋比利時之鑽石切割技術乃世界一流，而加工使鑽石之價
值倍增， 其應爲消費者所期待之產地， 前開標示應有引人錯誤之虞。
故，於具體個案中應由交易觀點之認知出發，而非拘泥於一成不變之判
斷標準。因此衣服式樣之設計地（如：義大利之於女裝之設計）其重要
性可能遠甚於其質料之產地； 藥品之研發地、品管地亦爲消費者所重

注二二　參 Baumbach und Hefermehl, 17 Auflage, Rdn. 169、213;
　　　　Lehmann, Die wettbewerbswidrige Ausnutzung und Be-
　　　　einträchtigung des guten Rufs bekannter Marken, Name
　　　　und Herkunftsangaben–Die Rechtslage in der Bundesre-
　　　　publik Deutschland, *GRUR Int,1986* SS.6-11。

注二三　參 Michael Ritscher and Alexander Vogel, ibid., EIPR 1993,
　　　　pp.171-175。

注二四　參 Troller, *Immaterialgüterrecht, Bd.* Ⅰ, SS.326-328。

注二五　參朱鈺洋，虛僞不實廣告與公平交易法，三民書局，頁112。

注二六　同注二五，頁108-109。

視。可見時至今日，物理之產製地亦非唯一具決定性之因素，增加商品經濟價值之智慧貢獻亦應列入考慮，相形之下，交易觀點之探知益形重要。而由交易觀點出發，大抵可將之歸納如下：

(1) 系爭商品完全於所標示地點製造：以該地爲產地。

(2) 系爭商品製造過程涉及數地：

    A. 消費者重視原料或該商品性質深受自然環境之影響，以原料之來源地或具該自然條件之地區爲主要產地。

    B 特定加工之過程影響商品品質甚鉅，則以該加工地爲主要產地。

    C. 消費者重視成品之控制，則商品製成地爲主要產地。

(3) 消費者重視銷售者之選取時，則地點標示例外非指製造地，而係指銷售地。

第二項　「產地」地理界線之劃定

除上述如何確定商品之主要產地外，產地界線之劃定亦與正確產地之判定息息相關。例：香水包裝上標示有 "made in Paris" 之字樣，實際上係由巴黎附近工業小城鎮所製造，此是否爲不實之標示，即涉及巴黎地理界線應如何劃定之問題。原則上仍由受當地傳統及習慣影響下所形成之交易觀點定之，官方出於政策考量所劃定之行政區域並非決定性之標準。因此，由交易觀點所認定系爭產地標示之界線未必與行政區域之劃定一致，可能尚包括附近區域。德國實務就鄰近區域之範圍大多由經濟區域是否同一爲考慮基礎(注二七)，例：Salza位於 Nordhausen 附近而屬於其經濟區域之範圍內，故 Salza 當地所製之嚼煙草(Kautabak) 可稱爲 "Nordhäuser Kautabak"，甚或冠以 "echt original

---

注二七　參 Ulmer-Beier,.a.a.O., S.507。

NK" 之名。此種情形在深受產地自然環境因素影響之天然產品尤為常見，例: 葡萄、葡萄酒，蓋行政區域之劃定往往並未考慮地質、天候之條件，而消費者就此類商品又特重視其生長之環境，因此對產地範圍之劃定往往未盡相同 (注二八)。反之，縱位於所標示地點附近而可歸為同一經濟領域，但消費者並不將該地包括於內，則仍係虛偽不實之標示。例: 德國較近之判決曾表明於 Rüdesheim 附近釀製香檳的企業不可稱為 "Rüdesheimer Sektkellerei GmbH"，因為 "Rüdesheim" 對消費者而言係僅指位於萊茵河畔之 Rüdesheim，不包括鄰近區域 (注二九)。至於虛構之地名，依前述對產地標示要件之界定，並非適格之產地標示，因此自無如何認定其地理界線之問題。

　　關於產地標示所指稱之地理區域範圍之界定原則上仍應取決於交易觀點已如前述，而消費者往往可能將具有相同生產條件之鄰近地域亦涵蓋於內，因此與官方所定之行政界線未必相符。但立法例上亦有以法規界定地理名稱所指示之範圍者，尤其法國對原產地名稱多設有特別法予以嚴格保護以防遭濫用，立法者已藉由此特別法清楚界定原產地名稱所標示之地理界線 (注三〇)。德國在其新葡萄酒法中亦就產地標示之地理界線設有詳細之規定，另於 Solingen 名稱保護法 (das Gesetz zum Schutze des Namens Solingen) §2 對 Solingen 之地理界線予以

注二八　德就葡萄園地名地理界線之認定，多屬此類，且實務曾將 15km 遠之地點亦涵蓋在內，參 Brogistter, Die Reform des geographischen Weinbezeichnungsrechts in Deutschland unter Berücksichtigung der vorgeschenen EWG-Regelung, *GRUR 1966, SS.* 238-243; BGH 1960. 1. 22. Urteil "Forster Jesuitengarten", GRUR 1961. S.477。

注二九　參 NJW 1986. S.279。

注三〇　參 Ulmer-Kraβer, *Das Recht des unlauteren Wettbewerbs in den Mitgliedstaaten der Europäischen Wirtschaftsgemeinschaft, Bd. IV*, Nr. 562。

界定；啤酒花來源標示保護法 (das Gesetz zum Schutz der Her-kunftsbezeichnung des Hopfens) 亦於施行細則中對產地地理界線之認定設有規定（注三一）。 故於設有特別法界定產地界線時，則例外不採交易觀點而以法律規定爲據；但法律無特別規定時，則仍應取決於交易觀點。

第二節　產地標示濫用之特殊態樣

產地標示使用之二大原則乃自由使用及眞實使用，有關自由使用之維護各國大抵於商標法中設有相關之規定，前章已就此爲詳細之分析。而詐欺使用之防止，各國亦由民事、刑事及行政法規加以規範，不過隨著各國交流日益頻繁，商品之產地標示在國際貿易中所發揮之功能亦愈形重要，狡詐之商人爲脫免法律之制裁，較少直接將其產品之產地僞標，而以各種迂迴之手法達其濫用產地標示之目的。面對五花八門之濫用型態，如何運用現行法令予以有效遏止卽成當務之急，故下述擬將較常見之產地標示遭濫用之特殊型態深入分析，並可藉以檢視相關法令是否周延，有無加強保護產地標示之必要。

第一項　產地標示地名淡化附加之使用

附加之陳述（zusätzliche Angaben）可用以加強表彰商品地理來源之印象，如：加上「眞正的」、「正牌」、「正宗」、"Ur-"、"Alt-"、"Echt""Original" 等（注三二），此種附加往往被用於一度轉爲種類名稱

注三一　見 §2。

注三二　另有可藉由外語寫成之地名或外國國旗以達此功能，參 BGH 1968.7.3. Urteil "Whisky", GRUR 1969 SS.279-280。奧 OGH 1971.9.14. Urteil "Ungarische Salami II" GRUR Int. 336f。

或性質陳述之標示，使其再度發揮標示產地的功能，故有稱此為「再地名化之附加」(relokalisierende Zusätze) (注三三)。反之，附加之陳述亦可能減弱甚或完全消除產地標示之印象。德國學者鑒於此類附加所發生之效果，一般將之稱為「地名淡化之附加」(entlokalisierende Zusätze)(注三四)。地名淡化之附加大抵可分為二大類:

(1) 增加如 "nach Art von…", "after the manner of…"「依此方式」, "Typ", "System…", "Ersatz für…"「代替物」, "künstlich…", "à la…", "Fassion" 等類此之陳述。例如: 我國某些領帶之製造者於其所製造之領帶上標示 "Mode in Italy"; 或 "Carina-Qualita Superiore-Made as in Italy" 等亦屬之。

(2) 在某地名前後再添加實際之產地，大多係以形容詞之形式出現。例:「臺北的巴黎香水」用於臺北所製造之香水; "Radeberger Pilsner", "Bautzener Münchner" 用於在 Radeberg或 Bautzen 所製造之啤酒; 另如「臺中太陽餅—新竹製」; "Westfalenkoks, hergestellt in Magdeburg— Rothensee"; "Braunschweiger Wurstfabrik, Hildesheim" 等亦屬之。此種類型之附加陳述，學者又有另稱之為「闡明的附加」(klarstellende Zusätze)(注三五)。

注三三　參 Baumbach und Hefermehl, a.a. O., SS.884-885。

注三四　Ulmer-Beier, a.a.O., 509ff; Tilmann, a.a.O., 171ff; Baumbach und Hefermehl, a.a.O., S.880ff。

注三五　參 Tlimann, aaO., SS. 172-175。其認「地名淡化附加」與「闡明的附加」二者並不相同，前者透過附加只有一單一之陳述（因地理來源指示已被消除），而後者卻有二個彼此矛盾之陳述。前者欲藉附加以排除產地之標示，後者則係藉附加以闡明商品真正之地理來源，故後者不宜稱之為 "地名淡化附加"。就德 §3 UWG 構成要件而言，前者係用以排除 "Angabe über den Ursprung" 之要件，反之，後者則在排除 "Irreführung" 之要素。不過，德國實務及一般學者並未嚴以區別，多泛稱為「地名淡化附加」。

　　由前述所舉之例不難發現，添附此類地名淡化附加之用意係希望藉
此推薦較不為人熟知產地之商品，而又因已對消費大眾為附加陳述以闡
明系爭之地理標示已非指示產地，而只是表明該商品具有相當或類似之
品質或製造方式。簡言之，即一方面希望可吸引大眾之目光，另一面又
可排除偽標商品產地之危險。因此，地名淡化附加之陳述成為產地標示
濫用最典型亦是最危險之態樣（**注三六**）。故問題之關鍵在於此類附加陳
述是否真能發揮地名淡化之效果，進而排除偽標商品產地之危險？德國
法院就此著有豐富之判決可資參考（**注三七**），而各國實務所持之態度亦
未盡相同。

　　首先，就第一種類型之地名淡化附加（"nach Art von…" 等），
德國早期實務見解曾認此等標示可排除有關商品產地之詐欺，例：帝國
法院（RG）曾於1911年判定 "Ersatz für Chartreuse" 之標示為合
法，只是要求其附加陳述之字體須如 Chartreuse 般清晰可見，否則
一般消費者根本不會注意（**注三八**）。不過，RG 在稍後類似之判決中則改
變見解，認 "Original Breustedts Schladener Wintersaat Pet-
kuser Typ" 為不合法，蓋 "Petkuser Roggen" 太著名，故添加上
"Typ" 並不會被消費者注意，因此並未足以發生將 Petkuser 地名淡
化之效果（**注三九**）。自此，德國實務就此類附加是否果能發生地名淡化
之效果，皆採較為嚴格之觀點判斷。故"Bielefelder Verarbeitung"，
"Bielefelder Machart"，"Modell Bielefeld" 等 標 示 用 於 非 在

注三六　尤其德對引人錯誤產地標示之刑事制裁要求主觀要件，故採此方式多能
　　　　規避 §4UWG 之制裁。
注三七　英美法系之國家較少針對此類問題詳述之，尤其是第一類「地名淡化附
　　　　加」之類型，德國學說、實務就此頗有參考之價值。
注三八　RG 1911.11.14. 判決，GRUR 1912, S.104ff。
注三九　RG 1932.1.15. "Petkuser Typ", GRUR 1932 S.457。

Bielefeld 地所製成之襯衫上，爲引人錯誤之標示（注四〇）。 其次，就第二類附加上眞實產地之情形，RG 自 1900 年起，於有關 "Pilsener-Bier" 一連串之判決中，一再表示 "Pilsen"（於捷克境內）字眼使用於非在 Pilsen 當地所生產之啤酒上， 只要附加眞正之釀造地， 如: "Radeberger Pilsener…", "Reiseurtzer…", "Wick üler…", "Elberfelder…" 等， 則仍爲合法之標示， 蓋此時 "Pilsener" 字眼已被地名淡化而轉爲性質陳述（注四一）。 但 RG 所持之觀點備受學者批評， 紛紛對 "Pilsener" 案大加撻伐（注四二）， 認一個啤酒不可能有兩個產地， 若然， 則爲概念上與邏輯上極爲荒唐之事，此非但無法排除消費者對產地之混淆，反而增強其詐欺消費者之動機。學者 Kohler 更表示 "Berliner Pilsener Bier" 之標示會使消費者誤以爲 Pilsen 之啤酒釀造業在 Berlin 設有分公司或誤認柏林之啤酒釀造者與 Pilsen 之釀酒業者有關聯 —— 由 Pilsen 當地之工人及其相關人員監督下以其特有釀酒法製造而成。 因此將造成 Pilsen Bier 轉爲種類名稱。 在德國

注四〇　LG Bielefeld, 1950.12.21.判決，GRUR 1951 S.285。另 LG Bamberg 1960.3.24. 之判決亦持相同觀點，認 "Carina-Qualità Superiore-Made as in Italy" 亦不合法， 蓋其造成義大利來源之印象，縱其語義翻譯上並非不實，但足以誤導消費大眾該商品之產地。

注四一　參 RG 1912.4.19."Radeberger Pilsener", 1933.2.7. "Herrenhäuser Pilsener"。另如 "Gottesberger Pilsner", "Grenzquell Pilsner", "Hitdorfer Pilsner" 三案例亦被認爲合法，MuW 1932. SS.234-250。有關 "Pilsener-Bier" 之案例發展，參 Tilmann, a.a.O., SS.173-176; Baumbach und Hefermehl, a.a.O., SS.880-881; 887-888; Ulmer-Beier, a.a.O., SS.512-513; Tilmann, Kennzeichenrechtlicher Schutz geographischer Herkunftsangaben, *FS. Gewerblicher Rechtsschutz und Urheberrecht in Deutschland, Bd. II* 1991, SS.1016-1120。

注四二　參 Mutthiolius, a.a.O., S.48ff; Ulmer-Beier, a.a.O.,S.512 注 217。

學界強大之反對聲浪下，RG 於 1993 年 2 月 7 日之 "Herrenhäuser Pilsener" 判決中明確表示日後對此類地名淡化附加之問題會採較爲嚴格之觀點，但有關 Pilsen Bier 之問題因其長年判決所造成之影響，基於安定性之考慮，故仍從前例而認合法。不過 Pilsener 僅爲特例，不適用於其他之情形。至 1933 年 10 月 27 日 RG 於 "Westfalenkoks" 判決中更明確表示 Pilsener Bier 案僅爲特例，於本案無適用可能性，蓋因其數十年來相關判決之發展，使喝啤酒之大眾已較會提高注意力以辦別是否爲道地的 Pilsen 啤酒，但其他情形則不可再採相同之觀點，故在 Westfalen 境外加工成焦煤，不可使用 "Westfalenkoks" 標示而附加上 "hergestellt in XY"，蓋此類之附加一般並不引人注意，故不排除有引人錯誤之虞（注四三）。此後，RG 爲加強保護著名之產地標示，大多以嚴格之標準否定地名淡化附加之效果（注四四）。鑒於一般消費者並不會特別詳細留意商品之標示，所以對此類地名淡化之附加大多視而不見（可能字體較小），而就算注意到附加之陳述，亦未必留下深刻之印象。故德國聯邦法院（BGH）於判定此類附加是否可排除消費者之詐欺多採較爲謹慎之態度，既非認其絕對合法，亦非認概爲引人錯誤之標示，而係依個案情形具體判定之。BGH 之判斷標準大抵可歸納出幾個原則：

（1）不僅由鄰近產地標示之附加陳述所得之印象判斷，亦應擴及具體之表徵（Aufmachung）及所使用之名稱，卽應由整體之印象（Gesamteindruck）判斷是否可生排除引人錯誤之效果。例：BGH 曾認 "Tiefenfurter Bauernbrot" 用於非於 Tiefenfurt 所製之麵包，只要消費者可由其宣傳中得知該麵包在（西）柏林所製，且和 Tiefen-

---

注四三　參 RG 1933.10.27. "Westfalenkoks I", GRUR 1934. SS.59-60。
注四四　參 RG "Westfalenkoks II", MuW 1934 S.78。

furt 地無任何關聯者，則該標示為合法（注四五）。而有時藉由製造者之住所、營業所或商標之標示，亦可生地名淡化之效果（注四六）。

（2）是否生地名淡化或闡明之效果而可排除詐欺，亦應考慮該商品之種類。若該種類之商品品質愈受所指稱地點之影響，其藉由附加陳述地名淡化之可能性愈低（注四七）。

（3）該附加不可被誤解為其他意義，而附加所生之新意義須明確，例：以消費者不熟悉之文字為附加，則無法排除詐欺（注四八）。原標示所生表彰商品地理來源之印象僅被減弱尚不足，須被完全排除始足以生地名淡化或闡明之效果。

（4）附加陳述之形式亦會影響其所生地名淡化或闡明之效力。應考慮附加陳述文義上是否清楚明確地不再指示商品產地，而只表示系爭商品之性質。例："Elberfelder Bier, nach Pilsener Art" 之標示文義即較 "Elberfelder Pilsener" 明確，不過具體情形仍應依交易觀點而定。另，附加陳述字體之大小、粗細亦應列入考慮，若其較原標示為

注四五　參 BGH 1956.5.15. "Trefenfurter Bauernbrot", GRUR 1956 SS.550-552; 另 BGH 1963.7.12. "Lady Rose"亦強調應整體觀之，GRUR 1963 SS.589-591。

注四六　參 BGH Urteil "Wyeth", GRUR 1958 S.185。於化妝品之瓶蓋上標明其內容為 "Cleaning Milk", "Skin-Tonic",同時又標明"Gabriele Wyeth, Berlin" 可排除產地之詐欺。

注四七　參 BGH 1970.10.9. "Plym-Gin", GRUR 1971 SS.255-258。雖認 "Deutsches Erzeugnis" 可生地名淡化之效果，但亦強調應考慮英國對杜松子酒產品之價值有相當之影響力。

注四八　例：以德國原料所製成之襪子，帶有 "Crèpe-Hiqly Fashionable Top Quality…" 字樣之標示，另附加上 "Made in Germany" 被視為不合法。蓋其附加陳述使用英文，對德國消費者而言，仍有非不顯著之部分不懂其義，且其附加之印刷，字體較小易被忽略，參 BGH 1965.6.8. "Kim I", GRUR 1966 S.150。

小或字體過細，消費者不易察覺，則仍爲不法（注四九）。 此外，附加陳述與原標示空間上若距離過遠，消費者亦較不易注意而被矇騙。

　　由 BGH 所爲相關之判決中可發現間接產地標示較可能藉由附加之陳述排除消費者受詐欺之危險，例：於間接產地標示（卽未直接標示出地名）之情形，附加陳述係依某地區之製造方法或配方時，若消費者因此只期待該商品係由位於其所聯想之地區的某企業監督及控制下在他地製造完成者，則不致引人錯誤。反之，直接之產地標示、著名之產地標示或具品質暗示之產地標示則應採較嚴格之判斷標準，尤其狹義之直接產地標示（卽以形容詞形式出現者），應採用更嚴格之標準。亦卽愈著名、愈具說服力之產地標示，因消費大眾愈不會注意附加之陳述，故較不易生地名淡化之效果。德國學者大多亦贊成採用較嚴格之觀點以防藉附加陳述而濫用產地標示（注五〇），至少對直接產地標示須消費者認其已轉爲純性質陳述或種類名稱始可排除有關商品產地之詐欺；而對間接產地標示，則有學者主張只要消費大眾「非不顯著之部分」（nicht unerheblichen Teil）不再將之視爲產地標示，附加之陳述卽已達地名淡化或闡明之效果，但於具體個案中仍應爲利益權衡（注五一）。

　　相較於德國實務較嚴格判斷地名化淡附加之效果，各國實務所採之態度則寬嚴不一。奧地利較傾向採嚴格標準，於 "Saunders" 案中，法

注四九　參 BGH 1965.5.19. "de Paris", GRUR 1965, 681ff; BGH 1970.6.19. "Deutscher Sekt", GRUR 1971 SS.29-33。該案乃使用法文（ "Bonmot", "Liberté-", "Banquier"）以吸引顧客，雖有 "hergestellt in Deutschland" 及 "deutsche Erzeugnis" 字樣之附加，但因字體太小，相對而言較不引人注目，且二者於空間上有相當之距離。

注五〇　參 Baumbach und Hefermehl, a.a.O., S.881; Ulmer-Beier, a.a.O., S.515; Tilmann, a.a.O., SS.174-175; 193-194。

注五一　參 Tilmann, a.a.O., S.196。

院認系爭商品 —— 威士忌酒，其酒瓶上貼附有英語發音之商標 —— Sa-
unders，又有英語發音之所有人標示其上 —— "Gaylord Internat-
ional" 縱使其已插入地名淡化之附加 "Product of Austria"，因字體
較商標及所有人標示小，故仍可能使消費大眾誤認其源自英美語系之國
家，構成不正競爭(注五二)。反之，瑞士多數學者認"Type of"，"after
the manner of…" 等之附加陳述可生地名淡化之效果，而非不法標
示(注五三)。瑞士聯邦智慧財產局亦持相同看法(注五四)。義大利有關防
止不正競爭之法律依據為其1942年制定之民法典 §2598 I、II、III，其
中 I 主要係針對混淆之行為 (acts of confusion)，II 則係針對品質
錯誤表示之行為 (acts of misappropriation of qualities)，III 則係
與公平貿易有違之行為 (acts contrary to the principle of fair
trading)(注五五)。就添附 "model"，"type"等附加陳述於地名之後，
一般認並不構成民法 §2598 I 之違法，不過，米蘭法院於兩個重要之案
例中 —— "Swiss Model" 及 "Sherry" 案表示地名淡化之附加可能違
反民法 §2598 II，至此確立實務對地名淡化附加陳述之評價原則。其認
若某地理名稱只表彰商品之地理來源，可利用附加陳述或標示出商品實
際產地而排除使消費大眾混淆之可能,但若其尚含有品質之表示,尤其是
原產地名稱 (denominazioni di origine-appellations of origin)

注五二　奧最高法院1987.6.16. "Saunders", EIPR 1990 p.287。

注五三　Troller, a.a.O., S.396。

注五四　參 GRUR Int. 1970 S.325。現代professional codes of conduct
亦持肯定見解，但須顯示出商品非源自所指稱地始可，而僅標示出製造
者之住所及商號尚不足。參 F. Dessemontet, Protection of Geo-
graphic Denominations under Swiss Law，收錄於 *Protection
of Geographic Denominations of Goods and Services*, p.127。

注五五　參 Gianluca La Villa, *The Protection of Geographic Denom-
inations in Italy*，收錄於注五四所引之書，pp.37-63。

而將之用於不具該品質之商品上，則無法藉由附加陳述排除詐欺，因而構成不法標示（§2598ⅡC.C.）。不過，義大利實務於具體案例之判斷中則有時採較寬大之態度，例：米蘭法院於1972年12月23日及1975年11月20日（注五六），分別就兩件有關"Scotch Whisky"之案件爲下述表示：於1972年之案中其認 Loch Ness 商標用於非源自蘇格蘭之 Whisky 上，因 Loch Ness 爲當地著名之湖泊，故會使人聯想至蘇格蘭；類似的，1975年之案例中，將蘇格蘭格子呢（tartan design）用於標籤上，亦有相同效果。但法院卻認使用該產品享盛名之當地語言或文字爲合法競爭之手法，只要其非不實或引人錯誤之標示卽可。因此，若有闡明或地名淡化之附加將不構成不正競爭（注五七）。另，南美洲國家則有認地名淡化附加陳述之使用可排除有關商品產地標示之詐欺（注五八）。法國，一般而言對原產地名稱有嚴格之保護，不允許不合要件之產品藉附加陳述以使用之；反之，對其他之來源地標示則許之。

　　產地標示地名淡化之附加使用乃常見之濫用類型，其對眞實標示產地之原則構成極大之威脅，是否眞可排除就商品產地對消費者所爲之詐欺，各國實務亦莫衷一是。依本文見解，爲加強產地標示之保護，實應斟酌個案具體情形以資判定。蓋不正競爭法中所謂「虛僞不實」、「引人錯誤」皆以消費者之立場出發，而非客觀之判斷標準，因此附加陳述是否可生地名淡化之效果，原則上應先判定無此附加陳述時，其所發揮表

注五六　參 Gianluca La Villa, ibid., p.44; *EIPR 1990*. p.287。

注五七　此二例皆涉及間接產地標示，義大利法院似就間接產地標示亦採較寬大的態度。

注五八　但阿根廷之食品法則特別規定"Scotch Whiskey""Irish Whiskey"及 "Canadian Whiskey" 僅可用以指示在蘇格蘭、愛爾蘭及加拿大所製之威士忌酒，參 E.D. Aracama Zorraquin, *The Protection of Geographic Denominations in South America*，收錄於注五四所引之書，pp. 93-96。

彰商品地理來源之強度，再據附加陳述所來用之文字及其字體大小、字樣、空間上之排列與其明確程度，由交易觀點整體觀之以定其是否生地名淡化之效果。縱已無引人錯誤之虞，尚應進一步判定有無不當依附（寄生）著名產地標示之情形，以防「搭便車」之行為，坐享他人辛勤努力之成果(**注五九**)。

第二項　間接產地標示之濫用

前已提及，實際上直接偽標產地之情形並不多見，較常採取迂迴方式以求能規避法律之制裁，但又可藉此提高消費者對系爭商品之重視，以達促銷之目的。故以間接方式造成消費大眾對商品產地之聯想，為一般常見之手法。亦卽，並未直接標示出地理名稱，卻使大眾會將商品與某地理區域連結，此乃學說上所謂「間接產地標示」(mittelbare geographische Herkunftsangaben)。間接產地標示所使用之態樣可謂不計其數，大抵可將之分為: 藉由外語標示 (fremdsprachige Bezeichnungen) 及來源之象徵 (Herkunftssymbole) 二大類，至於其具體事例前文已詳述之，故於此不另贅。理論上而言，「間接產地標示」旣一如直接產地標示般可發揮表彰商品產地之功能，故自亦應保護之以防濫用。但各國實務上之運用則仍有所差異，例: 德國實務與學說通說於適用 §3UWG、§4ⅡWZG 時，皆認不論直接或間接之產地標示皆包括在內，且原則上兩者亦無差別待遇 (**注六〇**)，另荷蘭亦同此觀點 (**注六一**)。至於英、美等國實務大抵只就直接產地標示為論述，鮮少述

注五九　詳見本節第七項。

注六〇　參 Ulmer-Beier, a.a.O., SS.520-528; Baumbach und Hefermehl, a.a.O., SS.870-873。

注六一　L. Wichers Hoeth, Protection of Geographic Denominations in the Netherlands, 收錄於 *Protection of Geographic Denominations of Goods and Services,* pp. 75-88。

及間接產地標示之情形。而瑞士依其1890年9月26日所制定之舊商標法
（Markenschutzgesetz, 簡稱 MSchG）§18 之規定：其所謂之產地
標示僅指城市等地名且就該產品享有名聲者。故欲受商標法保護者原則
上只限於直接產地標示，至於間接產地標示只可適用不正競爭法。不
過，瑞士於1992年8月28日制定新的標章保護法（注六二），其中§47～§51
就產地標示設有專章規定，而依§47對產地標示之定義已明文包括直接
及間接產地標示在內。事實上爲有效遏止產地標示之濫用，管見認間接
產地標示亦應加以保護始爲妥適。由我國公平交易法§21條文文義觀之，
旣未限於直接產地標示始受保護，解釋上應可及於間接產地標示，德國
實務就此有豐富之判決頗値我國參考、借鏡。

　　雖未直接標示出某地理區域，但旣使人產生商品地理來源之聯想，
若與產地不符時，自應認其爲不合法。不過於間接產地標示之情形，欲
探知交易觀點應特別留心問卷之設計，儘可能避免暗示性之問題。而間
接產地標示旣只係因消費大衆之聯想，故較直接產地標示易藉由清楚之
附加陳述以達地名淡化之效果。在間接產地標示衆多之態樣中，最爲常
見者爲外文標示之情形，其是否被評價爲間接產地標示仍應取決於交易
觀點，所使用之語文是否已廣爲當地消費者所接受、商品銷售之場合等
皆可能影響交易觀點。例：德、法文之標示在我國較英文標示易引起舶
來品之印象，但在瑞士，因當地人民慣用數種語言，故其可能性則較
低。而愈已成爲銷售地居民之慣用語時，被視爲非國產品之可能亦較低
（注六三）。外銷商品之拍賣會場，外文標示亦較不致使消費者有外國來

注六二　其全名爲 "Bundesgesetz über den Schutz von Marken und
　　　　Herkunftsangaben, 參 GRUR Int. 1993 SS.663-670。
注六三　例："Fashion", "fashionable", "Toffee", "Chewing Gum" 皆
　　　　被德實務接受認其非表彰商品產地，因其已成德之慣用語,參LG Köln
　　　　1951.1.24., GRUR 1951 S.417ff。"King Size" 亦同，見 OLG
　　　　Hamburg 1965.10.28. WRP 1966 S.35; Ulmer-Beier, a.a.O.,
　　　　SS.523-525。

源之印象。反之，某地以某類商品聞名全球時，使用當地語言則易使消費者將系爭商品與該地發生連結。例：香水以法文標示。較值得注意的是以外文人名構成商標或公司名稱之一部分而出現商品之標示中，此時應先決定是否有權將該人名用於商標或公司名稱中，例：該外國人乃公司之創始人或股東（**注六四**）之一時，原則上應有權使用於商品標示中，但最好以清楚之附加陳述闡明商品之眞正產地，以免引人錯誤。若無附加陳述，則應由整體觀之，除該部分外尚有足以使消費者就商品產地錯誤聯想之標示或包裝者，則仍構成產地之不實標示。反之，縱消費大衆可能將之評價爲間接產地標示而有被誤導之虞，於此特殊情形下應予容忍。

由前述可知是否被評價爲間接產地標示應由交易觀點出發，而直接產地標示（亦卽地理名稱）尚可藉由法律之特別規定或國際協定之簽署以加強保護，防免因遭濫用而轉爲種類名稱或性質陳述。間接產地標示可否亦透過法律之特別規定而保留給某地之居民專用，乃值得探討。德國1971年7月14日之葡萄酒法卽將 "Sekt"（香檳酒）及 "Weinbrand"（白蘭地）二標示保留予德語系國家之香檳酒及白蘭地始准使用，亦卽，將 "Sekt" 及 "Weinbrand" 藉法律規定爲德語系國家香檳酒及白蘭地之間接產地標示，非德語系國家若將此二標示用於其所產之酒品上將成爲標僞商品產地之不法。由於此一規定，造成非德語系國家欲將其生產之酒品輸往德國時，只好用較怪異且較無吸引力之名稱，如："Schaumwein" 或 "Branntwein aus Wein" 等。此種立法當係德葡萄酒製造商欲取代 "Champagne" 及 "Cognac" 二名稱所爲努力之成果，但與交易觀點是否相符則不無疑問(注六五)。歐洲公平法院（EuGH）於1975

注六四 管見認涉及人合公司時，例：無限公司，尤然。

注六五 參 Tilmann, Kennzeichenrechtlicher Schutz geographischer Herkunftsangaben, *FS. Gwewerblicher Rechtsschutz und Urheberrecht in Deutschland*, 1991, S.1025。

年2月20日則判決德國酒法之相關規定違反歐洲經濟共同體條約（卽羅馬條約）§30，與商品自由流通之基本原則衝突（**注六六**）。不過，歐洲公平法院此一判決備受爭議，蓋其主要理由認僅可表彰商品品質且其品質係受當地天然條件影響之產地標示（類似前述之「原產地名稱」）始受保護，而"Sekt"及"Weinbrand"非屬此類，故不可援用§36EEC。此顯然與各國立法例與國際趨勢有違，而飽受德國學者抨擊（**注六七**）。實則，最大之問題應係"Sekt"、"Weinbrand"對德國消費者而言是否眞能發揮表彰商品源自德語系國家之功能，立法時應予以斟酌，尙應考慮取代此類標示之可能性，否實難脫擅斷之嫌。

　　自歐洲公平法院就"Sekt"及"Weinbrand"所爲判決後，德國學者一度擔心法院將不再保護間接產地標示，不過，事實證明德國實務仍維持其一貫見解，只要消費大眾評價爲間接產地標示卽有保護之必要。其實不論由理論上或基於現實之考慮，間接產地標示皆應予以保護以防不肖廠商之濫用，不過，消費者是否眞將之視爲產地標示，究與何地發生連結，於具體個案應詳予調查。

第三項　雙重意義之產地標示

　　雙重意義（Doppelbedeutung）之產地標示係指某產地標示指向兩個（或多個）不同之地點。由於直接產地標示皆清楚標示出地理名稱，原則上發生具雙重意義之情形，僅例外於有同名地點時始可能使消費大眾對商品產地之認知不一。最常見之情形爲間接產地標示，由於其未明確標示出地理區域，而係藉由消費者之聯想，一旦交易觀點所連結之地點不一時，卽成爲雙重意義之產地標示。當產地標示具雙重意義時是否所有可能被指向之地點皆可合法使用該標示，有必要進一步探究。

注六六　參 GRUR Int. 1977 S.25ff。

茲將上述二類情形分別論述如下:

1.間接產地標示，交易觀點連結不同區域

首先應予以辨明雙重意義究係發生於相同階層之買者（Abnehmer-schichten）或不同階層之買者間。專家或內行者與一般不具專業知識之消費大眾即屬不同階層之購買羣。由於對標示意義之了解應以一般消費大眾之觀點出發，而非憑藉專家之專業觀點，因此該產地標示若於不同階層之購買羣間對其指向地區了解有歧異，應以一般消費者之了解為主（注六八）。反之，同一階層之消費大眾就系爭間接標示聯想至不同之區域，應如何處理則較有疑義。例: 澳大利亞所製之乳品貼附其國旗於上，而確有部分消費者認其產地為澳大利亞，但另有非不顯著部分之消費者聯想至紐西蘭，（因二國之國旗近似），此時是否構成不實之產地標示? 德國實務就此有兩個著名之判決可供參考，其一為"Bocksbeutel-flasche"案，另一則係 "Ungarische Salami" 案，前者就一平淺大肚

注六七　參 Beier, Das Schutzbedürfnis für Herkunftsangaben und Ursprungsbezeichnungen in Gemeinsamen Markt, *GRUR Int. 1977 S.1ff;* Beier, The Need for Protection of Indications of Source and Appellations of Origin in the Common Market: the Sekt/Weinbrand Decision of the European Court of Justice of 20 February 1975, 收錄於 *Protection of Geographic Denominations of Goods and Services, pp.* 183-206; Tilmann, 注六五文, SS.1025-1027。

注六八　就性質陳述，德 BGH 曾有相反之觀點，1962. 7. 13. Urteil "Fichtennadelextrakt", GRUR 1963 SS.36-39; 另 1958.2.28. "Emaillelack"亦採類似看法，GRUR 1958 SS.444-447。不過，上述判決備受學者批評，參 Droste, GRUR 1963 S.39f; Ulmer-Beier, S.403ff; 故 BGH 後亦改採學者通說。參 1964.7.3. "Glockenpackung", GRUR 1964 SS. 686-688; "Kölsch-Beier a.a.O.,; "Bocksbeutelflasche", a.a.O.; 1967.6.15. "Rum-Verschnitt", GRUR 1968 SS.30-32。不過，於適用§3 UWG 之際，因德實務所設之門檻甚低，故縱僅專家受詐欺，仍可能構成 §3 UWG 之違法。

造型之葡萄酒瓶被認係間接產地標示並無疑義，但47％之消費者認系爭商品源自法蘭克地區，而有30％之消費者認系爭商品源自巴登(Baden)四地。後者則係一紅一白一綠三色旗出現於商品標示上，依問卷調查結果有11％～13％之消費者認係匈牙利之產品，而21％～22％認係源自義大利之產品(注六九)。BGH 於 "Bocksbeutelflasche" 案中表示巴登四地既有清楚之附加陳述，則使用此一造型之酒瓶亦屬合法。 理論上而言，既分別有非不顯著部分之消費大眾與不同地點連結，則該地點原則上應皆有權使用系爭間接標示，但為避免誤導消費者，二者皆須附加明確之陳述指明實際產地。反之，若有某地以該產品聞名時，則其可不為此種附加陳述，而他地欲使用系爭間接標示時則必應清楚標示出實際產地始可。

2.同 名 地

一般而言，直接產地標示因已清楚指示出地理區域，故消費者所連結之地區應為單一，但例外於地名相同時，系爭產地標示仍可能具雙重意義。例: 標示產地為 Portsmouth (樸資茅斯)，可能有部分消費者認係英國南部之城市，但部分消費者則認係源自美國東部維吉尼亞州之Portsmouth (注七〇)。又如，Newcastle 可能指英國亦可能指澳大利亞之城鎮。此時，原則上二地之製造者應皆有權使用該地名標示商品之產地，但為消費者利益計，應為清楚之附加陳述。 如: Portsmouth, USA; Newcastle, Australia 等。 例外於某地對消費者而言較不聞名或交易大眾不大可能認該地為系爭商品之產地時，則僅該地須為清楚之附加以防誤導交易大眾。例: "Sydney" 對一般消費者而言，係指澳洲第一大城雪梨，但加拿大東南亦有名為 Sydney 之城市，若後者欲標示其產地，必為清楚之附加陳述始可; 反之，澳洲之 Sydney 原則上可不

注六九　因本案係將該標示用於德國產品上，故為不實產地標示應屬無疑。

為附加陳述。亦卽，同名地之情形理論上該二地之製造者皆有權使用該地名，不過仍應兼顧消費大眾之利益及受不正競爭法之限制，藉清楚之附加陳述以避免誤導消費大眾。但有時較不著名地縱為清楚明確之附加陳述亦未必可完全排除消費者對商品產地認知之錯誤，不過較不著名地之製造者就該地名之使用權不應因此被剝奪，故於某程度下此種引人錯誤之危險應予容忍（注七一）。　另一特例乃歷史因素所造成之國土分裂，例：昔日之東、西德，現今之南、北韓及我國皆屬，就原產國之標示亦易形成雙重意義之情形。就此，德國聯邦法院曾於1974年4月26日之判決中肯定源自東德之產品仍可標示為 "Germany" 或 "Made in Germany"，在交易觀點尚未幾乎一致將系爭標示評價為專指西德商品時，部分消費者被誤導之危險應予容忍（注七二）。　事實上，依本文之見，於有引人錯誤之虞時似仍應為清楚之附加陳述較為妥適，若如此尚有部分消費者仍誤認原產地，則此種危險始應予以容忍。　例：於商品上標示 "Made in China" 於國際貿易市場中一般認其產地為海峽彼岸，我國產品欲使用之，應為附加陳述，如 "Made in China-Republic of China"。

　　與雙重意義產地標示近似之情形為用於商品標示中之人名或公司名與地名相同之情形。此際若僅有極少數（不顯著）部分之消費者認其乃表彰商品產地，則其非為適格之產地標示，而係前述之「偽裝」之產地標示，自無此問題。反之，若有非不顯著部分之消費者視其為產地標示時，該公司或該自然人是否卽不可使用其姓名於商品標示中？就此仍應與雙重意義產地標示採相同之觀點，卽原則上應為清楚之附加陳述以避免使消費大眾誤認其為產地標示，否則仍可能構成偽標產地之違法

注七〇　於美國新罕布夏州東南部亦有一城名為 Portsmouth。
注七一　卽未意圖依附他地之名聲時，應認屬合法標示。
注七二　BGH 1974.4.26. Urteil "Germany", GRUR 1974, SS. 665-666。

（注七三）。

第四項　授權他地製造商品產地標示之使用

現今之貿易型態競爭日益激烈，各廠商莫不希望降低成本反映於價格上以提昇其商品之競爭力，故紛紛於勞工低廉或原料取得地設廠或設立分公司或子公司以製造商品，此即委託製造（Original Equipment Manufacture 簡稱 OEM）之型態（**注七四**）。又，企業國際化經營之趨勢，國際性之連鎖店亦如雨後春筍般出現，甚至可於總公司之監控下自行製造同型之商品販售。產地標示雖不致因此而轉為性質陳述，但如何標示商品產地則有必要予以探究。例：某臺商於大陸設廠，利用當地之勞工，於在臺母公司之控制、監督下所製成之商品，可否標示其產地為「臺灣」（Made in Taiwan）而外銷？又，於瑞士原廠商品質控制下在韓國所製造之手錶，可否稱之為「瑞士手錶」？就此問題原則上仍依交易觀點定之。若消費大眾對系爭商品產地標示之了解並不要求完全在當地製成，只要係於當地廠商控制之下且具相當之品質即可，則系爭標示之使用並非不合法；反之，若有非不顯著部分之消費者期待該商品乃

注七三 參 Ulmer-Beier, a.a.O., SS.536-537; Tilmann, a.a.O., SS.214-217。Beier 教授認若某一葡萄酒及煙商名為 Oppenheim，以其名稱已所製之香煙為"Oppenheimer Spitzenklasse"銷售之，縱交易觀點認系爭標示為表彰商品產地，亦即認其源自 Rheim 河畔著名之葡萄酒產地 Oppenhiem，亦無妨。蓋因商品不同之故，而無法律明顯之詐欺危險。反之，用於葡萄酒上則為不法，其若非放棄該姓名之使用，就應為清楚之附加陳述，使交易大眾不再認其為產地標示。管見認此似值探討，縱商品種類不同，只要消費大眾非不顯著部分認系爭標示為表彰商品產地，但商品實非產自該地而影響消費者是否購買之決定時，則應構成德 §3 UWG 或我公平法 §21 之違法。Beier 教授之看法似乎於是否依附他人產地標示之名聲時始較具價值。

注七四 實際上亦有基於關稅或進口配額之考量，但其則以客觀之標準決定商品之產地，與此不同。

源自標示地之原型商品（Originalwaren），而該商品卻係於他地所製，縱商品品質並無二致，其產地標示仍係不合法。德國聯邦法院就此著有一相當有名之判決——"de Paris"案（注七五）可供參考。茲略述如下：本案被告於德國設有營業所銷售美髮用品，而其所販售之商品部分係由自己在德國製造，另一部分則由其法國母公司 S.A. Monsavon-L'Oréal, Paris 進貨，而被告於其所生產之商品上亦標示有"L'Oréal de Paris" 之字樣。原告亦爲生產美髮用品之業者，其訴求法院制止被告將 "L'Oréal de Paris" 之字樣用於非在法國所製造之美髮用品上，蓋系爭標示乃引人錯誤之產地標示。被告則辯稱系爭標示並無使消費者混淆之虞，因該產品乃係使用法國之原料、配方且在法國母公司之監督下所製成。BGH 認該美髮用品雖確係由法國母公司監督、控制下於德國製造而成，且其品質客觀上亦與法國原型品相當，但因德國消費者仍較偏愛法國所產製之原型美髮用品，故 "L'Oréal de Paris" 就商品產地確有引人錯誤之虞，爲不合法之標示。由此可見交易觀點仍爲決定性之關鍵，不過此種情形可藉由清楚之附加陳述以排除引人錯誤之危險（注七六）。反之，被授權製造系爭商品之子公司，可否將當地標示爲產地，亦應取決於交易觀點，視消費者究重視商品原料之來源地或加工地而定，而商品之種類對交易觀點具相當程度之影響力。日本就此亦類似德國實務之見解，以該產地是否爲影響交易關係人決定購買與否之重要因素而定（注七七）。反之，瑞士實務則採相反之見解，認爲加盟者或被授權製

注七五　參 BGH 1965.5.19. "de Paris", GRUR 1965 SS.681-685; Anm. von Hoepffner, SS.685-686.

注七六　上述"de Paris" 案，被告確有附加標示 "hergestellt in Deutschland"，但因其字體過小，故不能發生地名淡化之效果，因此仍被判定爲不合法。

注七七　小野昌延編著，註解不正競爭防止法，青林書院，初版二刷，頁217；轉引自朱鈺洋，前揭書，頁112。

造者在當地依總公司或授權者之指示而製造出之產品不可以原型商品之製造地爲該產品之產地(注七八)。

依本文見解認此種委託製造（OEM）商品之情形，就產地標示是否合法之認定多涉及消費者對正確原產地之認知，故仍應取決於交易觀點以判定，而非以該商品之品質是否與原型商品相當爲斷，只是產地標示亦可表彰商品所具之性質，故若於商品與原型商品之質地差距過大時，通常可推斷與消費者之期待不符，而該產地標示則爲引人錯誤之標示。尤其委託製造之商品，只要其品質受總公司或母公司之控制，採相同之配方及原料，消費者受誤導之可能甚較製造過程涉及多地如何決定其主要產地之情形爲低。因此，法院應採取較爲彈性之判定標準，以消費者之立場出發，若仍如瑞士法院以商品實際成型地爲產地，在國際分工日益活絡之今日，原產國之標示恐將被國際或超國家之標示所取代，如：亞洲製、Made in EC等。如此反將降低產地標示之經濟價值，對製造者與消費者皆有不利之影響。

第五項 情事變更—製造者遷離原產地

自理論上而言，產地標示既係表彰商品之地理來源，一旦製造者遷離舊址，於他地所製造之產品即不得再繼續標示原地名爲產地，否將造成僞標產地之違法。但若涉及地理形式之個別來源標示（individuelle Herkunftsangaben)，則問題較爲複雜。尤其是所謂與人連結之來源標示(personengebundene Herkunftsangaben)，由於該標示具有雙重意義，一方面指示出商品之產地，另一方面亦同時指向當地系爭商品之全體製造者，在無遷徙之情形下，其潛在與人連結之要素尚未被凸顯出來，就此而論與一般之產地標示類似。故於探討當地居民搬遷至他地後

注七八　Michael Ritscher and Alexander Vogel, ibid., EIPR 1993 p.175。

可否繼續使用原地名以標示其商品，不僅涉及產地標示有無遭濫用之問題，亦更有助釐清產地標示與與人連結來源標示之概念。以下則特就與人連結之來源標示論述企業遷徙或當地居民移居他地後及於原地名使用之影響。

　　德國於二次世界大戰後由於戰敗致領土疆域有所變更，甚至被劃分爲東、西德二部分，因此，許多原住東德之居民或企業紛紛被迫遠離家園至西德定居，而其是否可繼續將原故鄉之地名用於西德所產製之商品上遂引起學者之關注。此種由於國土分裂之歷史悲劇所造成產地標示合法性之影響，於我國亦深具討論價值，例：山東省之居民隨政府播遷來臺後，可否將其在臺灣所自製之饅頭稱爲「山東饅頭」而販售？惜我國學說、實務就此問題之討論迄今尚付之闕如，而德國聯邦法院則有相關案例可供參考。最有名之案例乃1955年之 "Rügenwalder Teewurst" 案(注七九)，Rügenwalde 乃波羅的海邊之小城，素以肉品工業聞名，尤其 "Rügenwalder Teewurst" 更廣受德國消費者之歡迎。二次大戰後 Rügenwalde 劃入波蘭境內，原肉品業者則大多移居至西德並重行製造臘腸，仍冠以 "Rügenwalder Teewurst" 之名，BGH 認系爭標示於戰前不僅被消費者評價爲產地標示，同時亦指該商品源自特定之製造羣，故原製造羣雖已遷至西德仍可合法使用系爭標示，且不必另爲附加之陳述。至於世居 Westfalen 之肉品工廠則不得稱其香腸爲 "Rügenwalder Teewurst"，蓋系爭標示尚未轉爲種類名稱或性質陳述，而係屬學說上所稱之「與人連結之來源標示」。翌年（1956年）BGH 就 "Coswig" 案再度對企業遷移後可否繼續使用原地名標示商品之問題表示看法(注八〇)，此案乃一原位於東德 Coswig 之企業，因被徵收而於西德之 Düsseldorf 重新設廠以生產制動襯片及離合器片

注七九　BGH 1955.12.13 GRUR 1956, S270ff。
注八〇　BGH 1956.6.29. "Coswig", GRUR 1956 SS.553-558。

(Brems-und Kupplungsbeläge), 且繼續使用 "Coswig" 標示於 Düsseldorf 所生產之商品。BGH 認縱使該企業先前並未特別強調 "Coswig", 現於遷移後繼續使用 "Coswig" 或 "Coswig-Qualität", "Original-Coswig" 等標示仍屬合法。蓋於 Coswig 並未有其他生產同類產品之企業, 系爭標示之好名聲依交易觀點應係連結於該企業而非所指稱之地點(注八一)。反之, 東德Coswig地之國營企業(Volkseiger Betrieb) 若使用系爭標示, 則係依附他人企業先前之好名聲, 而構成§1UWG 之違法。上述二判決, BGH 或認系爭標示依交易觀點與特定之企業或特定之製造者連結, 因此於遷移後可繼續使用之。不過, 德國學者大多認至少應考慮現在或將來位於標示所指稱地點之企業其使用該地名以表彰商品產地之利益, 藉由清楚之附加陳述以排除引人錯誤之虞(注八二)。

　　由理論上觀之, 非在某地製造之商品不可帶有指稱該地為產地之標示, 故一旦製造者遷居他地即不可再繼續使用原產地標示乃自明之理。但鑒於具地理形式之個別來源標示與人連結之特性, 因此有予以差別待遇之必要。又, 標示之意義乃取決於交易觀點, 且商品之品質究受人為或自然環境影響較大亦與商品種類有關, 故本文將由交易觀點對系爭標示之了解及商品種類為類型化之標準予以探究。

1.交易觀點認系爭標示僅表彰商品之產地

注八一　就此似應將之歸為「企業來源標示」(Betriebliche Herkunftsangaben), 詳見本書第三章。

注八二　參 Baumbach und Hefermehl, a.a.O., S.886; Tilmann, a.a.O., SS.187-189; Beier, Zur Frage der weiterführung geographischer Herkunftsbezeichnungen ost vertriebener Firmen, *GRUR 1956* SS.365-376。不過, Beier 認應進一步依個案具體情形以斷是否應為附加陳述。至於是否贊成於例外情形可於遷徙後繼續使用該地名, 德學者亦有持不同見解者, 參 Bohrer, *NJW 1956 S.* 821。

於此情形，消費者所重視的是商品之生產或製造地，因此不論係基於何種原因之遷移，原則上均無權繼續使用舊有之產地標示。縱欲藉由地名淡化之附加以排除詐欺消費者之可能，亦應嚴其判斷標準，以防產地標示遭濫用而轉為種類名稱或性質陳述。

2.交易觀點認系爭標示乃指示該地之某特定企業

此類情形即屬前述地理形式之企業來源標示，當該特定企業遷離所指示之地點時能否繼續使用原地名，應以當時之交易觀點為斷。若絕大多數消費者知悉企業遷徙之事實，則可繼續使用之，亦即此時該標示已完全喪失其地理特質；反之，若非不顯著部分之消費者仍期待該企業於原址生產商品時，該企業繼續使用原標示則係引人錯誤（注八三）。

3.交易觀點認系爭標示為與人連結之產地標示

此類標示不僅指示出商品之產地，同時亦指出定居當地之多數特定製造者。此類商品之品質與人為加工有密切之關係，因此主要係工業產品或某些經加工之天然產品，至於純天然產品及經人力培育、種植之天然產品則幾乎不可能產生此類與人連結之產地標示。欲探討遷離原址之人可否繼續使用系爭標示於新產品，仍以交易觀點為判斷標準。不過，為進一步分析之，擬再細分為二類：

（1）冠有系爭標示之商品乃因當地多數企業之特殊配方以相同方式製造而成，故對消費者而言該標示亦指稱該特定之多數企業。此際若因特殊眾所周知之情事——如：國土分裂，而導致該特定多數企業全部遷徙，則其迫遷後應可繼續使用系爭標示，原則上亦毋庸為任何附加陳述。至於原地之居民欲以該標示用於同類商品中亦應予以禁止，蓋此時系爭標示之地理意義已不重要，而係指示特定之多數企業。又若僅部分企業遷居他地，部分企業仍於原址繼續生產時，遷居之企業仍可繼續使

注八三　Beier 亦採相同看法，參氏著，a.a.O., GRUR 1956 SS.368-372。前
　　　　述 BGH "Coswig" 案則因交易皆知，故合法。

用原標示，但應有相關之附加陳述以防消費者之混淆(注八四)。

(2) 系爭連結個人之標示對消費者而言亦表彰該商品乃基於當地居民代代相傳之手工技術或特殊技巧所製成，例：陶製品、針織品。「美濃紙傘」、「景德鎮磁器」即屬之。此情形於當地居民遷徙後可否繼續使用原標示，判斷標準原則上一如前述，但因其特重視當地居民之特殊手工，若原於該地設廠之某企業遷至他地而未繼續聘用原當地居民從事生產，則不可繼續使用原標示。反之，原當地居民於遷居前縱尚未從事該產品之製造，只要其具該純熟之手工技術，遷居後亦可使用系爭標示。

第六項　當地居民將產地標示濫用於劣質品

產地標示著重自由使用與真實標示，故原則上當地居民皆有權將該地名標示於其所產製之商品上。但產地標示對消費大眾而言，有時除具表彰商品地理來源之基本功能外，尚含有特定性質之聯想，因此，若帶有該產地標示之商品確於所標示地點製造，但商品之品質卻不符消費者期待時，仍可能係引人錯誤之標示。

例：冠有「臺中太陽餅」之標示，實亦於臺中製造，但與消費者所期待之品質不符，則該標示將誤導消費者之購買決定。不過，嚴格言之，就產地標示之主要功能——表彰商品地理來源——而言，系爭標示並無虛偽不實或引人錯誤之情事，故非屬偽標產地標示之不法，而應係就商品品質為引人錯誤之陳述，就我國法觀之，仍係以違反公平交易法§21 處斷。德國實務就此問題亦認系爭標示構成引人錯誤之商品性質 (Beschaffenheit) 陳述，而係不法之標示。例：RG在 "Mariascheiner Kohlen" 案中，判定被告所賣之波希米亞褐煤 (böhmische Braunkohle) 帶有"bei Mariaschein liegend" 字樣之標示，但與消

注八四　例：「……，目前在××地製」。如前舉 Rügenwalder Teewurst，可附加 "seit, 1945 in…" 類此之陳述。

費大衆認具特殊性質之 "Mariascheiner Kohle"未具相同品質，而該標示違反 §3UWG（商品性質引人錯誤）（注八五）。又,BGH於"Scotch Whisky" 案中亦持類似見解，本案被告販售一在蘇格蘭製造之威士忌酒，而名爲"Lord Rochester",於酒瓶之標籤上有 "Scotch Whisky" 之字樣。依英國現行之規定只有於蘇格蘭蒸餾且至少貯存三年以上之燒酒始可名爲 "Scotch Whisky"，而被告之威士忌酒貯桶卻未及三年。BGH 判定系爭標示乃引人錯誤,蓋對部分熟知何謂 "Scotch Whisky" 酒者將誤認產品已貯存至少三年以上，而其餘之消費者亦認被告所銷售之威士忌酒具有與"Scotch Whisky"相同之品質，（Scotch Whisky 之價格較高，消費者認代表高品質之威士忌酒），貯存之年限確會影響 Whisky 之風味，故系爭標示就商品性質確爲虛僞不實之標示（注八六）。可見，縱消費大衆對系爭產地標示並無具體之性質概念，但只要確含有商品具相當品質之聯想，一旦當地居民將之用於劣質品時，仍可能構成商品品質之虛僞陳述。

　　鑒於實際上欲掌握消費者對產地標示是否同時具備性質陳述之概念頗爲不易，此際欲以不正競爭法中不實標示之相關法規以防當地人民濫用於劣等品上卽相當困難,爲加強保護此類具品質暗示功能之產地標示，某些國家如：法國，卽設立特別規定加強保護以防遭濫用於劣質商品上，於法規中將帶有此類「原產地名稱」之商品所應具備之品質詳細規定（注八七）。德國雖未探法國「原產地名稱」之概念,立法者爲加強「合格的」產地標示之保護，亦就某些標示設有特別規定以防濫用於劣質商

注八五　RG 1912.6.7. "Mariascheiner Kohlen"，轉引自 Ulmer-Beier, SS.531-532。

注八六　BGH 1969.1.15. "Scotch Whisky", GRUR 1969 SS.280-282 Anm., Knopp SS.282-283。

注八七　不過，未有一國主動對外國之產地標示特設保護，以防遭公開依附。

品，而其商標修正草案§154Ⅱ特別明定此類「合格的」產地標示只可用
於具備相當品質之商品上。同時，實務與學說更以不正競爭法中之一般
條款（§1 UWG）以補充保護著名產地標示。我國迄今尚未承認「原產
地名稱」之概念，為加強產地標示之保護，現階段德國之做法可供參
考。

第七項　依附（寄生）著名之產地標示

　　一般偽標商品產地之情形大抵係因該產地標示知名度高，藉此可吸
引消費大眾之目光，以達促銷其商品之目的。就商品產地之不實標示，
各國皆設有相關法規予以制裁已如前述，但狡詐之商人為免受法律制裁，
鮮少直接為虛偽不實之標示，而某些特殊之濫用態樣（如：附加陳述）
雖確無詐欺消費者之情事，不過藉「依附」著名之產地標示以促銷自己
商品，此種「搭便車」之行為亦屬不正競爭之手法，因此理應加以制
止。相較於（個人）著名商標被用於不同類之商品上，雖其並未構成商
標權之侵害，但為防該著名商標顯著性之沖淡及不當依附其聲譽，外國
學說、實務紛紛擬由民法或不正競爭法中予以補充保護（注八八），因此，

注八八　參 B. Dutoit, Unlautere Ausnutzung und Beeinträchtigung
　　　　des guten Rufs bekannter Marken, Namen und Herkunfts-
　　　　angaben,-Die Rechtslage in der Schweiz und Frankreich,
　　　　GRUR Int. 1986, SS.1-5; Lehmann,-Die wettbewerbswidrige
　　　　Ausnutzung und Beeinträchtigung des guten Rufs bekann-
　　　　ter Marken, Namen und Herkunftsangaben,-Die Rechtslage
　　　　in der Bundesrepublik Deutschland, *GRUR Int, 1986* SS.
　　　　6-16; Verkade, Unlautere Ausnutzung und Beeinträchtig-
　　　　ung des guten Rufs bekannter Marken, Namen und
　　　　Herkunftsangaben, ---Ein Beitrag aus Benelux-Staaten,
　　　　GRUR Int. 1986, SS.17-25。曾陳明汝，世所共知標章之保護，專利
　　　　商標法選論，增訂三版，頁 201-241。

累積了相當豐富之判決（注八九）。反之，產地標示之相關問題則較少受
重視，不過學說、實務就個人商標處理仍可供參考。

　　法國因承認「原產地名稱」之概念，且對之特別保護，巴黎地院於
1984年3月5日之判決中卽禁止 SEITA 煙草公司將原產地名稱"Cha-
mpagne", "Champagne meilleurs crus de Virginie", "Cham-
pagne Prestige et Tradition" 用於其煙草製品上，蓋原產地名稱若
用於不同類之商品上，其吸引力及知名度將因此被削弱（注九〇）。反之，
義、比兩國之實務則認原產地名稱之保護僅及於特定種類之商品，若將
"Champagne"、"Cognac" 用於他類產品上仍屬合法。又，前曾提及
英國最近相當有名之"Elderflower Champagne"案例，被告將"Cha-
mpagne" 用於其所製不含酒精之冒泡飲料，且其瓶子大小、顏色、形
式均與法國香檳酒類似，雖其標示有 "The Natural Non-alcoholic
Sparkling Refreshment"字樣，但字體卻非常小，原告提起passing
off 訴訟請求救濟，被告抗辯該產品已清楚標示其爲不含酒精之礦泉水，
且每瓶僅售價 £2.35 至 2.45（75毫升），遠較香檳酒便宜，並於健康
食品店中販售，因而並無混淆、詐欺消費者之情事。法院認消費者被
"Champagne" 字樣所吸引，但確因其價格遠較香檳酒便宜而會進一步

注八九　德藉由 §1 UWG 之概括條款涵蓋一切可能之不正競爭行爲，發揮極大
　　　　之功效；實務累積相當豐富之判例，學者並據以分類，予以理論上之探
　　　　究，最著名之分類卽屬 Baunbach und Hefermehl 所列之類型：
　　　　1.不正當招攬顧客（Kundenfang）；2.不公平阻礙同業競爭（Be-
　　　　hinderung）；3.不當榨取他人努力之成果(Ausbeutung)；4.利用違
　　　　反法規或破壞約定以圖取競爭上之優勢（Rechtsbruch）；5.妨礙市場
　　　　機能（Marktströung）。見廖義男，公平交易法應否制定之檢討及其
　　　　草案之修正建議，臺大法學論叢15卷1期，頁91。上述分類中與此有關
　　　　者爲 "Ausbeutung"。

注九〇　見 B. Dutoit, a.a.O., GRUR Int. S.2, 主要係認不可用於非同類產
　　　　品上。

注意該標示，因而發現該產品並非法國香檳酒。不過，不可諱言仍有一小部分之消費者僅知香檳酒乃用以慶祝之高級酒品，但對其價格卻毫無概念，因此當其看見標示上 "Champagne"字樣卽會認爲該商品爲香檳酒，故將受詐欺。而値注意者係英國法院雖肯認消費者將因被告標示而受詐欺，但因原告未能證明其實質上受有損害，故未准予訴求被告賠償損害之請求。英國學者則認應考慮"Champagne"之知名度將因此被沖淡，香檳製造工廠之聲譽亦因而被貶損，在其他 passing off 訴訟要件皆符合之情形下，原告所受之損害應予賠償（注九一）。另，德國法院近年有一相當有名之類似案例，被告爲進口法國製礦泉水——Perrier並銷售之公司，在其標籤上貼附有 "Perrier" 標示，並附有 "UN CHAMPAGNE DES EAUX MINERALES"，字樣。被告則促銷該礦泉水，並宣稱"Ein Champagner unter den Mineralwässern"及 "Perrier aus Frankreich. So elegant wie Champagner"，慕尼黑高等法院 （OLG）認被告之系爭陳述剽竊「合格的」產地標示之聲譽（Rufausbeutung）同時亦沖淡其宣傳力（Werbekraft），其競爭行爲有背善良風俗，故違反 §1UWG（注九二）。BGH 原則上贊成 München OLG 所持之看法，但最後仍駁回原告之訴，乃因被告主張其在原產國——法國已如此宣傳有數十年，且在該地向被視爲合法（注九三）。此判決雖深具意義，但德國學者認其對適用 §1UWG 之要件

注九一　參 Fiona Russell, The Elderflower Champagne Case: Is this a Further Expansion of the Tort of Passing Off? *EIPR 1993* pp. 379-381。

注九二　參 OLG München 1985.1.24. "Champagner unter den Mineral-wässern", GRUR 1985 SS.564-566。

注九三　參 BGH 1987.6.4. "Ein Champagner unter der Mineralwäss-ern", *GRUR 1988*, SS.456-457; Anm. Klette SS.456-457。

仍未臻明確，且頗有可議之處（**注九四**）。實則，於前述地名淡化附加陳述之案例中，德國學者卽已認知單憑§3UWG 並不足以保護產地標示，因爲只要藉由清楚之附加陳述卽可排除詐欺之危險。但此種產地標示濫用之特殊形態若無法有效予以遏止，則系爭產地標示遲早將轉爲性質陳述或種類名稱。因此，學者通說擬藉 §1UWG 概括條款予以補充保護（**注九五**）。而由經驗事實可得知，被依附以推薦自己商品之產地標示皆係著名之產地標示，且通常具有品質暗示之功能，卽德國學者所稱「合格的」產地標示（**注九六**）。其應一如著名商標及商號般以持久之方式保護之，職是之故，學者多援引就著名商標發展出之原則，由二方面論述依附著名產地標示以推薦自己商品乃有違善良風俗之競爭行爲，茲略述如下：①剽竊系爭產地標示之盛譽（Ausbeutung guten Rufs）。有意識地依附著名之產地標示，係欲藉由系爭標示之盛譽以吸引消費者之注意，此種「寄生」（Schmarotzen）之行爲乃有違善良風俗。BGH 於 "Rügenwalder Teewurst" 判決中亦某程度承認學說之觀點，認爲利用 "Rügenwalder Teewurst" 之廣大廣告效果，乃§1UWG 之違反善良風俗之行爲（**注九七**）。②系爭產地標示宣傳力（Werbekraft）之

注九四 BGH 此判決對產地標示之保護深具意義，其援引 "Rolls Royce" 判決（GRUR 1983 SS. 247-248）及 "Dimple" 判決（GRUR 1985 550ff）中所發展出由 §1 UWG 禁止藉著名商品之標示表彰自己商品與之等價而推薦之原則，用於雙邊條約所保護之產地標示。但系爭標示合法性之探討，學者認頗有可議。參 Klette, GRUR 1988 SS. 456-457; Tilmann, *Kennzeichenrechtlicher Schutz geographischer Herkunftsangaben,* SS.1041-1044。

注九五 參 Schriker, Der Schutz der Ursprungsbezeichnungen und Herkunftsangaben gegen anlehnende Bezugnahme, *GRUR Int. 1982* SS.515-518。

注九六 是否限於合格的產地標示始可享 §1 UWG 之補充保護，學者間仍有不同意見。參 Tilmann, a.a.O., S.276f。

注九七 參 BGH 1955.12.13. GRUR 1956 S.270ff。

沖淡（Verwässerung）。爲保護產地標示以防遭依附轉爲種類名稱而影響其標示力及宣傳力，尤有必要藉由§1UWG 以制止此種違反善良風俗之行爲。BGH於前述之 "Könisch Wasser" 判決中首次表示，非當地居民依附有特別宣傳力及具性質陳述功能之產地標示，乃係違反善良風俗，而構成 §1UWG 之違法（注九八）。

由前述可知，依附著名產地標示若構成剽竊該標示之盛譽或沖淡標示之標示力及宣傳力，德國文獻多主應以§1UWG 予以制止。我國亦一如德國未對「原產地名稱」特別加強保護，欲有效遏止此類不正競爭之行爲，應可考慮係構成公平交易法 §24「其他足以影響交易秩序之欺罔或顯失公平之行爲」。不過各國就此相關問題之案例並不多見，學說亦少專就此深入論析（注九九），以致判斷標準不盡明確，爲求更進一步了解，本文擬參酌德國學者就§1UWG所爲分類而將產地標示之依附分爲下述二大類（注一〇〇）：

　1.公然依附（offene Anlehnung）

此種類型乃公然提及某著名之產地標示以推薦自己之商品，但又不會使消費大眾對商品產地產生混淆。最常見之態樣即爲前述之地名淡化附加之類型，其縱可生地名淡化之效果，但因剽竊產地標示之盛譽，且沖淡其區別力與廣告力，故亦係不正競爭之行爲，應予制止。不過，仍應依具體情形以定，並非所有地名淡化之附加陳述皆構成不正競爭之行爲。若係標示式之公然參考 (kennzeichenmäßig offene Bezugn-

---

注九八　參 BGH 1964.12.9. GRUR 1965 S.317ff。

注九九　各國就此論述大抵於著名商標之探討中，附帶提及，參前注八八。

注一〇〇　參 Tilmann, a.a.O., SS.228-291; Baumbach und Hefermehl, a.a. O., S.602ff. 實則，某些情形不僅係引人錯誤之產地標示，尚有可能同時構成 §1 UWG 違反善良風俗，但相較之下，其已可依 §3 UWG 予以制止，故較不迫切以 §1 UWG 救濟之。因此，本文在此不擬論述。

ahme），如：“Bitburger Bier, hergestellt in Trier”或“Trierer Bitburger”，應係公然依附之不法；反之，若係非標示式之參考，如："Trierer Bier -nach Bitburger Art"，則應認其爲合法，蓋此係使消費者就商品之品質、價值有參考、比較之依據（注一〇一）。至於間接產地標示其藉由附加陳述生地名淡化效果之可能性更高，只要其非僅被消費者評價爲幻想性標示，仍應如直接產地標示般防公然依附。

2.近似之依附（annähernden Anlehnung）（注一〇二）

此種類型乃採用近似某產地標示之表示或表徵，其客觀上並無使消費者誤認商品產地之危險，亦無使消費者混淆商品產地之意圖，與公然依附不同之處在於其並非用以推薦自己之產品，即非表示具相同之性質。其雖不致使消費者發生混淆，但因近似之故而使消費者聯想至某著名之產地標示，藉此聯想以促銷商品。常見之態樣爲將某著名產地標示略作變更或以縮短之形式使用之，前者如「瑞市手錶」，“Fasching-Wasser” aus München 改爲 “Fachinger Wasser”；後者則如：將 Pilsener 縮短爲 Pils。此種類型顯有搭便車之嫌，希冀依附素孚聲望之產地標示，以促銷自己之商品，亦屬剽竊產地標示盛譽之不法，不過，於具體個案中應妥善判定所依附產地標示之聲譽及行爲人是否有計畫之近似而依附。尤其是間接產地標示之情形，藉由另一種近似方式間接使消費者聯想至某著名產地標示時，更應要求被附依之產地標示有較高之知名度始妥，同時亦應參酌其他具體情況由整體觀之審慎斷定。

我國雖未如法、義般對原產地名稱設有特別法加強保護之，但若能

注一〇一　參 Tilmann, a.a.O., SS.255-277。

注一〇二　Baumbach und Hefermehl 之用語爲 “versteckte Anlehnung”（隱藏之依附）。但 Tilmann 評其用語之概念不清，參 Tilmann, a.a.O., S.233 注14。氏採「近似之依附」一語，本文以此用語較易突顯其內涵，故採之。

仿效德國適時以公平交易法§24 補充保護，則某程度可及早遏止產地標示轉為性質陳述，如此將使含有品質暗示功能之產地標示於現行法範圍內獲較強之保護，而接近法、義等國及里斯本協定中對原產地名稱之絕對保護（注一○三）。德國商標法修正草案§154Ⅲ亦對具特別名聲之產地標示加強保護，以防免他人依附而影響其名聲，亦值我國參考。

注一○三　有關里斯本協定，詳見本書第六章。

第六章 產地標示之國際保護

第一節 外國產地標示保護之基本原則

　　基於內外國人平等之原則，各國對外國之產地標示原則上一如其內國產地標示般受保護(注一)。且鑒於歐陸家國及英、美、日等國皆係巴黎公約之會員國，自有遵守巴黎公約之義務。而巴黎公約就工業財產權之保護設有若干基本原則，希各締約國予以遵守。依巴黎公約§2 I 之規定，任何一同盟國之國民，就工業財產權之保護，應在其他同盟國享有各該國法律賦予其本國國民現在或將來可享有之利益，而不損及本公約所特別規定之權利。此即所謂之「國民待遇原則」(National Treatment)。因此，只要其履行課諸本國國民之條件及手續，即應享有與該本國國民同樣之保護；當其權利受侵害時，亦應享有相同之法律救濟。

注　一　參 Friedrich-Karl Beier, The Protection of Indications of Geographical Origin in the Federal Republic of Germany, 收錄於 *Protection of Geographic Denominations of Goods and Services,* P. 33-34; Robin Jacob. The Protection of Geographical Indications of Origin in the United Kingdom, 收錄於前揭書, p. 145; J. Thomas McCarthy, United States Law of Geographic Denominations, 收錄於前揭書 p.172-173; Tilmann, *Die geographische Herkunftsangabe,* SS.111-142; Ulmer/Beier, *Das Recht unlauteren Wettbewerbs in den Mitgliedsaaten der Europäischen Wirschaftsgemeinschaft,* SS.554-556.

又，依巴黎公約§2Ⅱ，只要係締約國國民，卽可享國民待遇之保護與救濟，不必於該締約國內設有住所或營業所。而依巴黎公約§1Ⅱ規定，工業財產權之保護包括來源地標示與原產地名稱，故依國民待遇原則，巴黎公約之締約國就他締約國之產地標示應一如其內國之產地標示般受保護。另，就非締約國之國民，巴黎公約§3設有準締約國國民之原則。亦卽雖非締約國之國民，但在任一締約國領域內設有住所或眞實而嚴肅之工業上或商業上之營業所者，亦被視爲準締約國之國民，而可主張國民待遇原則。我國非巴黎公約之會員國，但我國國民可利用巴黎公約§3之規定，而受公約之保護。又，縱我國並非巴黎公約之會員國，但基於內外國人平等之原則，就外國之產地標示理應與我國之產地標示受同樣之保護。況商品僞標外國爲產地，不僅有礙所標示地點居民之經濟利益，甚可能使其淪爲種類名稱，亦有礙本國之交易秩序及消費者之利益，故各國原則上就外國產地標示與內國產地標示應採同等之保護。

但就外國產地標示之保護往往具涉外因素(foreign element)，而各國對產地標示之保護並無統一之法律，因而就此可能發生法律衝突，其準據法究應指向內國法或適用所標示之原產國法，值進一步探究。若欲以外國產地標示申請商標註冊，依屬地主義及獨立原則(注二)，當依欲受保護國之商標法定之，較無疑問。反之，若係僞標商品產地爲外國，而外國人於內國涉訟時（不作爲之訴或損害賠償之訴），則非可概以法庭地法予以保護。由於不正競爭之制裁係由侵權行爲之原理中發展

注 二 稱「屬地主義」者，係指商標之所有人欲在任何締約國內受到商標權之保護，均應依各內國法向各該國之主管機關申請註冊始受各該國之保護，而在他國取得之商標權，非在國內另行申請註冊，並不當然受保護；稱「獨立原則」，係指商標權之取得、喪失、無效及撤銷等事項，在各受保護之國家間互相獨立，不受影響。參曾陳明汝，專利商標法選論，77年9月增訂三版，頁390-391。另參巴黎公約§6-1。

而得，某些國家甚仍依一般侵權行爲之法規予以制裁不正競爭。因此，此一涉外案件應被定性爲侵權行爲（注三）。而當事人之行爲是否構成侵權行爲及其效力如何，自十三世紀以降概以侵權行爲地之法律（lex loci delicti）爲準。但十九世紀時，德儒 Wächter及Savigny 則主張侵權行爲具反社會與反倫理之性質，與一國之公序良俗有密切關係，故其成立與效力應採法庭地法（lex fori）（注四）。近世各國之國際私法就侵權行爲之成立與效力大多以侵權行爲地法爲準據法（注五），但爲顧及法庭地之公安則往往採折衷主義，如我國涉外民事法律適用法§9 I：「關於由侵權行爲而生之債，依侵權行爲地法。但中華民國法律不認爲侵權行爲者，不適用之。」同條第二項：「侵權行爲之損害賠償及其他處分之請求，以中華民國法律認許者爲限。」，即採折衷主義之立法例（注六）。

　　由前述可知，僞標商品產地而欲以不正競爭法則涉訟之涉外案件，應定性爲侵權行爲，各國立法例原則上以侵權行爲地法爲準據法，但仍兼及法庭地法之適用。但侵權行爲地之確定，學說上又有「行爲作成地」、「損害發生地」（即「結果地」）之別（注七），就不正競爭之訴，各國則多係以受影響之市場爲侵權行爲地（注八）。

注　三　參曾明汝前揭書，頁191-197。
注　四　參曾明汝前揭書，頁191及馬漢寶，國際私法總論，頁112-115。
注　五　如法國民法第三條第一項以及日本法例第十一條第一項。
注　六　有學者稱我國乃不附條件之折衷主義。至於德國民法施行法第十二條規定：「德國國民因其在外國侵權行爲而應負擔損害賠償責任時，其應支付之賠償金額不得逾越德國法律所規定之範圍。」則採附條件之折衷主義，蓋其主要係保護德籍被告。參曾明汝及馬漢寶前揭書。而採折衷主義之國家中，英國較爲特殊，其以法庭地法爲主，而兼顧侵權行爲地法。
注　七　參曾明汝及馬漢寶前揭書。
注　八　參曾明汝前揭書，Sack, Die Kollisions-und Wettbewerbsrechtliche Beurteilung grenzüberschreitender Werbe-und Absatztätigkeit nach deutschen Recht, *GRUR Int. 1988*, *320*ff; Baudeubaber, Die Kollisions-und Wettbewerbsrechtliche Beurteilung grenzüberschreitender Werbe-und Absatztätigkeit nach Schweizerischem Recht, *GRUR Int. 1988*, *S.* 310ff.

第二節　與產地標示有關之國際條約

就產地標示之保護，各國有寬嚴不一之標準，爲協調各國不同之保護標準，擬藉由國際協定之簽署而加強保護產地標示。以下則就相關之國際條約予以論述（注九）。

第一項　多邊條約

第一款　巴黎公約

1876年萬國博覽會於巴黎舉行之際，法國召集人以工業財產權之保護爲議題，並首先提出「防止仿冒及侵害之相互保險組織」之構想。與會代表咸認有制定一統一法制以保護工業財產權之必要，遂正式成立起草委員會。1880年於巴黎召開國際會議，正式通過工業財產權保護同盟公約草案，終於1883年3月20日經法、義等十一國於巴黎簽署，保護工業財產權巴黎公約於焉誕生，並於次年（1884）7月7日正式生效。巴黎公約不僅係工業財產權國際保護之嚆矢，百年來隨著其締約國不斷增加，其重要性與日俱增，儼然成爲工業財產權區域性或國際性保護之母公約。

巴黎公約自1883年制定後，先後於1900、1911、1925、1934、1958、1967分別於布魯塞爾、華盛頓、海牙、倫敦、里斯本、斯德哥爾摩歷經六次修正。與產地標示有關之條文首係第一條第二項明定來源地標示

注　九　此處以較重要或較具特色或最近之國際條約爲論述重心。除此之外，
　　　　如：1929.2.11.於華盛頓所簽訂之泛美條約§21，亦有關原產地虛僞表示之禁止，本文不擬論述，參康炎村，工業所有權法，頁 27-29; 何連國，商標法新論，頁21。

(indications of source) 及原產地名稱 (appellation of origin) 為工業財產權保護之客體。另，第十條第一項則規定，就商品產地為直接或間接之不實標示，可將帶有系爭標示之商品扣押或禁止其輸入。並於同條第二項中明定利害關係人之範圍，及於任何於所偽標之地點或其所屬區域或國家中，從事該類商品生產、製造或貿易之個人或法律實體。早在巴黎公約制定之初，1880年各國協商時，與會代表們反對不實產地標示之絕對禁止，而主張僅伴隨虛構商號或有詐欺意圖之使用始予以禁止(**注一〇**)。1911、1925、1934 年之會議中，雖認詐欺意圖之限制過狹，但並無重大之改變。直至1958年，WIPO祕書處始提議對「任何帶有直接或間接不實 (false) 或引人錯誤 (misleading) 產地標示之產品皆禁止其進口。南非之代表認「引人錯誤」(misleading) 一詞語義模糊，故將之刪除，餘則被採納(**注一一**)。另增第十條之一，以遏止不正競爭，本於Ⅲ③中擬規定：在貿易進行中所為之標示或傳述，足以使公眾對商品之性質、「來源」(origin)、製造方法、特徵、適用性或份量誤信者，乃應予禁止之不正競爭行為，但有關商品之來源 (origin)，在美國反對下，遂將之刪除(**注一二**)。

由前述巴黎公約相關條文中可看出，巴黎公約雖明文承認產地標示之保護，且及於直接與間接產地標示，但現階段僅制止「不實」之產地標示，若僅係引人錯誤尚未達不實之標示，則未予以禁止。而其保護之

注一〇 參 J. Thomas McCarthy and Veronica Lolby Devitt, Protection of Geographic Denominations: Demestic and International, *TMR Vol.69.* p. 202; LeenBendekgey and Caroline H. Mead, ibid, p.780.

注一一 Stephen P. Ladas, Patents, *Trademarks and Related Rights*, p. 1578; Lee Bendekgey and Caroline H. Mead, ibid, p. 780.

注一二 同前注一〇 pp.201-222; pp. 780-781。

道亦僅限於扣押商品、禁止進口，並無任何民事救濟之規定（注一三）。至於對不實產地標示之認定標準、產地標示可否轉換爲種類名稱（普通名詞）、及其與幻想性陳述之界限、產地地理界線之確定、藉附加陳述公然依附著名產地標示之合法性等問題則完全付之闕如。因此巴黎公約對產地標示之國際保護可謂並無成效。

第二款 有關抑制不實或引人錯誤產地標示之馬德里協定

雖巴黎公約之會員國眾多，但鑒於其未對產地標示之保護爲具體之規定，因此主張加強保護產地標示之國家，如：法國，擬依巴黎公約§19 就產地標示之保護制定特別之國際協定。於1891年4月14日制定有關抑制不實或引人錯誤產地標示之馬德里協定(Agreement of Madrid for the prevention of false or misleading indications of source on goods; Madrider Abkommer über die Unterdrückung falscher oder irreführender Herkunftsangaban; 下簡稱馬德里來源協定)，而於 1892 年 7 月15日正式生效。雖起初有許多國家嘗試參與(注一四)，但最後正式簽署之會員國只有法國、葡萄牙、瑞士、西班牙、突尼西亞及英國。其間歷經 1911 年、1925 年、1934 年、1958 年、1967年分別於華盛頓、海牙、倫敦、里斯本、斯德哥爾摩之增修，會員國亦增至三十二國（至 1987）。德、義分別於一次世界大戰 (1925 年)、二次世界大戰後（ 1951年 3 月 5 日 ）陸續加入，另如：匈牙利、

注一三　參 Krieger, Möglichkeiten für eine Verstärkung des Schutzes deutscher Herkunftsangabe in Ausland, *GRUR Int. 1960*, SS.400-401; Krieger, Erwägungen über eine Revision des Lissaboner Abkommens über den Schutz von Ursprungsbezeichnung, *GRUR 1972*, SS.304-305。

注一四　如: 比利時、巴西、法國、瓜地馬拉、義、荷、葡、瑞士、西、突尼西亞、英、挪威、瑞典、美等。參 Tilmann, a.a. O., S.410。

日本、紐西蘭、瑞典、土耳其等亦均為馬德里來源協定之會員國。但如：美國、比利時、丹麥、挪威、加拿大、澳大利亞及南非等重要之購買國（Abnenmerstaaten）則並未加入，對產地標示國際保護之加強誠乃美中不足之事。

馬德里來源協定第一條第一項大抵沿襲巴黎公約第十條第一項之規定，凡商品帶有直接或間接以本協定之會員國或該會員國之某地為產地之不實或虛偽標示者，上述國家應於進口時予以扣押。同條第二項至第五項則另為補充，認虛偽或不實標示產地之發生國或帶有此類標示之商品進口國皆應予以扣押。又，若上述國家之法律並未有於商品進口之際扣押之規定者，則應禁止其進口。若該國既無進口之際扣押系爭商品，亦無禁止進口或於境內扣押之相關規定時，於其法令未為適當修改前，此等措施應以該國就此情形其本國國民可提起之訴訟及救濟代之。實無相關之制裁者，則應適用有關商標或商號之相關規定予以制裁。但過境商品則不可予以扣押(注一五)。

與巴黎公約相較，馬德里來源協定不僅對商品上不實之產地標示予以制止，尚及於引人錯誤之標示。且於第三條之一，復擴及為商品之販賣或陳列於廣告中、提單上、葡萄酒之目錄表、商業信函、紙類中所有欺瞞公眾商品產地之標示，亦應禁其使用。不過，並非直接拘束會員國，而係要求會員國有義務使其內國法與之相符(注一六)。又，其中最重要之條款為第四條，該條規定每一國家之裁判所可自行決定什麼名稱因其具普通名詞之特質，而不適用本協定。亦即究為產地標示或種類名稱（普通名詞），由各國之法院自行判定，並不受被標示地法院意見之拘束。然而，有關葡萄製品之地區性來源名稱則以但書排除之(注一七)。

注一五　見 §2 Ⅱ MHA。
注一六　參 §3-1 MHA; 德 §§3, 4UWG; §26WZG 即為與之相應之內國法。
注一七　見 §4 MHA。

卽，對葡萄製品之產地標示，各會員國不可自行將之視爲種類名稱（普
通名詞），亦不可藉由闡明性之附加陳述而使之成爲種類名稱。因此，多
數會員國設有特別法排除葡萄製品之產地標示轉爲種類名稱（注一八）。
馬德里來源協定第四條但書僅及於葡萄製品地區域產地標示之加強保
護，其餘產品之標示是否被視爲表彰地理來源，各國之法院有完全之自
由予以判定，因此在各會員國間究爲產地標示或係種類名稱，容有不同
之認定。實則，第四條於1890年協商之際，葡萄牙之代表曾提議但書應
將所有之農產品皆予排除，但遭瑞典、挪威及英國之強烈反對。繼之，
法國提議以"vinicole"取代"agricole"，最後以六票贊成，五票反對，
三票棄權，而獲採納（注一九）。但隨卽對"Vinicole"究爲何指產生爭
論，經由 BIRPI(United International Bureaux for the Protec-
tion of Intellectual Property; Bureaux internationaux reunis
pour la protection de la propriété intellectuelle) 卽保護智慧財
產權之聯合國際事務局（注二〇）之解釋，始確定可適用於所有之葡萄製
品（注二一）。而馬德里來源協定第四條但書卽爲美國不願加入該協定之
主因，蓋對是否爲普通名詞或產地標示之判定，美國向依交易觀點決
定，但書之保留，對在美國已轉爲普通名詞之外國地名使用上將造成困
難（注二二）。

注一八　如德1930年 §6 Wine G 卽屬。

注一九　贊成者有: 巴西、法、瓜地馬拉、葡、瑞士、突尼西亞; 反對者有:
　　　　比、西、英、挪威、瑞典; 棄權者爲: 美、義、荷。

注二〇　BIRPI 卽爲 WIPO 之前身，而 WIPO（世界智慧財產權組織）係依
　　　　1967.7.14 之斯德哥爾摩公約而設立，其爲一政府間之組織，於1974年
　　　　成爲聯合國之特別機構。參曾陳明汝，專利商標法選論，增訂三版，頁
　　　　253-257; 376-377。

注二一　參 Matthiolius, *Der Rechtsschutz geographischer Herkunfts-
　　　　angaben, S.338;* Tilmann, a.a.O., S.411。

注二二　參Lee Bendekgey and Caroline H. Mead, ibid, pp. 782-783。

　　除對葡萄製品之保留外，其餘產品藉由闡明性之附加陳述而公然依附某產地標示之情形是否亦在禁止之列，各國則有不同之觀點。如：法國傾向肯定之見解，其認本協定§12旣涵蓋間接標示，公開依附之情形亦可及之。但英國、瑞典等國則持反對見解（注二三），認條文中並未明示及之，且依第四條之規定，各國自行判定無詐欺之危險時，則非不法之標示。鑒於馬德里來源協定對公然依附之類型是否禁止未臻明確，1958年於里斯本召開會議時，BIRPI 提議將 §4 但書擴及於產品品質深受產地之土壤、氣候等自然環境影響之所有產品。並提議增訂§4 II，要求各會員國確保原產地名稱，使其免於附加陳述而轉爲種類名稱（注二四）。就擴大§4但書之提案，法、義、葡、西及捷克（注二五）表示贊成，而英國則持反對見解，其認依現行規定英國並無義務與外國之判決爲相同認定，對但書葡萄製品之保留本就持質疑之看法，不可再予以擴張。德、瑞典、南斯拉夫及日本亦反對§4但書擴及指原產地名稱（注二六）。表決結果以八票贊成，五票反對，二票棄權，而通過此提議（注二七）。

注二三　瑞士原傾向持否定見解，後則如法國般採肯定見解。參 Tilmann, a.a.O., S.412。

注二四　該提案爲："Die Verband sländer haben den wirksamen Schutz der Ursprungabezeichnungen gegen jede Verwendung derselben in ursprünglicher Form oder in Übersetzungen mit oder ohne Zusatz von Ausdrücken wie "Typ", "Art", "Fasson" oder der Angabe des wahren Ursprungsortes oder anderer Ausdrücke, die ihnen einer gattungsmäβigen Charakter verleihen sollen, sicherzustellen.

注二五　捷克並擧"Pilsener Bier"爲例，力主應擴及原產地名稱，以加強保護。

注二六　德反對之主因爲依有區別原產地名稱及來源地標示概念之國家的觀點，德國現行之產地標示，除 Solingen 外，皆爲來源地標示。若但書擴及指原產地名稱，則其所有之產地標示皆可因地名淡化之附加而不受保護。此非德所樂見，故持反對見解。

注二七　贊成者：法、以色列、義、古巴、葡、西、捷、匈；反對者：德、英、日、紐、瑞典；棄權者：瑞士、列支敦士登。

但旋卽因德、日、瑞典之正式反對而撤回此提議。至於增訂§4Ⅱ之提議，瑞士代表亦提案於現行§1增入相關規定，以防附加陳述之濫用卽可，不必增訂§4Ⅱ（注二八）。國際事務局與瑞士之提案皆係欲明文保障產地標示防免藉由附加陳述生地名淡化之效果，而使產地標示轉爲種類名稱，不過二提案仍有所區別，國際事務局之提案僅就原產地名稱加強保護；反之，瑞士之提案則不限於原產地名稱，僅以產地標示（indications de provenance; Herkunftsangaben）之用語。法國代表隨卽對瑞士提案表示意見，認若將原提案之用語改爲原產地名稱，則法表贊成；反之，則法國無法苟同。蓋法國向來只禁止就原產地名稱附加陳述而生地名淡化之效果。德國則建議可折衷如巴黎公約第一條第二項般，將原產地名稱、來源地標示並列，但仍未爲法所接受。最後，就瑞士修改第一條之提案，以六票贊成、六票反對、二票棄權而未獲採納（注二九）。至於國際事務局增訂§4Ⅱ之提案，則以八票贊成、三票反對、三票棄權而獲採納（注三〇）。但此提案最後仍因德、日、瑞典等國之正式反對，而遭撤回。因此§4仍維持原條文。

注二八　該提案爲: "Die Verbandsländer verpflichter sich, den Staatsangehörigen des Verbandes wirksamen Schutz gegen die Verwendung falscher, der irreführender Herkunftsangaben (indications de provenance) zu gewähren, ohne Rücksicht darauf, ob die Herkunftsangaben in der ursprünglichen Form oder in der Form einer Übersetzung mit oder ohue Hinzufügung von Ausdrücken wie "Typ", "Beschaffenheit" oder "Art" oder der Angabe des wirklichen Ursprungsortes oder anderer Ausdrücke, die dazu bestimmt sind, einen gattungsmäβigen Charakter zu geben, und ohne Rücksicht darauf, ob sie auf den Erzeugnissen oder in der Werbung oder in Geschäftsbetrieb verwendet werden."。

注二九　贊成者: 德、以、列支敦士登、瑞士、捷、匈; 反對者: 法、日、義、古巴、瑞典、西班牙; 棄權者: 英、葡。

注三〇　贊成者: 法、以、捷、匈、義、古巴、西、葡; 反對者: 德、日、瑞典; 棄權者: 英、瑞士、列支敦士登。

綜觀前述馬德里來源協定之制定背景及修改過程，可見馬德里來源協定就產地標示之保護雖已較巴黎公約邁開一大步，非僅及於扣押、禁止進口等措施，且擴及引人錯誤之產地標示亦加以制止，又對究爲產地標示或種類名稱（普通名詞）之認定明示可由各國法庭自行決定，但就葡萄製品則予以嚴加保護。不過，馬德里來源協定有許多妥協之色彩而未能盡如人意（**注三一**），法國擬使原產地名稱受嚴格保護之心願，幾經波折，而功敗垂成。使馬德里協定就附加陳述而公開依附之合法性問題、產地之地理界線如何認定等事項，仍未見明文規範。因此，馬德里來源協定就產地標示之保護仍顯不足，其加強產地標示國際保護之目的大打折扣，而成效不彰。

第三款　里斯本協定

鑒於馬德里來源協定妥協之色彩過於濃厚，而未達成加強產地標示國際保護之最初目的，因此，某些國家則擬另設特別之國際協定，期能予產地標示一嚴格之保護。遂於1958年10月31日制定出「保護原產地名稱及其國際註册之里斯本協定」(Lisbon Agreement for the Protection of Appellation of Origin and their International Registration；下簡稱里斯本協定)。其間歷經 1967 年 7 月14日於斯德哥爾摩之修正，1979年則略爲增補。迄1992年止，僅十七個會員國（**注三二**）。

里斯本協定§1Ⅱ卽明文規定，各會員國應在其領域內依本協定之要求保護他會員國產品之「原產地名稱」(appellations of origin)。此

注三一　美國卽因§4但書與其內國法不符，而不願簽署馬德里來源協定。參 Lee Bendekgey and Caroline H. Mead, ibid., pp. 782-783。其餘擬主張加強原產地名稱保護之國家，如：法、義等，亦不滿§4但書只將葡萄製品予以保留。

注三二　阿爾及利亞、保加利亞、布拉基法索、剛果、古巴、捷、法、加彭、海地、匈、以、義、墨西哥、葡、多哥、突尼西亞、斯洛伐克。

類原產地名稱確實（"as such"）係原產國所承認且予以保護者，並已於智慧財產權之國際事務局註冊。由此可知，里斯本協定所保護之客體為原產國承認且保護之原產地名稱，並透過國際事務局之國際註冊而受保護。另，於§2 I 對「原產地名稱」下定義：即用以表明產品出處之國家、地區或地點的地理名稱，且該產品之品質（quality/Güte）及特色（characteristics/Eigenschaft）完全（exclusively）或主要（essentially）係由於該地理環境。包括自然及人為因素。另，對原產地名稱，里斯本協定亦予以較嚴密之保護。依第三條規定，附加標示產品之真正產地或使用系爭原產地名稱之翻譯形式，甚或於該原產地名稱後附加有"kind"、"type"、"mark"、"imitation"等類此字樣者，皆在禁止之列。亦即明文禁止藉地名淡化之附加陳述以公然依附原產地名稱。而依該協定第六條之規定，只要某標示被所指稱之國家視為原產地名稱而受保護，在依本協定§5承認保護該標示之會員國中，禁其轉為普通名詞（種類名稱）。第五條則設有國際註冊之程序，原產地名稱之國際註冊係由依各會員國之內國法有權使用該名稱之自然人或公、私法人向該國之相關機構提出，再由該會員國向國際事務局註冊。國際事務局應將此註冊立即通知各會員國，並定期將之出版。其餘會員國自接受國際事務局註冊通知一年內，可備具理由拒絕予該註冊之原產地名稱保護。但其聲明不得有損原產地名稱所有人依本協定§4（注三三）可主張之其他保護（注三四）。亦即依巴黎公約、馬德里來源協定所享之保護並不可因此被拒絕。又，國際事務局應盡速將會員國拒絕保護之聲明通知原產國，以使利害關係人可訴諸該國國民可資使用之司法及行政之救濟（注三五）。另，若有第三人就已為國際註冊之原產地名稱在承認其保護

注三三　指 PVÜ, MHA, 內國法及判決所享之保護，見 §4LUA。
注三四　見 §5Ⅲ、ⅣLUA。
注三五　見 §5ⅤLUA。

之國家中使用，且其使用係該國於受國際註册通知前，該國相關當局有權承認第三人之使用，但最長不得超過二年，且必須在Ⅲ所定拒絕保護一年之期限屆滿後三個月內，告知國際事務局（注三六）。依第五條所完成之國際註册，毋庸更新，其註册持續有效（注三七）。

　　由里斯本協定之內容可見，其對原產地名稱之保護較巴黎公約、馬德里來源協定更爲嚴密，但卻仍有缺點。首先，究否應於巴黎協定、馬德里來源協定外另設產地標示保護之特別協定，卽已引起爭議。由於1958年增定巴黎公約第十條之一時，原擬將商品之「來源」亦置於條文中，但因美國反對，遂予以刪除。而國際事務局就馬德里來源協定提議增訂§4Ⅱ及擴大原§4但書之範圍，以期加強保護原產地名稱，幾經波折而功敗垂成。因此，某些主張加強保護產地標示（尤指原產地名稱）之國家，如：法國，卽大力支持里斯本協定之制定。英國則首先反對於巴黎公約中再另設特別規範，蓋現旣存之規範（如馬德里來源協定），其會員國卽已不多，再另設特別規範恐亦難逃相同之命運，故主應於旣有之協定中謀進一步之發展（注三八）。瑞典代表隨卽支持英國之看法，但葡萄牙則持反對見解，其認因爲大多數巴黎公約之會員國並不承認所謂「原產地名稱」，而若此類國家未繼續發展其內國法，並予原產地名稱保護，則必藉特別協定予以保護始可（注三九）。德國代表則表示德雖亦致力於加強產地標示之保護，故亦有興趣促成新特別協定之制定，但因由里斯本協定§1規定觀之，保護客體僅及於「原產地名稱」，且他會員國原產地名稱係如該他國所承認者，細繹之，則以原產國依法律或判決或由行政機關所承認之原產地名稱爲限（注四〇）。若然，對德而言，

注三六　見 §5ⅦLUA。
注三七　見 §7ⅠLUA。
注三八　參 Krieger, a.a.O., GRUR 1959 SS.97-98。
注三九　同前注。
注四〇　參 LUA 之施行規定 §1Ⅰ⑤。

僅有"Solingen"依1938年7月25日之Solingen名稱保護法屬原產地名稱。因此，德國加入里斯本協定於本國並無多大實益，僅對其他會員國較有利。經討論後，最後採以色列之見解，於§2 I列明原產地名稱之定義，指用以表明產品出處之國家、地區或地點之地理名稱，且該產品之品質及特色完全或主要係歸因於該地理環境。包括自然及人爲因素（注四一）。以促使德國之加入。但由於§1 II仍未配合修改，德認依其現行法仍不可能加入里斯本協定（注四二）。可見，里斯本協定僅就原產地名稱設有相關規定，予以嚴密之國際保護，因此，僅採行法國法「原產地名稱」概念之國家，始有興趣加入（注四三）。且依§2 I對原產地名稱之定義觀之，雖提及產品之品質，但卻未要求消費者對帶有系爭原產地名稱之商品有具體品質之概念，因此尚未及於品質之保護。而§3、§6對原產地名稱之保護較巴黎公約、馬德里來源協定嚴密，禁以附加陳述排除商品產地之詐欺；亦防他會員國將原產國之原產地名稱視爲種類名稱。此種加強保護產地標示之措施，雖爲歐陸國家所歡迎，但卻成爲以消費者保護思想出發之國家，如：美國反對最烈之處（注四四）。例：美

注四一　但未及於間接標示，1970年9月WIPO決議其他標示亦屬合法，參 Tilmann, a.a.O., S.440 注二八。

注四二　由於§1 II LUA仍有 "as such" (als solche), "recognized" (anerkannt) 字樣，即所謂原產地名稱須限於原產國依法律、判決或行政措施所承認者爲限。而德國現行制度，依法律所承認者僅有"Solingen"，判決亦絕少承認，多以 §§3, 4 UWG 予以一般之保護，依行政措施則僅有 "Weinbergsrolle"（葡萄酒園之登記），因此，依LUA之見解，僅很少之產地標示可爲國際註册而享國際保護，因此其加入之意願不高。參Krieger, a.a.O., GRUR 1959 58f; Krieger, a.a.O., GRUR 1972 SS. 307-308。

注四三　參 Beier, Internationaler Schutz von Ursprungsbezeichnungen, *GRUR Int. 1974*, S. 137.

注四四　Lee Bendekgey and Caroline H. Mead, ibid., pp. 781-782.

國已認"Champagne"爲香檳酒之普通名詞，但法國仍將之視爲原產地名稱，若美國加入里斯本協定，則亦須予該標示相關保護。如此則與其商標法相牴觸，而無法接受。另，里斯本協定中關於國際註册之申請程序亦備受抨擊。§5Ⅰ可透過內國機關向國際事務局提出國際註册者乃依該內國法有權使用系爭原產地標示之人，其未對何謂有權使用者爲明確之界定，而係依原產國之內國法定之。又依里斯本協定之施行規定§1Ⅰ①，國際註册之申請須表明提出該申請之國家及該標示之所有人（owners; Inhaber)，仍未明確界定何謂「所有人」。當然，解釋上有權使用系爭標示者原則上應限於當地之該商品製造者（注四五)，但對當地其他居民就系爭標示使用利益之問題則未予以解決。又，僅對產地標示保護設有一般規定（如：以不實廣告規範）之國家，依其內國法有權使用系爭標示者並未予以詳細規定，如何表明所有人卽成問題．縱認僅將其範圍表明卽可，實際上仍有困難（注四六)。而§5Ⅲ，其他會員國在受國際事務局通知之一年內，可聲明拒絕予以系爭原產地名稱保護，但此拒絕保護之權利範圍亦未臻明確。原先國際事務局就§5Ⅲ之提案，將拒絕保護之範圍明定爲因於該會員國內已轉爲種類名稱，故不予保護。而此提案遭法國、西班牙、葡萄牙、捷克之反對，其主張其餘會員國應承認地理標示被原產國視爲原產地名稱，而同予以保護。以色列則表示若無拒絕保護之權利，就其憲法而言，乃不可接受之事。捷克則認若他會員國仍有反對保護之可能，則對其將喪失加入之價值（注四七)。幾經波折，始折衷成現行之規定，但就反對保護權利之範圍反不明確。其他會員國可否以該原產地名稱在其內國完全不聞名或被內國消費者視爲幻想性名

注四五　依施行規定§1Ⅰ③，須表明適用系爭名稱之產品。

注四六　參Tilmann, a.a.O., S.414; Krieger, a.a.O., GRUR 1972 S. 307。

注四七　因其"Pilsener Bier"被德判決視爲種類名稱而不予保護，參Krieger, a.a.O., GRUR 1959 S. 99。

稱爲由，而拒絕予該名稱保護？又，若於他會員國或任何地方另有同名
地點，是否亦可以之爲拒絕予以保護之理由，仍有疑問。

　　由前之論述可知，里斯本協定雖仍有若干缺失，但就原產地名稱之
國際保護已有相當程度之加強（**注四八**）。而其致命傷在於加入該協定之
國家過少，迄1992年止僅十七個會員國。就產地標示有重要經濟利益之
原產國，如：西班牙、瑞士、德國等國，雖有興趣加強產地標示之國際
保護，但認里斯本協定不足保護其利益，故並未加入；而英、美、瑞
典、紐西蘭、加拿大等國則認該協定不足保護消費者，尤其無法接受本
國法院就是否屬產地標示之認定須與原產國法院持相同之見解，因此並
未加入（**注四九**）。又，自1967年（因里斯本協定自1966年9月25日始生
效）至1992年只有七二九件原產地名稱爲國際註冊（**注五〇**），若能再予

注四八　例§3禁公開依附之陳述；§6禁轉爲種類名稱。而地理界線及品質之界定
　　　　雖不明確，但施行規定 §1 I ④提出國際註冊申請時，須表明該原產地
　　　　名稱之範圍，故某程度仍可認定。

注四九　另比、德、南斯拉夫、加、奧、瑞士有加入之意願，13個非洲國家於
　　　　1969.1.10.之條約中亦表明加入 LUA 之意願，至於荷、盧、英、芬蘭、
　　　　以、非、南非、尙比亞則無意加入。參Tilmann, a.a.O., S. 415-417。

注五〇

原　產　國	註冊總數
法	472
捷	108
保	48
匈	26
義	25
阿爾及利亞	19
古巴	18
突尼西亞	7
葡	4
以色列	1
墨	1

以修正，使國際保護能更趨於實際，以吸引更多會員國，則里斯本協定之重要性將大為提昇。而里斯本協定首應予以改善者，乃應使國際註冊之要件及程序為更明確之規定。另有關會員國拒絕保護之權限應予限縮；另，在他會員國就已有國際註冊之原產地名稱予以相同保護，依§5 VI所設之過渡期間，亦可考慮予以延長(注五一)。

第四款　STRESA 協定

歐洲主要出產乳酪之國家於1951年 6 月 1 日制定 Stresa 協定，以保護乳酪之產地標示。相較於巴黎公約、馬德里來源協定、里斯本協定，Stresa 協定之規模較小，且係針對特定產品 —— 乳酪之產地標示所制定。簽署此協定之國家有比利時、丹麥、法國、義大利、挪威、荷蘭、奧地利、瑞典及瑞士等九國(注五二)。此協定之重要性較低，但值得特別注意的是其對產地標示保護所持之態度，其非但未嚴格禁止產地標示轉為種類名稱，甚於部分情形尚鼓勵之。該協定§3雖就乳酪之原產地名稱加強保護，明確限於特定區域始可使用，且禁止公然依附，但使用該名稱之條件則未予明定，而仍須藉助法律。且該協定就受保護之產地標示列舉於附件A及附件B中，分別享有不同等級之保護，附件A中所列標示享有較嚴密之保護，但並非所有有關乳酪之原產地名稱皆列於附件A中，反之，幾乎有3/4不可或缺之產地標示被列於附件B中，僅享有次等的保護（§5 VI）。亦卽，依§4列於附件B中之產地標示，可用於非眞正原產國之乳酪，只要與其品質相當卽可(注五三)。因此，Stresa

---

注五一　參 Tilmann, a.a.O., SS. 417-418; Krieger, a.a.O., GRUR Int. 1974 S. 138。德國學者則多主張應放寬 LUA 所保護之客體，不應僅侷限於原產地名稱。不過，就此是否在各國間易達成共識，本文持懷疑之態度。至少，應就二者之保護予以差別待遇，始較易使法、義等國接受。

注五二　參 Tilmann, a.a.O., S. 422 注四八。

注五三　見 Stresa 協定§4 II、III。

協定與加強產地標示保護之國際趨勢，背道而馳，就附件Ｂ中所列之名稱，實有促使其轉爲種類名稱之嫌。職是之故，會員國正試圖改變此協定，同時增加Ａ類之標示。

第五款　GATT

關稅暨貿易總協定 (the General Agreement on Tariffs and Trade) 簡稱關貿總協定 (GATT)，乃第二次世界大戰後各國爲重建經濟秩序之產物，俾藉此消除因戰爭時期所產生之貿易障礙。值注意者係關貿總協定（GATT）乃一多邊協定，並非隸屬於聯合國下之國際組織，但因各國立場不一，欲成立國際貿易組織實非易事，爲確保談判之成果，乃以關貿總協定爲國際貿易組織誕生前之暫時性規範。1947年在日內瓦簽署，自1948年１月１日起生效(**注五四**)。此後並定期舉行貿易回合（trade rounds）及會議，以使各國協商及簽署協定，前後共歷經八次貿易回合。至1992年12月15日始結束磋商，正式生效。

第八回合談判於 1986 年在烏拉圭之東岬(Punta del Este)舉行，並召開部長級會議。於此次烏拉圭回合談判中擬於 GATT 中增設「與貿易有關之智慧財產權」議題 (Trade Related Aspects of Intellectual Property Rights)，簡稱 TRIPs。1989 年中至 1990 年初期，許多已開發及開發中國家紛紛提出其認爲應置於 TRIPs 協定中有關智慧財產權保護之標準及執行程序之意見。經過仔細的考慮，已減少許多細節上之歧異，隨後則係由各盟國提出 TRIPs 協定草案之建議。歐體率先於1990年３月29日提出相關草案，隨後美國、日本、瑞士、印度亦相繼提案。就這些提案爲初步評估後，磋商團體（Negotiating

---

注五四　有關 GATT 成立之經過，可參黃立，關稅貿易總協定論，黎明文化事業公司，頁 1-20; 顏慶幸，揭開 GATT 的面紗，時報文化，78年版。

Group) 之主席做成一草案以便進一步協商。1990年12月 3 日至 7 日在布魯塞爾召開部長級會議，做成最終協議草案，所保護之智慧財產權除專利、商標、著作權外，亦包含有產地標示。但各國間仍存有些許歧異尚未完全達成共識，其中與產地標示有關者乃是否有必要就特定地理來源之商品予以特別保護。至 1991年12月，GATT 主席發布一綜合之文件，名爲 "Dunkel Text"，宣稱該文件乃目前 TRIPs 協議草案之現況。以下則就 "Dunkel Text" 中有關產地標示之規定爲進一步之分析，並與歐體所提最初之草案略作比較（下簡稱爲原始協定草案）。

原始協定草案要求各會員國保護產地標示 (geographical indications)，而將產地標示定義爲：「指稱一商品源自某一國家、地區或地點，而該商品之品質、名聲或其他特質乃歸因於該地理來源，包括天然及人爲因素(注五五)。」而 Dunkel Text §22 I 對產地標示之定義大抵相同，但卻省略了「包括天然及人爲因素」，此有意省略可能被視爲縮小產地標示之範圍，排除人爲因素(注五六)。由 GATT 對產地標示之定義可見，僅單純表彰商品之地理來源，商品之品質、名聲、特徵並非主要歸因於該地理區域者，則不在保護之列。另，依 Dunkel Text §22 II，就商品產地之不實標示而誤導消費大眾商品之地理來源；或其他構成巴黎公約 §10-1 之不正競爭行爲，會員國應提供法定方法以供利害關係人予以制止。與原始協定草案相較，所保護之範圍顯然較狹。原始協定草案不僅禁止任何直接或間接使用不實產地標示，亦如里斯本協定§3般禁止翻譯形式、附加陳述以地名淡化之使用（注五七）。而使用任何方法指稱或介紹商品可能造成任何非實際來源地之地區與該商品連結

注五五　見原始協定草案 §19。

注五六　同注四四，p. 785。

注五七　即同時標示出眞正產地，及附加 "kind"、"type"、"style"、"imitation" 等陳述，均在禁止之列。

者，亦在禁止之列(注五八)。此外，Dunkel Text §22Ⅲ 則規定含有不實產地標示之商標，因而使大眾誤認其為商品眞實產地者，會員國應依利害關係人之請求或依內國法令可依職權予以核駁或撤銷（注五九）。 縱所含之地理指示文義上實為商品產地，但卻使大眾誤認他地為商品產地，亦應予以核駁或撤銷之（注六〇）。 另，依原始協定草案一如里斯本協定般，設有國際註冊程序以保護產地標示（注六一）， 亦仿馬德里來源協定就原產地名稱加強保護，使其免轉為種類名稱，尤其是葡萄製品之原產地名稱更加強保護(注六二)。經各國協商後，Dunkel Text 中就此則未

注五八　見原始協定草案§20Ⅰ，其禁止易誤導大眾有關商品之眞實來源。包括:
①any direct or indirect use in trade in respect of products not coming from the place indicated or evoked by the geographical indication in question;
②any usurpation, imitation, or evocation, even where the true origin of the product is indicated or the appellation or designation is used in translation or accompaniced by expression such as "kind", "type", "style", "imitation", or the like;
③the use of any means in the designation or presentation of the product likely to suggest a link between the product and any geographical area other than the true place of origin.

注五九　原始協定草案§21Ⅱ亦為類似之規定,但前注四四之作者認依原始協定草案，地理名稱隨意性之使用而構成之商標， 如: North Pole 之於香蕉, Altantic 之於雜誌, English Leather 之於男性刮鬍後之乳液皆將被禁止。見氏著，ibid, pp. 786-787. 管見認依Dunkel Text§22Ⅲ、Ⅳ, 只有使大眾誤認商品產地之標示不予商標之保護，前舉之例，因消費大眾並不將視為商品產地，故不在限制範圍內。

注六〇　見 §22 Ⅳ。

注六一　見 §21 Ⅱ。

注六二　見 §21 Ⅰ。葡萄製品之加強保護, 見 §20 Ⅱ，應採與原產國相同之保護程度。

見設有類似之一般規定。但就葡萄酒及烈酒之產地標示則設有特別之保護(注六三)。依§23 I，各會員國應設法定程序使利害關係人可阻止葡萄酒及烈酒不實產地標示之使用，縱使另附加陳述眞正之產地或有 "kind"、"type"、"style"、"imitation" 類此之闡明陳述亦在禁止之列。就商標註冊方面，若含非該酒品實際產地之地理指示，或由其所組成之標示申請商標註冊，應依利害關係人之請求或於內國法允許之範圍內以職權予以核駁或撤銷(注六四)。另，就葡萄酒方面，與之形（音）同義異(homonymous)之產地標示，例：瑞士與瑞市，其保護應依§22 IV 定之，即視該標示是否使大眾誤認葡萄酒之產地而定。而各會員國應就前述形（音）同義異之標示間設立差別待遇之具體條件，但須顧及確保相關生產者之平等待遇及避免誤導消費者之需要(注六五)。

此外，Dunkel text §24 I 亦規定，依§23 就葡萄酒及烈酒之產地標示所設之保護可經由各會員國磋商後予以補強（注六六）。有關此部分產地標示保護相關條文之適用，至遲應於本協定生效後二年內爲第一次之檢討。至於會員國就本協定生效不久前對於產地標示既有之保護不得降低之(注六七)。又，於簽署本協定前已繼續使用他會員國用以鑑別葡

注六三　此乃各國爭執最烈之處。歐體力主應於酒類設特別保護；美國亦予以贊同，日本則基於政策上之考量，持反對之見解。而印度、巴西、墨西哥、阿根廷等開發中國家則主張尙應就熱帶產品之產地標示予以特別之保護。參經濟部國貿局，第三次 GATT 烏拉圭回合談判研討會會議資料，頁 375-379。而印度實務受英國著名之 Spanish Champagne case 影響，對原產地名稱早亦予以保護。參P. S. Sangal, Protection of Trademarks in India-How Effective?, *TMR Vol. 80, 1990*, pp. 168-169。
注六四　見 §23 II。
注六五　見 §23 III。
注六六　見 §24 I。
注六七　見 §24 II、III。

萄酒之特定地理標示達十年以上者，或基於善意而使用者，會員國不得
援引本節有關產地標示保護之規定，就系爭標示繼續及類似之使用予以
禁止(注六八)。另，依§24Ⅵ對普通名詞之處理設有相關規定，卽他國某
商品或服務之地理標示於某國通常語言習慣上係普通名稱（common
name）者，則不得要求該國適用本節之規定。而於本協定生效之日
起，葡萄製品相關標示於該國已成爲葡萄種類之習慣名稱（customary
name）者，亦同。第二十四條第八項則明定，本節規定不得損及任何
人於交易中使用其姓名或其前手姓名之權利，但造成大衆誤導者不在此
限。同條第九項並明定，依本協定各會員國並無義務保護於原產國停止
或不受保護或不再使用之產地標示。又，依§24Ⅴ之規定，倘於 TRIPs
第四部分詳述有關過渡時期之規定適用日前，或該產地標示於原產國受
保護前，以善意申請商標註册或已爲註册，或基於善意而取得商標權
者，就該商標與產地標示相同或類似之情形下，爲實行本節規定所採之
措施不得損及該商標註册之適格、效力或使用該商標之權利。依同條第
七項之明文，會員國得規定就本節關於商標註册或使用之請求，須於受
保護標示之不利使用（adverse use）爲該國一般人所知悉時起五年內
提出。若該產地標示之使用或註册非基於惡意，而商標註册日於不利使
用在該國爲一般人知悉之前且商標在註册日前已公布者，該五年之期間
自註册日起算。

第六款　WIPO 模範法; 保護產地標示之草約

世界智慧財產權組織(World Intellectual Property Organiza-
tion) 簡稱 WIPO, 1975 年其發布有關發展中國家就原產地名稱及產
地標示之模範法 (Model Law for Developing Countries on

注六八　見 §24Ⅳ。

Appellations of Origin and Indication of Source, 下簡稱模範法)。該模範法分別對原產地名稱、來源地標示設有定義，所謂原產地名稱係指：一國家、地區或特定地點之地名，其用以指稱商品源自該地，且其具特色之品質主要或完全由於該地理環境，包括自然或人爲因素，或二者皆俱；任何非國家、地區或特定地點之名稱亦可被認係地名，只要用於某商品而與特定地理區域有關卽可（注六九）。而來源地標示則係指：任何表示（expression）或符號（sign）用以指稱商品或服務源自一國家、地區或特定地點者（注七〇）。可見直接標示出地名或間接使人與某地發生聯想之符號、表徵皆包括在內。該模範法於第二章中就原產地名稱設有註冊之程序，但不同於里斯本協定、馬德里來源協定，其並未要求該被標示之原產地名稱於原產國須有任何特別之法律地位（注七一）。此外，模範法有一任意條款，可授權法院決定系爭標示是否已成爲普通名詞，而不受原產地名稱之保護，且不同於馬德里來源協定，對葡萄酒並未設有例外（注七二）。不過，一旦被視爲原產地名稱，則享嚴密之保護，只能被在所指稱地區之生產者使用於具主要特徵之商品始可（注七三）。亦不可將已註冊之原產地名稱附加上眞正產地或爲“kind”、“type”、“make”、“imitation”等類此之附加或以翻譯之形式用於註冊之特定或類似之商品上（注七四）。

　　鑒於國際間存有許多雙邊及多邊有關產地標示保護卻內容不一致之

注六九　見 Model Law §1(a)。

注七〇　見 Model Law §1(b)。

注七一　同注四四, p. 784。

注七二　見 Model Law §5。

注七三　見 Model Law §14 I，另依§7 I(e) 就產地地理界線應予以規定，反之，商品所應具之品質則未強制應予規定。參 Tilmann, a.a.O., S. 441。

注七四　見 Model Law §14 Ⅳ。

公約或協定，WIPO 就此為謀一致之世界性保護，遂另於1975年 8 月25日發佈產地標示保護之草約（**注七五**）。此草約不僅保護原產地名稱，亦保護來源地標示，且與里斯本協定不同之處在於其僅要求原產國為一官方聲明，表示系爭產地標示指向該國，並不要求須一如原產國般受保護（**注七六**）。餘則大抵與里斯本協定類似，包含其絕大部分之特色。1990年 WIPO 國際事務局發布一備忘錄，聲稱 1975 年之草約並不足以完全解決各國對產地標示保護歧異之態度，因此有必要制定一新草約（**注七七**）。但迄今尚未定案，其後續發展值密切注意。

第七款　歐　　體

歐洲國家（尤其西歐）經濟發展之背景較為接近，亦較著重產地標示之保護，但各國之立法例、實務見解仍有歧異，歐體之會員國為謀商品自由流通，擬將各國對產地標示之保護為一整合。歐體最近就產地標示保護之發展最引人注意者為1992年 7 月14日所發布「農產品及食品之產地標示及原產地名稱保護」之規則（Verordnung）（**注七八**），以下擬以此規則為論述重心，兼及歐體對產地標示保護近來所採之態度。

首先將歐體有關產地標示保護之相關發展為一略述，藉以明歐洲經濟共同體（EWG）Nr.2081/92規則之背景（**注七九**）。早在歐洲經濟共同

注七五　參 WIPO Document TAO/II/2 (1975); Oppenhoff, Geographische Bezeichnungen und Warenzeichen, Gutachten für die Weltorganisation für geistiges Eigentum (WIPO), *GRUR Int. 1977*, SS. 226-228.

注七六　依 Draft Treaty §8 I ③、④就標示之性質由大眾決之。參 Tilmann a.a.O., S.446。

注七七　參WIPO Document Geo/Ce/I/2… The Need for a New Treaty and Its Possible Contents (1990)。

注七八　VO/EWG Nr. 2081/92, 見GRUR Int. 1992 S. 750ff.

注七九　關於「規則」（Regulation; Verordnung ）之效力，參章鴻康，歐洲共同體法概論，遠流出版公司，頁 107-114; 王泰銓、沈冠伶，歐洲共同體法之法源（下），律師通訊172期，83年 1 月，頁170-175。

體條約（即羅馬條約）生效後不到一年之時間，即 1959 年 3 月間，歐
體已著手研究共同市場中產地標示與原產地名稱之保護，並產生兩點共
識：其一爲歐體各會員國對產地標示及原產地名稱之內國保護須與經濟
共同體條約之規定與目標相符，尤其是有關商品自由流通之規定。第二
點則係若一地理標示在某會員國至少被視爲產地標示，則應於全部共同
市場之領域中皆以之爲產地標示而受保護（注八〇）。而六〇及七〇年代，
歐體國家多締結雙邊條約以謀改善產地標示之國際保護。七〇年代後，
歐體則陸續就特定產品制定出有關產地標示之特別規定，如：1979年2
月5日有關葡萄酒之歐體規則Nr. 337/79及Nr. 355/79；隨後1980年7
月15日有關礦泉水之指令（Richtlinie）；1987年3月16日，Nr. 823/87
規則，亦有關飲料之標示；至 1989 年 5 月29日歐體又就烈酒發佈 Nr.
1576/89之規則。此外，1978年12月18日歐體尚就食品之標示發布指令，
藉以促進食品在共同市場中之交易力，並藉以消除因各國食品法之歧異
規定所造成商品自由流通之阻礙。可見於此一階段中，歐體係針對特定
商品就該產品之標示爲特別規定，而擴及產地標示，並非專就產地標示
之保護爲規定。至1985年歐體委員會（EG-Kommission）採行新的調
和策略，於1985年6月14日之白皮書 —— Weißbuch über die Volle-
ndung des Binnenmarktes 中雖未直接涉及產地標示之內國保護，
但卻首次提出力謀簡化共同體法對產地標示之保護，而應相互承認各國
不同之規定，並據此以改善對商品自由流通之限制（注八一）。因此，就
產地標示保護之規定仍依各會員國之內國法，毋庸歐體制定調適之法令，

注八〇　參 Beier, Herkunftsangaben und Ursprungsbezeichnungen
　　　　 in Gemeinsamen Markt, *GRUR Int.* 1959, SS. 277-284.
注八一　參 Beier und Knaak, Der Schutz der geographischen Her-
　　　　 kunftsangaben in der Europäischen Gemenschaft… Die
　　　　 neueste Entwicklung, GRUR Int. 1993, SS. 604-605。

只要求會員國間於不違反羅馬條約§30、§36之範圍內，相互承認各國有關製造者或進口商標示商品成分義務之規定即爲已足。爾後幾年歐體委員會並未專就產地標示之保護予進一步之研究，直至1988年及1989年間始就農產品及食品應如何標示其產地首次發表官方（正式）之意見，並引進原產地名稱之控制制度。

　　1990年12月21日歐體委員會提出有關農產品及食品產地標示與原產地名稱保護規則之建議，此建議有如下之特色：1.依該規則，只有滿足所謂的 Lastenhafts 要求之產品，其地理標示始受保護，亦始可被利用。2.尚須進一步證明前述產品之品質、特色或名聲取決於該地理區域。3.設立註册制度，唯合於前述要件且經註册之地理陳述始受保護，並先由主管之會員國審核，再由歐體委員會審核是否合乎註册之要件。4.經註册之產地標示及原產地名稱享有廣泛的保護，不僅防止引起混淆之標章使用（不論其使用之先後），亦明確排除其轉爲種類名稱。5.在會員國設立主管機關以監督並控制標示之使用。歐體委員會之提案一出卽遭致各方猛烈抨擊（**注八二**），大抵可歸納爲下述五點理由：1.保護之客體過於狹隘，並非所有之產地標示皆受保護，須符一定之要件，且須註册始可。2.有關產地標示之保護及使用權利悉依該命令而定，內國法之其他保護無置喙之餘地。3.此命令有牴觸其他有關產地標示保護共同體法令之嫌，因其他法令之保護較爲廣泛，所有產地標示皆有註册爲團體標章之可能，並不要求應具特定之品質或名聲。4.歐體委員會所擬之

注八二　例：德國 Grüne Verein 認 EG 之提案並不明確，擬提出產地標示保護之新方案。參Eingabe zum Vorschlag für eine Verordnung des Rates über den Schutz geographischer Angaben und von Ursprungsbezeichnungen bei Agrarerzeugnissen und Lebensmitteln, *GRUR* 1992, SS. 368-370。工業財產權保護之國際團體亦明確拒絕1991年9月在瑞士盧森（Luzern）之會晤，AIPPI--Jahrbuch, 1992/Ⅱ S. 349。

規則認引起混淆之標章不論其註冊之先後一律禁其使用，實有不當。5.
就產地標示之保護採行政之控制與自由市場經濟不符(注八三)。

　　鑑於歐體委員會所擬定之命令備受批評，隨卽於布魯賽爾召開會議，
擬對該提議爲一修正，主要針對§17研擬簡化取得保護之程序，另就其
與商標保護及與內國法保護間之關係予以重新規定(注八四)。　不過，雖
有前述些許變動，但該草案之基本架構仍予以保留(注八五)，　並於1992
年７月14日公布 Nr. 2081/92命令，1992年７月24日歐體之公報予以刊
載，而於1993年７月26日生效(注八六)。　以下則將此法令之重要內容予
以分析並檢討之。

1.法律依據暨適用範圍

　　歐體所發布之 Nr. 2081/92 命令係針對農產品及食品之產地標示
及原產地名稱的保護，其法律依據乃係歐洲經濟共同體條約 §43，而鑑
於農產品乃在共同體經濟上占有重要之角色，希冀調整農業政策，鼓勵
農產品之多元化生產，以促進市場供需之平衡；同時促銷具特色之產品
亦有助鄉村經濟，尤其是不受重視或偏遠之地區，藉此可改善當地農民
之收益，減少人口之外流。又近年來，消費者之消費傾向乃較重質而不
重量，而相同產地之農產品具較近似之特色，因此就該等農產品須具備
一足資鑑別係產地相同之需求日益增高，故有必要予農產品之產地標示

注八三　參 Beier und Knaak,a.a.O., GRUR Int. 1993, S. 605。

注八四　此研修之工作由德之 Mühlendahl 負責，詳參氏著，Zeitschriftt
　　　　für Lebensmittelrecht(*ZLR*) *1993*, 187ff。

注八五　參 Heine, Das neue gemeinschaftsrechtliche system zum
　　　　Schutz geographicher Bezeichnungen, *GRUR 1993*, S. 96;
　　　　Beier und Knaak, a.a.O., GRUR Int. 1993, S. 606。

注八六　依 Verordnung/EWG Nr 2081/92 §18 I 表示，本規則於歐體公報
　　　　予以刊載之日起12個月後生效。故應於 1992.7.24.起算12個月，本應
　　　　至1993.7.24.生效，但因當日爲周六，因此於1993.7.26.生效。

保護以達前述目標。職是之故，Nr. 2081/92 命令§1 I 明定其適用範圍限於羅馬條約附件 II 所列供人消費之農產品，且係採列舉之方式置於附件 II 中，另亦可適用於附件 I 中所列之食品，而此類食品乃係由農村基本產品產製而成且具重要之經濟上意義，故亦擴及之（**注八七**）。又，附件 I 所列之食品項目可依§15 之法定程序變更。不過，葡萄酒品或烈酒則明文排除其適用（**注八八**），蓋歐體就該等產品已設有許多規定（**注八九**）。綜上可知，該命令係爲提昇農業經濟，而產地標示之保護則爲方法。

本命令所保護之客體爲特定農產品及食品之原產地名稱與產地標示（geographical indication）（**注九〇**），而依第二條第二項對二者設有明確之定義。所謂原產地名稱（designation of origin）係指一地區、特定地點之名稱，例外亦及於國家之名稱，用以描述該農產品或食品乃源自所指稱之地區、地點或國家，且其品質或特性主要或完全肇因於該地理區域之特殊地理環境，而固有之自然或人爲之因素皆可包含於內，但該產品之生產、加工及完成須發生於該地理區域內（**注九一**）。所謂產地

注八七 見§1 I 第 1 句。適用範圍各國爭議頗大，荷蘭主尙應對附件 II 爲相當之限制，德、法、葡則皆主應擴及附件 II 外之食品，甚或非食品亦應及之，如：煙草、大麻等。後折衷爲現行之規定，參 Kolia, ibid, EIPR 1992, p. 236.

注八八 見§1 I 第 2、3 句。

注八九 Wien如：VO(EWG) Nr. 823-87 (ABL Nr. L84, 1987.3.27. S.59)
VO(EWG) Nr. 2392/89 (ABL Nr. L232, 1989.8.9. S.13)
VO(EWG) Nr. 997/89 (ABL Nr. L106, 1989.4.16. S.1)
Spirituosen: VO (EWG) Nr. 1567.89 (ABL Nr. L160, 1989. 6.12. S.1)

注九〇 見§1 I 第 1 句。

注九一 見§2 II (a)。而英學者 Kolia 則認日後可能認傳統上非地名卻可表示商品特質歸因於某地者，可以之爲 PDO（原產地名稱）而註册之，參氏著，Monopolising Names of Foodstuffs: The New Legislation, *EIPR 1992*, pp. 333-334。

標示 (geographical indication) 則係指地區、特定地點之名稱，例外亦及於國家之名稱，用以描述該農產品或食品係源自所指稱之地區、地點或國家，且其具有可歸因於該地理來源之特定品質、名稱或其他特性，又該產品之生產或（且）加工或（且）完成須發生於該特定地理區域內（注九二）。由上述之定義可知其對原產地名稱之定義基本上與里斯本協定相當，較特別者在於其並進一步要求該產品之所有加工過程皆須發生於該地理區域，僅於例外情形始予放寬（注九三）。且原則上原產國之名稱並不在保護之列，不過，傳統上用於源自某地之非地理名稱若符§2(a) 所列要件，亦應被視為原產地名稱，亦卽間接之原產地名稱亦予承認（注九四）。至於產地標示之定義則較一般概念為狹隘，雖與原產地名稱不同（因§2(b) 用 "or"），其並不要求原料及加工皆在同一區域內發生，與該地區之聯繫亦不若原產地名稱密切，但仍要求具有可歸因於該產地之特定品質或名聲，並且並未如原產地名稱般亦承認間接產地標示(注九五)。

2.註冊程序

歐體 Nr. 2081/92 命令亦如里斯本協定般設立註冊程序，原產地

注九二　見§2Ⅱ(b)。

注九三　見§2Ⅳ～Ⅷ。當原料生產之區域有限，且其生產需特殊條件，並其可確保該條件被維持之監督措施者，原產地名稱例外可不限全部加工之過程皆發生於所指稱之地區（Ⅳ）。至於所指之原料，僅限於活的動物、肉及牛奶，至於其他原料則可經§15法定程序而列入（V）。此外欲依Ⅳ降低對原產地名稱之要求，尚須該名稱已或可被會員國內國法承認並予以保護。若無，則須證明其傳統特性及特殊名稱（Ⅵ），且應於本規定生效 2 年內提出註冊之申請始可（Ⅶ）。此例外乃基於經濟上之考量，使本應僅屬來源地標示者，特殊情形下可視為原產地名稱。參 Heine, a.a.O., 1993, S. 99。

注九四　見§2Ⅱ。

注九五　因§2Ⅱ只就§2Ⅱ(a)予以規範，未及於§2Ⅱ(b)。

名稱與產地標示皆應註冊始受保護。申請註冊之適格當事人為產製或獲取特定農產品或食品之自然人或法人，或生產、加工同一產品所結合而成之團體（注九六）。申請註冊時應附具詳細說明書（specificatiion），載明該特定農產品或食品之名稱及原產地名稱或產地標示、系爭商品特徵（含原料）之描述、地理區域之界定及確符 §2 II (a)(b) 之要件與歐體或內國法所定之其他要件等（注九七）。而註冊之申請首向該地理區域所在之會員國提出（注九八），該會員國則依 §10、§11 之程序查核，經會員國查核認合法正當，則隨同相關資料一併移送委員會（注九九）。委員會則應於六個月內，以正式之調查核定該註冊申請是否合法（注一〇〇），倘認其乃合法應受保護者，應於歐體公報中詳為刊載申請者之姓名、住址、註冊之產品及用以規範該產品生產、製造、完成之內國規定等（注一〇一）。又，自前述刊載之日起六個月內，任何會員國皆得對該註冊異議（注一〇二）。而會員國可咨詢其境內在法律上有經濟利益者之意見，任何有法律上利害關係之自然人或法人亦得向其住居所地會員國之有權當局對系爭註冊提出異議（注一〇三）。會員國對註冊所提之異議若被許可時，委員會應要求相關會員國於三個月內以內部程序尋求協議。若達成協議，則應將其內容通知委員會，其協議內容與最初申請並未不同者，則依§5 IV 予以列載公報；反之，則重新依§7程序處理之（注一〇四）。

注九六　見§5 II、III。
注九七　見§4，又§9會員國可要求更詳細之說明書。
注九八　見§5 IV。
注九九　若申請註冊之名稱所指之地理區域亦位於他會員國，則亦應咨詢該會員國之意見，以決定其申請是否正當。見§5 V、VI。
注一〇〇　見§6 I。
注一〇一　見§6 II、IV。
注一〇二　見§7 I。
注一〇三　見§7 II、III。
注一〇四　見§7 V(a)。

若未達成協議，則由委員會依§15之法定程序，並顧及傳統之公平慣例
與實際混淆之可能性以資決定是否准予註冊（**注一〇五**）。又，本規定§3Ⅰ
則明定已成爲普通名稱（generic name）者不得註冊，且其所謂普通
名稱係指一農產品或食品之名稱，其雖與發源或上市之地點或區域有關，
但已成爲一農產品或食品之一般（共通）名稱（common name）者（**注
一〇六**）。欲確定某名稱是否已轉爲種類名稱須審酌一切情形（**注一〇七**）。
因此會員國可以申請註冊之名稱已轉爲普通名稱爲由而異議之，就此異
議應予准許（**注一〇八**），故應將該註冊之申請予以駁回，但委員會應將
其決定刊載於公報上（**注一〇九**）。另，依 §3Ⅱ：凡與植物或動物之種類
名稱相衝突以致易誤導公眾對該產品眞正來源認知之名稱，亦不得被註
冊爲原產地名稱或產地標示（**注一一〇**）。而依§17規定，於本命令生效後
六個月內，會員國應將其已依法受保護之名稱，或無保護之制度時，依
習慣而確立之名稱中，希依本命令註冊者告知委員會。若該等名稱確符
§2與§4之要求，委員會應依§15之程序予以註冊，此時他會員國不得異
議，但普通名詞則不在此限（**注一一一**）。而於決定予以註冊前，會員國
仍可維持內國法之保護。

3.註冊名稱所受之保護

依§13規定，已註冊之名稱可受保護以防下列之行爲：①任何直接

注一〇五 見§7Ⅴ(b)。

注一〇六 見§3Ⅰ第1、2句。

注一〇七 尤其是消費地區及該名稱所發 源之會員 國之現況， 在他會員國之現
況。及其相關之內國法或其同體法。（§3Ⅰ第3句）。

注一〇八 見§72Ⅳ③，另不符§2之要件， 亦爲可異議之事由。

注一〇九 見§3Ⅰ第4句。而於本規則生效前，委員會應研擬並刊印前已轉爲普
通名稱而不得註冊之農產品或食品名稱之例示表。（§3Ⅲ）。

注一一〇 見§3Ⅱ。

注一一一 見§17Ⅰ、Ⅱ。

或間接在商業上使用（注一一二）該名稱於非註冊所涵蓋之產品，以致得與已註冊之產品比擬（comparable/vergleichbar）之程度（按此與商標法中同類商品之義同），或不正利用被保護名稱之聲譽。②任何濫用、模仿或暗示，即使已標示出該產品之眞實來源，或係經翻譯或伴隨著如"style"、"type"、"method"、"as produced in"、"imitation"及其他類似字眼等。亦即禁止地名淡化之附加。③任何在內、外包裝、廣告或有關該產品之文件上就其原產地、出處、性質或主要品質所爲其他虛僞不實或引人錯誤之標示；將產品裝入足以使人就其來源產生錯誤印象之容器亦屬之。④任何其他足以誤導大衆對產品眞正來源認知之行爲（注一一三）。由§13規定可知，已註冊之產地標示受嚴密之保護，禁止附加陳述以公然依附註冊名稱之聲譽（§13 I (b)），亦禁止任何足以引人錯誤標示之使用（§13 I (c)(d)）。並且分別於§13 I (a)(b)要求具與已註冊名稱商品類似及標示類似之要件，就此則與商標法中要求標章類似及商品或服務類似相近。而§13Ⅲ尚明定一旦註冊，被保護之名稱不得轉爲普通名稱（注一一四），但普通名稱卻可再地名化而發展爲產地標示（注一一五）。不過，若已註冊之名稱中含有農產品或食品之普通名稱，則將該普通名稱用於適當之農產品或食品上，並不牴觸§13 I (a)或(b)（注一一六）。又會員國就前述§13 I (b)之行爲，若於本規定公布（刊載）

注一一二　直接或間接使用之區別，乃源自§10PVÜ，若用於商品上則爲直接使用；反之，若用於廣告或提單上，則爲間接使用，參Tilmann,EG-Schutz für geographische Herkunftsangaben, *GRUR 1992* S. 832。

注一一三　見§13 I (a)～(d)。

注一一四　見§13Ⅲ，不過註冊仍可能依§§3, 17Ⅱ第2句依法定程序（§15）撤銷註冊之申請。參 Tilmann, 注148之文, *GRUR* 1992, S. 834。

注一一五　參 Heine, a.a.O., *GRUR* 1993 S. 99。

注一一六　見§13 I 第2句。

前,使用系爭標示之產品已合法上市至少五年,並於標籤上清楚標示出該產品之眞實產地者,可允許其在本規定公布後五年內繼續使用之。但此例外不可使該商品在禁止如此標示之會員國領域中自由上市(**注一一七**)。

4.與商標權保護之關係

依 §14 I 規定, 若原產地名稱或產地標示註冊於先, 原則上就符合 §13 所列情形之一而欲註冊爲同類產品之商標申請應予駁回, 已爲註冊者則應宣告該商標註冊無效。亦卽歐體就已註冊產地標示之保護優先於申請註冊在後商標 (**注一一八**)。 反之, 若符 §13 所列情形之一的商標, 於產地標示或原產地名稱註冊申請提出前善意註冊者, 只要無歐洲經濟共同體1988年12月21日 First Council Directive §3 I (c) 及 (g) 與 §12 II (b) 所列無效或撤銷之事由(**注一一九**), 縱使該產地標示或原產地名稱已爲註冊, 仍可繼續使用系爭商標(**注一二〇**)。 亦卽合法並善意於相關產地標示依本命令註冊前已爲註冊之商標, 仍繼續有效。至於產地標示或原產地名稱, 若因商標之知名度 (卽聲譽) 或持續之使用, 將足以使系爭標示之註冊誤導大眾就產品同一性之判斷者, 則不應予以註冊而受歐體之保護 (**注一二一**)。反之, 若該商標並無相當之知名度, 則產地標示或原產地名稱仍可予以註冊(**注一二二**)。

注一一七　見§13 II。

注一一八　見§14 I 。原則上係以商標註冊申請時點在系爭產地標示或原產地名稱經註冊並依§6 II 刊載日前或後爲判斷標準。商標註冊申請於§6 II 刊載日後, 應予駁回其申請。例外係雖於刊載日前卽已提出申請, 但商標註冊仍係於刊載日後, 亦無效。

注一一九　卽非全係表彰商品之產地或就商品產地有詐欺之情事者。詳見本書第四章。

注一二〇　見§14 II。

注一二一　見§14 III。

注一二二　不過, 因§7 IV 有關會員國對註冊異議之事由中, 可以其將危害與該名稱全部或部分相同之商標爲由反對系爭標示之註冊。英學者Kolia質疑§7 IV 與§14 III 間應如何適用。參氏著 idid, EIPR 1992 p.334。管見認若一未註冊又未具相當知名度之標章, 無法成爲§7 IV 反對原產地名稱或來源地標示註冊之事由。

5.與第三國之關係

歐體 Nr. 2081/92 命令不僅就會員國之特定農產品或食品有其適用，特明文規定在不損及國際協定之前提下，源自第三國之農產品或食品亦可能有其適用。只要該第三國就§4可提出相同或相當之擔保，並有相當於§10及調查措施，且就源自共同體相同之農產品或食品已擬提供與歐體相同之保護即可（注一二三）。若第三國所保護之名稱與共同體所保護之名稱相同者，於適當斟酌當地及傳統之用途及實際混淆危險，可准予註冊。但系爭名稱之使用只有在產品之原產國被清楚、可辨地標示於標籤上始可（注一二四）。

綜上所述，對歐體 Nr. 2081/92 命令就產地標示及原產地名稱保護所設立之註冊程序與保護範圍已有概括之了解。不過，德國學者就此法令仍多所批評，茲將其中較重要者略述如下：首先依§2，其僅就特定之產地標示始予保護，範圍顯然過於狹隘，尤其德國向來就所有之產地標示皆予保護，不論是否具品質之概念，亦不論其究爲直接或間接產地標示。而在 Nr. 2081/92 命令頒布不到四個月，歐體法院即於1992年11月10日就歐體產地標示之保護做出一非常重要之判決（注一二五）。在此"Turron"案中，有二個法國企業將其在法國製造並上市之商品標示爲"Turron de Alicante"及"Turron de Jijona"，並加上"type"之附加陳述。而系爭名稱乃法國與西班牙於1973年所訂之雙邊條約中被保留予西班牙產品專用。而西班牙保護系爭產地標示是否有違§30EWGV，

注一二三　見§12Ⅰ。與第三國之關係，參 Heine, a.a.O., GRUR 1993, S. 103。

注一二四　見12Ⅱ。

注一二五　EuGH 1992.11.10. Urteil "Turron"，參 GRUR Int. 1993. S. 76ff。

注一二六　參 Beier und Knaak, a.a.O., *GRUR* Int. 1992, SS. 421-423; GRUR 1993 SS. 606-609。

或是否符 §36EWGV 所爲之保留乃本判決之重心。歐體委員會重申唯具相當品質之產地標示始可視爲工業財產權受保護，但歐體法院則駁斥此種看法，表明所有之產地標示皆有予以保護之必要，並且若因此有礙商品自由流通，應予容忍。亦卽其符 §36EWGV 之保留，故西班牙之產地標示 "Turron de Alicante" 及 "Turron de Jijona" 是否表明產品具特定品質並不重要(注一二六)。由歐體法院最近之"Turron"判決可見Nr. 2081/92之命令就特定產地標示始予保護顯有不妥(注一二七)。另，該命令適用範圍僅限於特定農產品及食品亦過於嚴格，且有違歐體就農業政策所享之權限，因此主張應擴及於所有工業產品（注一二八）。而註冊程序規定不夠細膩，由行政機構控制產地標示之註冊亦被評爲不適於市場經濟體系(注一二九)。又，§12 對第三國產品亦有適用本命令之可能，但要求須歐體產品有互惠之保護始可，就此有可能違反巴黎公約之國民待遇原則(注一三〇)。

　　雖歐體 Nr. 2081/92 命令仍有些許缺失，但卻爲歐體專就產地標示保護規範之第一步，至於其施行成效則尚待觀察。

第八款　北美自由貿易協定（NAFTA）

注一二七　就此批評，參 Beier und Knaak, a.a.O., GRUR 1993 SS. 607-609; Tilmann, a.a.O., GRUR 1992 S. 832; Tilmann, Grundlage und Reichweite des Schutzes geographischer Herkunftsangaben nach der VO/EWG 2081/92, *GRUR Int. 1993* SS. 613-615。

注一二八　參 Beier und Knaak, a.a.O., GRUR *Int.* 1993 S. 609; Tilmann, a.a.O., GRUR 1993 SS. 610-612; Tilmann, a.a.O., GRUR 1992 S. 834. 認未及於葡萄產品乃一遺憾; Albert Bleckmann, a.a.O., SS. 630-647; 英 Kolia 亦對其所欲追求之政策目標表質疑，參氏著, ibid, EIPR 1992 p.237。

注一二九　參Tilmann, a.a.O., GRUR 1992 SS. 834-835.

注一三〇　參 Beier，同前注一二八。

　　1991年6月12日,加拿大、美國、墨西哥之代表於多倫多(Toronto)開始磋商「北美自由貿易協定」(North American Free Trade Agreement, 簡稱NAFTA)。至1992年8月12日則已協商成功並正式公布 NAFTA 之結論。NAFTA 中亦仿 GATT-TRIPs 就智慧財產權設有相關規定, 因此下擬將與產地標示有關之部分略述之。

　　產地標示之規定係置於NAFTA §1712, 而關於產地標示(geographical indication)之意義則見§1721, 係指任何用以鑑別一商品源自某會員國之領域或該領域中之一地區或地點之標示, 而該商品之特別品質、名聲或其他特色主要歸因於其產地者(注一三一)。此定義與 GATT TRIPs 中產地標示之定義類似, 足以涵蓋原產地名稱(appellation of origin)及來源地標示(indication of source), 而後者之範圍較狹, 亦與 GATT 同。另 NAFTA 就產地標示所設立之保護係要求各會員國設立法定程序, 使利害關係人可制止商品產地之不實標示或暗示, 及任何構成巴黎公約§10-1 不正競爭行為(注一三二)。該協定並未要求會員國就產地標示應設註冊制度以資保護, 換言之, 係以之為未註冊之團體標章或證明標章保護之, 不過, 若合於各會員國內國法之相關規定時, 當然可予以註冊為團體或證明標章(注一三三)。此外, NAFTA協定亦明定若以含有不實產地標示之標章或將誤導大眾關於商品產地之標章申請註冊為商標者, 會員國應予以核駁, 已註冊者應使其無效(注一三四)。但 NAFTA 就此另為例外規定, 即於會員國之相關法律生效前或於原產會員國保護系爭產地標示前, 已因善意使用或註冊而

注一三一　見§1721。

注一三二　見§1712 I(似 TRIPS: §22 II)。

注一三三　參 Danial R. Bereskin, A comparison of the Trademark Provisions of NAFTA and TRIPs, *TMR Vol. 83, 1993* p. 12。

注一三四　見§1712 II(似 TRIPs:§22 III)。

取得之商標權，不得因其與產地標示相同或類似而損及該商標註冊之適
格或效力及商標使用之權利（注一三五）。又，各會員國之國民或居民若
於該國簽署 NAFTA 協定前在其領域內繼續使用系爭產地標示已至少
十年，或於簽署本協定前善意使用系爭產地標示者，並不要求會員國禁
止其使用（注一三六）。產地標示在他會員國已成爲商品或服務之習慣用
語者，則不適用 NAFTA 中有關產地標示之規定，亦卽普通名詞不予
保護（注一三七）。且於原產國不予保護或已廢棄不用之產地標示，會員
國亦不予以保護（注一三八）。

　　綜上所述 NAFTA 就產地標示所爲之規定可知，其大體採 GATT
TRIPs 之標準，唯一不同者係其並未予葡萄酒及烈酒特別之保護。而
就產地標示所採之保護亦與美國、加拿大現行之法令（尤其是商標法）
並無衝突之處，只需於現行法令略增條款卽可。反之 NAFTA 主要之
目標卽是將加拿大、美國自由貿易協定擴及至墨西哥，故墨西哥之現行
法律及實務則須有較大之變動，至於效果則拭目以待。

第二項　雙邊協定

　　鑒於國際協定之妥協色彩過於濃厚，歐洲國家爲能有效保護本國之
產地標示，以維其固有之經濟利益，逐紛紛於六〇及七〇年代間簽訂雙
邊協定。其中以1960年 3 月 8 日法 —— 德間所簽訂有關產地標示保護之
協定最具代表性（注一三九），成爲其他歐體國家雙邊來源協定之典範，

注一三五　見§1712Ⅴ（似TRIPs:§24Ⅴ）。

注一三六　見§1712Ⅳ（似TRIPs:§24Ⅳ）。

注一三七　見§1712Ⅵ（似TRIPs:§24Ⅵ）。

注一三八　見§1712ⅤⅣ（似TRIPs:§24ⅤⅣ）。

注一三九　參 Krieger, Möglichkeiten für eine Verstärkung des
　　　　　Schutzes deutscher Herkunftsangaben im Ausland, *GRUR*
　　　　　Int. 1996 SS. 400-420。

德國學者將 1960 年代後所訂立之相關雙邊協定稱為「新類型」(Die Zweiseitigen Verträge neuen Typs)(注一四〇)。

　　法一德協定之特色係將在會員國受保護之地理標示逐一列舉，並依商品之地區排列，附件 A 所列係德國之標示，附件 B 則列法國之標示，而此表可經由雙方同意而隨時增減之（注一四一）。表列中之德國標示完全保留給德國之產品，法國標示則完全保留給法國之產品，並依其原產國之法律保護之（注一四二）。據此，表列中之標示被視為產地標示而受保護，不論在另一國甚或原產國是否已轉為種類名稱（注一四三），且其保護之標準係依原產國之相關法律定之（注一四四）。因此，某法國之標示被法國視為原產地名稱，則德國對系爭標示之保護須採法國之標準，即應符一定之品質或條件始可。反之，德國為數眾多之工業產品的產地標示在法國本只享較弱之保護，但依此協定，法國須保證其一如德國法般保護之。另亦於條文中明文禁止地名淡化之附加陳述以防公然依附（注一四五）。然而法一德協定就下述兩個問題所採之態度未臻明確，首先係表列標示保護之範圍究僅及於附件中所歸類之商品，或根本不限商品種類而保留給法國所有之產品？例：法表中之 "Champagner" 係列於葡萄酒及烈酒類中，德國之葡萄酒及烈酒固不可標示為 "Champagner"，但是否其他種類之產品亦不可帶有 Champagner 之字樣？德國學者就此有不同之見解，有認應限於表列之相關商品類別（注一四六）。

注一四〇　參 Tilmann, a.a.O., SS. 418-422。

注一四一　參法一德協定§9。

注一四二　參法一德協定§§2,3。

注一四三　例："Steinhäger", "Kölnisch Wasser" 在德已轉為種類名稱，但仍列於表中而受保護。

注一四四　參 Ulmer-Beier, a.a.O., SS. 557-558。

注一四五　參法一德協定§4 II。

注一四六　參 Kühn, Zum Schutzumfang geographischer Bezeichnungen nach den zweiseitigen Verträgen über den Schutz von Herkunftsangaben, *GRUR Int. 1967* S. 268ff。

另 Krieger 則基於協定之本文、形成過程及其所追求之目標,認系爭標示之保護不以同一商品或同類商品爲限,而應及於所有產品(注一四七)。法院在 "Champagner-Weizenbier" 案中則採 Krieger 之見解(注一四八)。此問題於 1967 年 3 月 7 日德一瑞(士)所定之雙邊協定中已設有明文,原則上保護範圍擴及所有表列中之產品,但須其使用有害競爭且他締約國就該標示之使用存有值保護之利益,或其使用足以影響該標示之特別名聲或廣告力始可(注一四九)。法一德協定之另一問題係受保護之標示究僅以表列形式爲限,或具混淆力之標示亦予保護而禁其濫用? 就此德、法皆認足生混淆之標示亦應予以禁止(注一五〇)。而德一瑞協定亦明文規定保護可及於表列標示不同形式之使用,只要於交易間存有混淆之危險卽可(注一五一)。

由法一德雙邊協定不難發現,其對表列之標示採嚴格之保護,不失爲一簡明而有效之方法,此種模式並爲後續許多雙邊協定所採,極具參考價值。

注一四七　參 Krieger, Zur Auslegung der zweiseitigen Abkommen über der Schutz geographischer Bezeichnungen, *GRUR Int. 1964* S. 499ff; Krieger, Der deutsch-schweizerische Vertrag über den Schutz von Herkunftsangaben und anderen geographischen Bezeichnungen, *GRUR 1967*, S. 334ff。

注一四八　參 LG Düsseldorf 1966.1.20. GRUR Int. 1966 S. 391; OLG Düsseldorf 1966.11.25. GRUR Int. 1967. S. 109。不過擴及他類產品應使該法國標示之使用受有影響,卽競爭上受不利始予絕對之保護。

注一四九　參德一瑞士協定, §§2 II、3 II, GRUR Int. 1967 S. 347ff.。

注一五〇　故德法院認 "Remané" 用於 Rosé-Wein 中爲不合法,因爲可能與法表列中之原產地名稱"Romanée"生混淆。參LG Düsseldorf, 1964.9.15."Remané/Romanée" 判決, GRUR Int. 1965. S. 363。

注一五一　參德一瑞士協定§4 II; Krieger, a.a.O., *GRUR Int.* 1964. S. 499ff。

第三節 結 語

　　日新月異之科技研發出新型、快速之交通工具，縮短世界各地間之有形距離，加速商品之流通，使得國際貿易市場異常熱絡。因此，消費者面對琳瑯滿目之商品，更需藉產地標示以鑑別其地理來源而選擇符合自己需要之商品，各國為維護其經濟利益，亦日益重視產地標示之價值，故加強產地標示之國際保護逐漸成為國際間之共識。惟各國傳統上對產地標示保護之態度不一，另亦存有經濟利益之衝突，短時間內欲協商出符合各方要求之多邊協定實非易事，若採低標準之保護，恐有違加強產地標示國際保護之初衷，但若採高標準之保護，又將面臨簽署國家鮮矣之窘境。較可行之道乃係採循序漸進之方式，各國藉由雙邊協定之締結就他國之產地標示採行與該原產國相同之保護標準，再經由GATT TRIPs 所定之最低保護標準，逐步調整內國之保護政策，對產地標示國際保護之加強始能克竟全功。我國迄今雖尚未加入任何與此有關之國際條約，但亦應循此模式加強保護產地標示，以維消費者與誠實商品製造者之利益。

第七章　結　　論

　　商品之產地標示原始功能固在表彰商品之地理來源，但亦間接顯示該商品與所標示地區之關聯，成爲消費者選購商品之依據。鑒於產地標示尚可間接陳述商品之性質、特色，進而達促銷商品之功能，具有相當之經濟價值，因此近來已漸受各國重視，紛紛由固有經濟利益之維護或消費者權益保護之觀點出發，期能藉由法律周延之保護以防產地標示遭濫用。

　　交易市場中僞標產地之情事所在多有，唯有關產地標示之保護向不爲我國法學界所重視，誠屬憾事。直至民國八十年二月四日制定之公平交易法§21中始略就產地僞標之不公平競爭行爲加以規範，但與歐美各國相較，就產地標示之保護仍失之簡略，實務之運作亦未臻完善，理論基礎尚嫌薄弱。鑒於產地標示之加強保護已成爲各國立法之趨勢，巴黎公約亦明文肯認其受保護之必要，管見認我國亦應順應此一潮流，或可仿瑞士之立法例，將產地標示併入商標法中明文界定其定義，且不論直接或間接之產地標示皆應及之，並應仿法國區分來源地標示 (indication of source) 與原產地名稱 (appellation of origin)，就商品品質、特色與產地有密切關聯之後者予以更嚴密之保護，並適時援引公平交易法§24之概括條款，以資規範產地標示特殊之濫用類型。另就僞標產地相關之救濟管道亦應加以增修，於民事救濟方面，應採德、瑞之團體訴訟或美國之集團訴訟制度，使同類商品之製造者團體或消費者團體可及時提起不作爲之訴，以有效遏止產地之不實標示；至於損害賠償之請求似仍採過失責任爲宜。另外刑事責任方面，現行刑法 §255 範圍過狹，公平交易法就此亦未設刑事制裁，由理論觀之，商品產地之僞標已具刑法之非難性，證諸外國立法例亦多設有刑事制裁，並具相當之成效，故管見認我國應於公平交易法或商標法中增設僞標商品產地之刑責，不過，應嚴其構成要件。另商品標示法與公平交易法 §21 應予以調和，以免其相關制裁有輕重倒置之嫌。

又，對適格產地標示與類似概念之釐清，德國學說、實務可供我國參考。不過，就是否爲產地標示之判定，或系爭標示所表彰之產地是否與實際相符，皆應取決於交易觀點的了解。我國實務就交易觀點之探知向來較爲忽略，而此卻影響訴訟結果甚鉅，極有補強之必要。日後應委由具公信力之大衆意見調查機構爲市場調查，以探知消費者之觀點，經由科學化之數據分析暨利益權衡，始可提昇裁判之品質。

而對產地標示保護制度上之設計，除以相關法令制止虛僞不實之標示外，是否應仿里斯本協定，藉由註冊之制度使原產地名稱之使用條件明確，並防其轉爲普通名詞（種類名稱），以加強保護有權使用者之經濟利益？管見以爲此制度是否可充分發揮其功效有賴周邊制度之配合，我國應評估行政機關有無負擔之能力，而經濟成本之支出亦應予以考量。於里斯本協定會員國仍不多，各國對此制度尚審慎評估之際，現階段，我國至少應妥善運用證明標章與團體標章以加強產地標示之保護，藉章程規範使用註冊標章之條件，以控制商品之品質及產地之界線。

商品產地之不實標示將使消費者誤購不符所需之產品，連帶損及被僞標地製造者之經濟利益，對其他誠實之廠商構成不正之競爭，斲傷交易秩序自不待言。由於交通發達，自由貿易呼聲日高，商品流通較曩昔迅速，產地（國）標示於國際貿易市場上益趨重要，國際保護之加強已爲勢之所趨。我國囿於政治情勢，短時間內欲加入相關國際組織以謀加強產地標示之國際保護並非易事，但可先藉由雙邊協定之締結，以互惠之模式循序漸進，加強我國產地標示之保護。

　　我國經濟仰賴外貿甚深，無論由消費者保護、經濟利益之維持、國家形象之建立以觀，產地標示保護之必要性均毋庸置疑，故相關法規之健全實乃刻不容緩之事。本書藉外國立法例之析述、比較各國實務之運作及理論之鋪陳以檢討我國現行之制度，並明今後努力之方向。期管見之提出不僅可對相關之立法、司法工作有所助益，並因而有效遏止商品產地之僞標，若更可促使業者致力於商品品質之提昇，加強國際市場之競爭力，建立臺灣產品國際新形象，則國家幸甚。

參考文獻

壹、中文 (依作者姓氏筆劃排列)

一、書　籍

1. 朱鈺洋，虛偽不實廣告與公平交易法 —— 公平法與智產法系列㈢，三民書局印行，82年，12月初版。

2. 何連國，商標法新論，作者發行，1991年新版。

3. 呂榮海、謝穎青、張嘉眞合著，公平交易法解讀，月旦出版社，1993年9月增訂版。

4. 林山田，刑法總論，三民書局印行，75年2月再版。

5. 林山田，刑法特論（下），三民書局印行，76年10月。

6. 周治平，刑法各論，61年2月再版。

7. 周德旺，透視公平交易法，大日出版社，81年5月初版。

8. 邱聯恭，司法之現代化與程序法，1992年4月初版。

9. 徐火明，從美德與我國法律論商標之註冊，瑞興圖書公司，81年1月。

10. 陸民仁，經濟學，三民書局，76年5月再增訂版。

11. 康炎村，工業所有權法，五南出版社，76年。

12. 黃立，關稅貿易總協定論，黎明文化事業公司，80年3月初版。

13. 黃茂榮，法學方法與現代民法，1987年9月增訂再版。

14. 黃茂榮，公平交易法理論與實務，植根法學叢書，競爭法系列（一），83年初版。

15. 黃建榮，論商標仿冒之刑事問題，臺大碩士論文。

16. 陳煥生，刑法分則實用，78年2月修訂10版。

17. 張澤平，仿冒與公平交易法，著者發行，81年3月初版。

18. 章鴻康，歐洲共同體法概論，遠流出版公司，1991年5月初版。

19. 湯明輝，公平交易法，五南出版社，81年3月初版。

20. 曾陳明汝，工業財產權法專論，75年增訂新版。

21. 曾陳明汝，專利商標法選論，77年9月增訂三版。

22. 曾陳明汝，美國商標制度之研究 —— 兼論其最新變革，1992年增訂新版。

23. 馮震宇、王仁宏，中美商標法律要件之研究，中華民國全國工業總會編印，74年10月。

24. 甯育豐，工業財產權法論，臺灣商務書局，66年2版。

25. 經濟部國際貿易局，第三次 GATT 烏拉圭回合談判研討會議資料。

26. 褚劍鴻，刑法分則釋論（下），77年5月4版。

27. 劉文毅，亞洲與美國商標概論，松江文化事業股份有限公司，1993年元月。

28. 鄭玉波，民法債編總論，三民書局，74年9月。

29. 顏慶章，揭開 GATT 的面紗，時報文化，78年版。

30. 蘇永欽，民法經濟法論文集（一），政大法學叢書（二十六）。

二、期　刊

1. 王泰銓、沈冠伶，歐洲共同體法之法源（下），律師通訊172期，83年1月。

2. 甘添貴，罪數理論之研究（三）—— 法條競合，軍法專刊38卷12期。

3. 何之邁，限制競爭的發展與立法 —— 從法國限制競爭法觀察，中興法學22期。

4. 周德旺，廣告管制與公平交易法（上），律師通訊，167期。

5. 范建得，論公平交易法對矇混行為及商標濫權之管制 —— 商品標識使用人之得與失，公平交易季刊創刊號，81年10月。

6. 徐火明，從公平交易法論廣告之法律規範，法商學報27期。

7. 徐火明，論不當競爭防止法及其在我國之法典化(一)、(二)，中興法學20期、21期。

8. 陳清秀，公平交易法之立法目的及其適用範圍 —— 以德國法為中心，植根雜誌，第8卷6期，81年7月。

9. 黃榮堅，濫用商標行為之刑事責任，臺大法學論叢22卷1期。

10. 曾世雄，違反公平交易法之損害賠償，公平會籌備處與政大合辦之公平交易法研討會資料，80年11月，政大法學評論41期。

11. 曾陳明汝，論商標之經濟價值與保護範圍，臺大法學論叢18卷2期。

12. 廖義男，西德營業競爭法，臺大法學論叢13卷1期。

13. 廖義男，公平交易法應否制定之檢討及其草案修正建議，臺大法學論叢15卷1期。

14. 廖義男，公平交易法之立法目的與保護之法益 —— 第一條之詮釋，公平交易季刊創刊號，81年10月。

15. 蔡明誠，一九九三年修正商標法之評析，臺大法學論叢23卷1期。

16. 謝杞森，中日內國競爭法對原產地標示之規範，進口救濟論叢第1期。

17. 謝銘洋，歐洲商標制度之最新發展趨勢，臺大法學論叢21卷2期。

18. 謝銘洋，商標法修正草案之檢討及其對產業之影響，臺大法學論叢22卷1期。

19. 蕭燕新，俄羅斯聯邦商標、服務標章及產品來源標示法，中央標準局，工業財產權與標準，82年8月。

20. 羅傳賢，從程序保障觀點比較中美消費者保護行政法制，經社法論叢第5期，79年1月。

三、工 具 書

1. 公平會，公平會公報。

2. 公平會，各國公平交易法相關法規彙編，82年6月。

3. 行政法院，行政法院裁判書彙編。

4. 保成出版社，六法全書 —— 行政法。

5. 徐火明編著，工業財產權法裁判彙編，五南出版社。

貳、英文 (依作者姓氏字母順序排列)

一、書　籍

1. Calimafde, *Trademarks and Unfair Competition,* 1970.

2. Cornish, W.R., Intellectual Property: Patent, Copyright, *Trade Marks and allied Rights,* 1989.

3. Doi, Teruo, *The Intellectual Property Law of Japan,* 1980.

4. Drysdale, John/Silverleaf, Michael, *Passing Off Law and Practice,* 1986.

5. Gilson, Jerome, *Trademark Protection and Practice,* Vol. 1, 1982.

6. Goyder, D.G., *EEC Competition Law,* 1988.

7. Jehoram, Cohen, *Protection of Geographic Denominations of Goods and Service,* 1980.

8. Lasok, D./ Bridge, J.W., *Law & Institutions of the European Communities,* 1987.

9. McCarthy, J. Thomas, *Trademarks and Unfair Competition,* Vol. 1、2, 1973.

10. Mellville, *Forms and Agreements on Intellectual Property and International Licensing,* Vol. 2, 1986.

11. White, T. A. Blanco/ Jacob, Robin, *Kerly's Law of Trade Marks and Trade Names,* 11th ed., 1983.

二、期　　刊

1. Adams, John N., Trade Marks Law: Time to Re-examine Basic Principles, *2EIPR* 1990.

2. Beier, Basic Features of Anglo-American, French and German Trademark Law, *IIC* 1975.

3. Bendekgey, Lee/ Mead, Caroline H., International Protection of Appellations of Origin and Other Geographic Indications, *TMR* Vol. 82, 1992.

4. Benson, The Generic Problem: Wine Briefs, American Bar Association Journal 1986.

5. Bereskin, D.R., A Comparison of the Trademark Provisions of NAFTA and TRIPs, *TMR* Vol. 83 1993.

6. Be Vier Lillian R., Comeptitor suit for false advertising under section 43 (a) of the Lanham Act: a puzzle in the law of deception, *Virginia Law Rev.*, Vol. 78, 1992.

7. Brown, Brendan, Generic Term or Appellation of Origin?-Champagne in New Zealand, *5EIPR* 1992.

8. Comment, Manageability of Notice and Damage Calculations in Consumer Class Actions 70 *Mich. Law Rev.* 1971.

9. Dole, Deceptive Advertising as a Group Tort, *62 Northwestern Law Rev.* 1967.

10. Dworkin, G., Unfair Competition: Is the Common Law Developing a New Tort? *EIPR* 1979.

11. Economides, N. S., The Economics of Trademarks, *78TMR* 1988.

12. Franzosi, Mario, Report on the New Trade Mark Law in Italy, *EIPR* 1993.

13. Gevers, Florent, Geographical Names and Signs used as Trade Marks, *8 EIPR,* 1990.

14. Gielen Charles, Harmonisation of Trade Mark Law in Europe: The First Trade Mark Harmonisation Directive of the European Council, *8EIPR* 1992.

15. Hester, Deceptive Sales Practices and Form Contracts: Does the Consumer Have a Private Remedy, *Duke* LJ 1968.

16. Knoll, Federal Regulation of the Term "Champagne", *TMR* Vol. 60, 1970.

17. Kolia, Marina, Monopolising Names: EEC Proposals on the Protection of Trade Descriptions of Foodstuffs, *7EIPR* 1992.

18. Kolia, Monopolising Names of Foodstuffs: The New Legislation, *9EIPR* 1992.

19. Lenzen, A Study of Denomination of Origin in French and American Wine-Labeling Law, *TMR* Vol. 58, 1968.

20. Ma Carthy, J. Thomas/ Devitt, V.L., Protection of Geographic Denominations: Demestic and International, *TMR* Vol. 69.

21. Pattinson, P.G.M., Market Research Surveys-Money Well Spent? The Use of Survey Evidence in Passing

off Proceedings in the UK, *3EIPR* 1990.

22. Pilny, Karl H., New Intellectual Property Rights for a Reunitied Germany, *7EIPR* 1992.

23. Poisson/ Schödermeier, Changes in French Trade Mark Law: The 1991 Act, *3EIPR* 1992.

24. Ritscher, Michael/Vogel, Aldxander, The "Origin" of Products of Multinational Enterprise, *5EIPR* 1993.

25. Rose, Michael, Passing Off, Unfair Competition and Community Law, *4EIPR* 1990.

26. Russell, Fiona, The Elderflower Champagne Case: Is this a Further Expansion of the Tort of Passing Off? *10EIPR* 1993.

27. Sanders, A. K./Mariatis, S. M., A Consumer Trade Mark: Protection Based on Origin and Quality, *11EIPR* 1993.

28. Sangal, P.S., Protection of Trademarks in India-How Effective? *TMR* Vol. 80 1990.

29. Schechter, The Rational Basis of Trademerk Protection, *40Harv*. L. Rev.

30. Schricker, Protection of Indications of Source, Appellations of Origin and Other Geographic Designations in the Federal Republic of Germany, *IIC* 1983.

叁、德文 （依作者姓氏字母順序排列）

一、書　籍

1. Bleckmann, Albert, *Europarecht: Das Recht der Europäischen Gemeinschaft,* 5 Auflage, 1990.

2. Baumbach/Hefermehl, *Wettbewerbs- und Warenzeichenrecht* II, 10 Auflage, 1969; 11 Auflage 1979.

3. Baumbach/Hefermehl, *Wettbewerbsrecht,* 14 Auflage, 1983; 17 Auflage, 1991.

4. Matthiolius, *Der Rechtsschutz Geographischer Herkunftsangaben,* 1929.

5. Talbot-Thomas, *Unlauterer Wettbewerb,* 1979.

6. Tilmann, *Die geographische Herkunftsangabe,* 1976.

7. Troller, *Immaterialgüterrecht,* Bd. I 3 Auflage, 1983; Bd II, 1985.

8. Ulmer-Beier, *Das Recht des unlauteren Wettbewerbs in den Mitgliedstaaten der Europäischen Wirtschaftsgemeinschaft,* Bd. I Vergleichende Darstellung, 1965.

9. Ulmer-Schricker, *Das Recht des unlauteren Wettbewerbs in den Mitgliedstaaten der Europäischen Wirtschaftsgemeinschaft,* Bd. II/1, Belgien, 1967.

10. Ulmer-Baeumer, *Das Recht des unlauteren Wettbewerbs in den Mitgliedstaaten der Europäischen Wirtschatfsgeminschaft,* Bd. II/2, Niederlande, 1967.

11. Ulmer-Reimer-Beier, *Das Recht des unlauteren Wettbewerbs in den Mitgliedstaaten der Europäischen Wirtschaftsgeminschaft,* Bd. Ⅲ, Deutschland, 1968.

12. Ulmer-Kar β er, *Das Recht des unlauteren Wettbewerbs in den Mitgliedstaaten der Europäischen Wirtschatfsgemeinschaft,* Bd. IV, Frankreich, 1967.

13. Ulmer-Schricker, *Das Recht des unlauteren Wettbewerbs in den Mitgliedstaaten der Europäischen Wirtschatfsgemeinschaft,* Bd. V, Italien, 1965.

14. von Falakenstein, *Die Bekämpfung unlauterer Geschäftspraktiken durch Verbraucherverbände,* 1970.

15. von Godin, *Wettbewerbsrecht,* 1990.

16. von Hippel, Eike, *Verbraucherschutz,* 3 Auflage, 1986.

17. Vereine Grünen, FS., *Gewerblicher Rechtsschutz und Urheberrecht in Deutschland,* Bd. I 1991, Bd. II 1992.

二、期　刊

1. Baudeubaber, Die Kollisions-ound Wettbewerbsrechtliche Beurteilung grenzüberschreitender Werbe-ound Absatztätigkeit nach Schweizerischem Recht, *GRUR Int.* 1988, S. 310ff.

2. Beier, Das Schutzbedürfnis für Herkunftsangaben und Ursprungsbezeichnungen in Gemeinsamen Markt, *GRUR Int.* 1977, S. 1ff.

3. Beier, Der Schutz geographischer Herkunftsangaben in Deutschland, *GRUR* 1963, S. 169ff; 236ff.

4. Beier, geographische Herkunftsangaben und Ursprungsbezeichnnungen, *GRUR Int.* 1968, S. 69ff.

5. Beier, Herkunftsangaben und Ursprungsbezeichnungen im Gemensamen Markt, *GRUR Int.* 1959, S. 277ff.

6. Beier, Internationaler Schutz von Ursprungsbezeichnungen, *GRUR Int.* 1974, S. 134ff.

7. Beier, Täuschende Reklame und Schutz der geographischen Herkunftsangaben, *GRUR Int.* 1966, S. 197ff.

8. Beier, Unterscheidungskraft und Freihaltebedürfnis, *GRUR Int.* 1992, S. 243ff.

9. Beier, Ziele und Leitgedanken des europäischen Markenrechts, *GRUR Int.* 1976, S. 363ff.

10. Beier, Zur Frage der Weiterführung geographischer Herkunftsbezeichnungen ost vertriebener Firmen, *GRUR* 1956, S. 365ff.

11. Beier/ Knaak, Der Schutz der geographischen Herkunftsangaben in der Europäischen Gemenschaft-Die neueste Entwicklung, *GRUR Int.* 1993, S. 602ff.

12. Beier/Knaak, Der Schutz geographischer Herkunftsangaben in der EG, *GRUR Int.* 1992, S. 411ff.

13. Beier/Krieger, Wirtschaftliche Bedeutung, Functionen und Zweck der Marke, *GRUR Int.* 1976, S. 125ff.

14. Bohrer, Zur Problem der Herkunftsangabe, *NJW* 1956, S. 821ff.

15. Brogistter, Die Reform des geographischen Weinbe-

zeichnungsrechts in Deutschland unter Berücksichtig-ung der vorgeschenen EWG-Regelung, *GRUR* 1966, S. 238ff.

16. Bungeroth, Zur Festellung des irreführenden Charak-ters einer Angabe im Sinne von §3UWG n.F., *GRUR* 1971, S. 93ff.

17. Bu β mann, Herkunftsangabe oder Gattungsbezei-chnung, *GRUR* 1965, S. 281ff.

18. Dessemontet, Der Schutz geographischer Herkunfts-bezeichnungen nach Schweizerischem Recht, *GRUR* Int. 1979, S. 245ff.

19. Dutoit, B., Unlautere Ausnutzung und Beeinträch-tigung des guten Rufs bekannter Marken, Namen und Herkunftsangaben,-Die Rechtslage in der Schweiz und Frankreich, *GRUR* Int. 1986, S. 1ff.

20. Ehlers, Herkunftsbezeichnungen der deutschen Ost-vertriebenen, *GRUR* 1950, S. 109ff.

21. Fischer, Besondere Fälle der Beurteilung des Marke-nbegriffes und der Unterscheidungskraft im franzö-sischen Markenrecht, *GRUR Int.* 1989, S. 522ff.

22. Grüne Verein, Eingabe zum Vorschlag für eine Ver-ordnung des Rates über den Schutz geographischer Angaben und von Ursprungsbezeichnungen bei Agra-rerzeugnissen und Lebensmitteln, *GRUR* 1992, S. 368ff.

23. Hammann, C.A., Über die Eintagungstätigkeit geogra-

phischer Bezeichnungen, *GRUR* 1961, S. 7ff.

24. Heath, Zur Reform des Japanischen Gesetzes gegen den unlauteren Wettbewerb (UWG), *GRUR Int.* 1993, S. 740ff.

25. Heine, Das neue gemeinschaftsrechtliche System zum Schutz geographicher Bezeichnungen, *GRUR* 1993, S. 96ff.

26. Hennig-Bodewig, Das neue (alte) Recht des unlauteren Wettbewerbs der Niederland, *GRUR* 1993., S. 126ff.

27. Junker, Abbo, Die personengebundene Herkunftsangabe, *WRP* 1987, S. 523ff.

28. Klette, Probleme der Herkunftsangabe-Gedanken zur BGH-Entscheidung "Ungarische Salami", *WRP* 1981, S. 503ff.

29. Knaak/ Tilmann, Marken und geographische Herkunftsangaben, *GRUR Int.* 1994, S. 161ff.

30. Krieger, Der deutsch-schweizerische Vertrag über den Schutz von Herkunftsangaben und anderen geographischen Bezeichnungen, *GRUR* 1967, S. 334ff.

31. Krieger, Erwägungen über eine Revision des Lissaboner Abkommens über den Schutz von Ursprungsbezeichnung, *GRUR* 1972, S. 304ff.

32. Krieger, Möglichkeiten für eine verstärkung des Schutzes deutscher Herkunftsangaben im Ausland, *GRUR Int.* 1960, S. 400ff.

33. Krieger, Zur Auslegung der zweiseitigen Abkommen über der Schutz geographischer Bezeichnungen, *GRUR Int.* 1964, S. 499ff.

34. Kühn, Zum Schutzumfang geographischer Bezeichnungen nach den zweiseitigen Verträgen über den Schutz von Herkunftsangaben, *GRUR Int.* 1967, S. 268ff.

35. Lehmann, Die wettbewerbswidrige Ausnutzung und Beeinträchtigung des guten Rufs bekannter Marken, Name und Herkunftsangaben-Die Rechtslage in der Bundesrepublik Deutschland, *GRUR Int.* 1986, S. 6ff.

36. Müleer/ Graff, Brauchenspezifischer Wettbewerbs-schutz geographischer Herkunftsbezeichnungen-Die aktuelle Problemlage bei Brot-und Backwaren, *GRUR* 1988, S. 659ff.

37. Möhrig, Die Umwandlung erner Beschaffenheitsangabe zum betrieblichen Herkunftshinweis und §3 UWG, *GRUR* 1974, S. 565ff.

38. Niebour, Wann sind unrichtige Herkunftsangaben täuschend? *MuW XIX*, S. 21ff.

39. Ohde, Zur demoskopischen Ermittlung der Verkehrs-auffassung von geographischen Herkunftsangaben, *GRUR* 1989, S. 88ff.

40. Oppenhoff, Geographische Bezeichnungen und Waren-zeichen, Gutachten für die Weltorganisation für geistiges Eigentum (WIPO), *GRUR Int.* 1977, S. 226ff.

41. Pastor, Das deutsche Institut zum Schutz von geographischen Herkunftsangaben (DIGH), *GRUG* 1976, S. 23f.

42. Reimer, Die personengebundene Herkunftsbezeichnung, *GRUR* 1948, S. 242ff.

43. Sack, Die Kollisions-und Wettbewerbsrechtliche Beurteilung grenzüberschreitender Werbe-und Absatztätigkeit nach deutschen Recht, *GRUR Int.* 1988, S. 320ff.

44. Schriker, Der Schutz der Ursprungsbezeichnungen und Herkunftsangaben gegen anlehnende Bezugnahme, *GRUR Int.* 1982, S. 515ff.

45. Schwartz, Gustav, Verfolgung unlauteren Wettbewerbs im Allgemininteresse, *GRUR* 1967, S. 333ff.

46. Seidel, Die sogenannte Cassie de Dijon-Rechtsprechung des Europäischen Gerichtshofs und der Schutz von Herkunftsangaben in der Europäischen Gemeinschaft, *GRUR Int.*1984, S. 80ff.

47. Sordelli, Die rechtliche Regelung der Ursprungsbezeichnungen und Herkunftsangaben in Italien, *GRUR Int.* 1960, S. 421ff.

48. Tetzner, Zwangsaussiedlung und Herkunftsbezeichnung, *NJW* 1950, S. 374ff.

49. Tilmann, Aktuelle Probleme des Schutzes geographischer Herkunftsangaben-zur "Dresdener Christstollern" im Wettbewerbsrecht, *GRUR* 1986, S. 593ff.

50. Tilmann, EG-Schutz für geographische Herkunftsan-
    gaben, *GRUR* 1992, S. 829ff.

51. Tilmann, Grundlage und Reichweite des Schutzes
    geographïscher Herkunftsangaben nach der VO/EWG
    2081/92, *GRUR Int.* 1993, S. 610ff.

52. Tilmann, Zur Bestimmung des Kreis der an einer
    geographischen Herkunftsangabe Berechtigten, *GRUR*
    1980, S. 487ff.

53. Verkade, Unlautere Ausnutzung und Beeinträchtig-
    ung des guten Rufs bekannter Marken, Namen und
    Herkunftsangaben,-Ein Beitrag aus den Benelux-
    Staaten, *GRUR Int.* 1986, S. 17ff.

54. von Filseck, Moser, Der Schutz geographische Her-
    kunftsangaben als internationale Aufgabe, *MA* 1955,
    S. 191ff.

55. von Gamm, Wein-und Bezeichnungsvorschriften des
    Gemeinschaftsrechts und nationales Recht gegen den
    unlauteren Wettbewerb, *GRUR* 1984, S. 165ff.

56. v. Filseck, Zum Schutz geographischer Herkunftsbe-
    zeichnungen von besonderen Ruf-Bemerkungen zum
    Fall "Dortmunder Bier" in Dänemark, *GRUR Int.* 1962,
    S. 381ff.

大雅叢刊書目

新聞客觀性原理　　　　　　　　　　　　　　彭　家　發　著
發展的陣痛——兩岸社會問題的比較　　　　蔡　文　輝　著
尋找資訊社會　　　　　　　　　　　　　　汪　　　琪　著
文學與藝術八論　　　　　　　　　　　　　劉　紀　蕙　著

法學叢書書目

程序法之研究（一）　　　　　　　　　　　陳　計　男　著
程序法之研究（二）　　　　　　　　　　　陳　計　男　著
財產法專題研究　　　　　　　　　　　　　陳　哲　勝　著

圖書資訊學叢書書目

美國國會圖書館主題編目　　　　陳麥麟屏、林國強　著
圖書資訊組織原理　　　　　　　　　　何光國　森國森　著
圖書資訊學導論　　　　　　　　　　　周寧　真　著
文獻計量學導論　　　　　　　　　　　何光　頻　著
圖書館館際合作與資訊網之建設　　　林孟蟹　偉國　著
圖書館與當代資訊科技　　　　　　　景　華　國鍾　著
圖書館之管理與組織　　　　　　　　李　庭　環　著
圖書資訊之儲存與檢索　　　　　　　張　鼎　泰　著
資訊政策　　　　　　　　　　　　　張　實　著
圖書資訊學專業教育　　　　　　　　沈　道　著
法律圖書館　　　　　　　　　　　　夏

三民大專用書書目──法律

書名	著者		服務機構
犯罪學	林山田、林東茂	著	臺灣大學
監獄學	林紀東	著	臺大大學
交通法規概要	管歐	著	東吳大學
郵政法原理	劉承漢	著	成功大學
土地法釋論	焦祖涵	著	東吳大學
土地登記之理論與實務	焦祖涵	著	東吳大學
引渡之理論與實踐	陳榮傑	著	自立報系
國際私法	劉甲一	著	臺灣大學
國際私法新論	梅仲協	著	臺灣大學
國際私法論叢	劉鐵錚	著	司法院大法官
現代國際法	丘宏達等	著	馬利蘭大學等
現代國際法基本文件	丘宏達	編	馬利蘭大學
國際法概要	彭明敏	著	
平時國際法	蘇義雄	著	中興大學
中國法制史概要	陳顧遠	著	
中國法制史	戴炎輝	著	臺灣大學
法學緒論	鄭玉波	著	臺灣大學
法學緒論	孫致中	編著	各大專院校
法律實務問題彙編	周叔厚、段紹禋	編	司法院
誠實信用原則與衡平法	何孝元	著	
工業所有權之研究	何孝元	著	
強制執行法	陳榮宗	著	臺灣大學
法院組織法論	管歐	著	東吳大學
國際海洋法——衡平劃界論	傅崐成	著	臺灣大學
最新綜合六法〔要旨增編／判解指引／法令援引／事項引得〕全書	陶百川	編	國策顧問
	王澤鑑	編	司法院大法官
	劉宗榮	編	臺灣大學
	葛克昌	編	臺灣大學
最新六法全書	陶百川	編	國策顧問
基本六法			
憲法、民法、刑法（最新增修版）			
行政法總論	黃異	著	海洋大學

三民大專用書書目——政治·外交

三民大專用書書目——社會

社會學（增訂版）	蔡 文 輝	著	印第安那州立大學	
社會學	龍 冠 海	著	臺 灣 大 學	
社會學	張 華 葆	主編	東 海 大 學	
社會學理論	蔡 文 輝	著	印第安那州立大學	
社會學理論	陳 秉 璋	著	政 治 大 學	
社會學概要	張 曉 春等	著	臺 灣 大 學	
社會心理學	劉 安 彥	著	傑克遜州立大學	
社會心理學（增訂新版）	張 華 葆	著	東 海 大 學	
社會心理學	趙 淑 賢	著	安柏拉校區	
社會心理學理論	張 華 葆	著	東 海 大 學	
政治社會學	陳 秉 璋	著	政 治 大 學	
醫療社會學	藍采風、廖榮利	著	臺 灣 大 學	
組織社會學	張 笠 雲	著	臺 灣 大 學	
人口遷移	廖 正 宏	著	臺 灣 大 學	
社區原理	蔡 宏 進	著	臺 灣 大 學	
鄉村社會學	蔡 宏 進	著	臺 灣 大 學	
人口教育	孫 得 雄	編著	研 考 會	
社會階層化與社會流動	許 嘉 猷	著	臺 灣 大 學	
社會階層	張 華 葆	著	東 海 大 學	
西洋社會思想史	龍冠海、張承漢	著	臺 灣 大 學	
中國社會思想史（上）（下）	張 承 漢	著	臺 灣 大 學	
社會變遷	蔡 文 輝	著	印第安那州立大學	
社會政策與社會行政	陳 國 鈞	著	中 興 大 學	
社會福利行政（修訂版）	白 秀 雄	著	台北市政府	
社會工作	白 秀 雄	著	台北市政府	
社會工作管理——人群服務經營藝術	廖 榮 利	著	臺 灣 大 學	
社會工作概要	廖 榮 利	著	臺 灣 大 學	
團體工作：理論與技術	林 萬 億	著	臺 灣 大 學	
都市社會學理論與應用	龍 冠 海	著	臺 灣 大 學	
社會科學概論	薩 孟 武	著	臺 灣 大 學	
文化人類學	陳 國 鈞	著	中 興 大 學	
一九九一文化評論	龔 鵬 程	編	中 正 大 學	
實用國際禮儀	黃 貴 美	編著	文 化 大 學	
勞工問題	陳 國 鈞	著	中 興 大 學	
勞工政策與勞工行政	陳 國 鈞	著	中 興 大 學	

三民大專用書書目——教育

書名	著者		服務機關
教育哲學	賈馥茗	著	臺灣師大
教育哲學	葉學志	著	彰化教院
教育原理	賈馥茗	著	臺灣師大
教育計畫	林文達	著	政治大學
普通教學法	方炳林	著	臺灣師大
各國教育制度	雷國鼎	著	臺灣師大
清末留學教育	瞿立鶴	著	
教育心理學	溫世頌	著	傑克遜州立大學
教育心理學	胡秉正	著	政治大學
教育社會學	陳奎憙	著	臺灣師大
教育行政學	林文達	著	政治大學
教育行政原理	黃昆輝	主譯	內政部
教育經濟學	蓋浙生	著	臺灣師大
教育經濟學	林文達	著	政治大學
教育財政學	林文達	著	政治大學
工業教育學	袁立錕	著	彰化師大
技術職業教育行政與視導	張天津	著	臺北技術學院校長
技職教育測量與評鑑	李大偉	著	臺灣師大
高科技與技職教育	楊啓棟	著	臺灣師大
工業職業技術教育	陳昭雄	著	臺灣師大
技術職業教育教學法	陳昭雄	著	臺灣師大
技術職業教育辭典	楊朝祥	編著	臺灣師大
技術職業教育理論與實務	楊朝祥	著	臺灣師大
工業安全衛生	羅文基	著	高雄師大
人力發展理論與實施	彭台臨	著	臺灣師大
職業教育師資培育	周談輝	著	臺灣師大
家庭教育	張振宇	著	淡江大學
教育與人生	李建興	著	臺灣師大
教育即奉獻	劉眞	著	國策顧問
人文教育十二講	陳立夫 等	著	國策顧問
當代教育思潮	徐南號	著	臺灣大學
西洋教育思想史	林玉体	著	臺灣師大
心理與教育統計學	余民寧	著	政治大學
教育理念與教育問題	李錫津	著	松山商職校長
比較國民教育	雷國鼎	著	臺灣師大